STAR WARS™
DUNKLE DROIDEN
D-SQUAD
AF547068

EINLEITUNG

Ihren ersten Auftritt hatte die D-Squad in *„Droiden bevorzugt“*, der zehnten Folge der fünften Staffel der Animationsserie *Star Wars: The Clone Wars*. Die Spezialeinheit wurde gebildet, um ein Verschlüsselungsmodul von einem separatistischen Schiff zu stehlen, das die Jedi dringend für die Entschlüsselung einer von General Grievous abgefangenen Botschaft benötigten. Die Mannschaft unter der Führung von Colonel Meebur Gascon bestand aus den Astromechs R2-D2, U9-C4, M5-BZ und Aayla Securas QT-KT sowie WAC-47, einem Boxendroiden der DUM-Serie. Die Mission war ein voller Erfolg. Die Geschichte, die der vorliegende Comic erzählt und die in dem Band *Star Wars: Dunkle Droiden* beginnt, spielt mehr als 20 Jahre später. Während des Galaktischen Bürgerkriegs breitet sich mit beunruhigender Geschwindigkeit eine mysteriöse Plage unter allen Droiden aus, unabhängig davon, auf welcher Seite sie stehen. Auch C-3PO wird mit der Plage infiziert und befördert R2-D2 kurzerhand durch eine Luftschleuse eines Rebellenschiffs ins All. Der widerstandsfähige Astromech ist entschlossen, mit allen ihm zur Verfügung stehenden Mitteln ein Team zusammenzustellen, das seinen goldenen Protokolldroidenfreund retten soll. Und so ruft er die D-Squad zurück ins Leben, wenn auch in etwas anderer Besetzung als zu Zeiten der Klonkriege. Abgerundet wird der Band mit einer Kurzgeschichte, in deren Mittelpunkt Ajax Sigma steht. Ajax Sigma ist ein besonderer Droide, der schon seit den Tagen der Hohen Republik für die Freiheit und Selbstbestimmung der Droiden kämpft. In der Zeit des Galaktischen Bürgerkriegs führt er eine friedliche Bewegung mit dem Namen Zweite Offenbarung an, die sich auf der abgeschiedenen Welt Mechis III niedergelassen hat.

Impressum: Die deutsche Ausgabe von *STAR WARS* Sonderband: *Dunkle Droiden – D-Squad* wird von der Panini Verlags GmbH herausgegeben, Schloßstraße 76, 70176 Stuttgart. Geschäftsleitung: Hermann Paul, Head of Editorial: Jo Löffler (v.i.S.d.P.), Redakteur: Gunther Nickel; Übersetzung: Matthias Wieland; Head of Marketing: Holger Wiest (E-Mail: marketing@panini.de); Lettering & Grafik: Brightstar Studio, Ludwigsburg; Produktion: Sanja Ancic; Druck: Panini S.p.A., Italien; PR & Presse: Steffen Volkmer;

Panini-Nachbestell-Service: Bezugsmöglichkeiten für ältere Ausgaben unter www.paninicomics.de

Diese Ausgabe enthält die US-Ausgaben: *STAR WARS: Dark Droids: D-Squad* (2023) #1-4, © & TM 2024 LUCASFILM LTD.

YDSTWS166
ISBN: 978-3-7416-3848-0
1. Auflage, Juli 2024

Auch als E-Comic erhältlich:
ISBN 9783-7569-0998-8 (PDF)
ISBN 9783-7569-0999-5 (EPUB)
ISBN 9783-7569-1000-7 (MOBI)

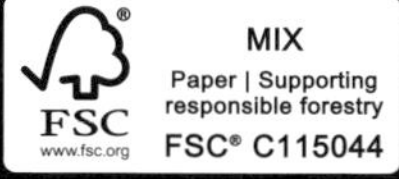

Text	MARC GUGGENHEIM
Zeichnungen	SALVA ESPÍN DAVID MESSINA (Das Buch Ajax')
Farben	ISRAEL SILVA BRYAN VALENZA (Das Buch Ajax')
Cover	PETE WOODS (Softcover) AARON KUDER & FRANK MARTIN (Hardcover)
US-Redaktion	MIKEY J. BASSO DANNY KHAZEM MARK PANICCIA C.B. CEBULSKI
Für Lucasfilm	MICHAEL SIGLAIN ROBERT SIMPSON GRACE ORRISS TROY ALDERS PHIL SZOSTAK
Lucasfilm Story Group	PABLO HIDALGO MATT MARTIN EMILY SHKOUKANI
Chefredaktion	JO LÖFFLER
Redaktion	GUNTHER NICKEL
Übersetzung	MATTHIAS WIELAND
Grafik/Lettering	HARDY HELLSTERN

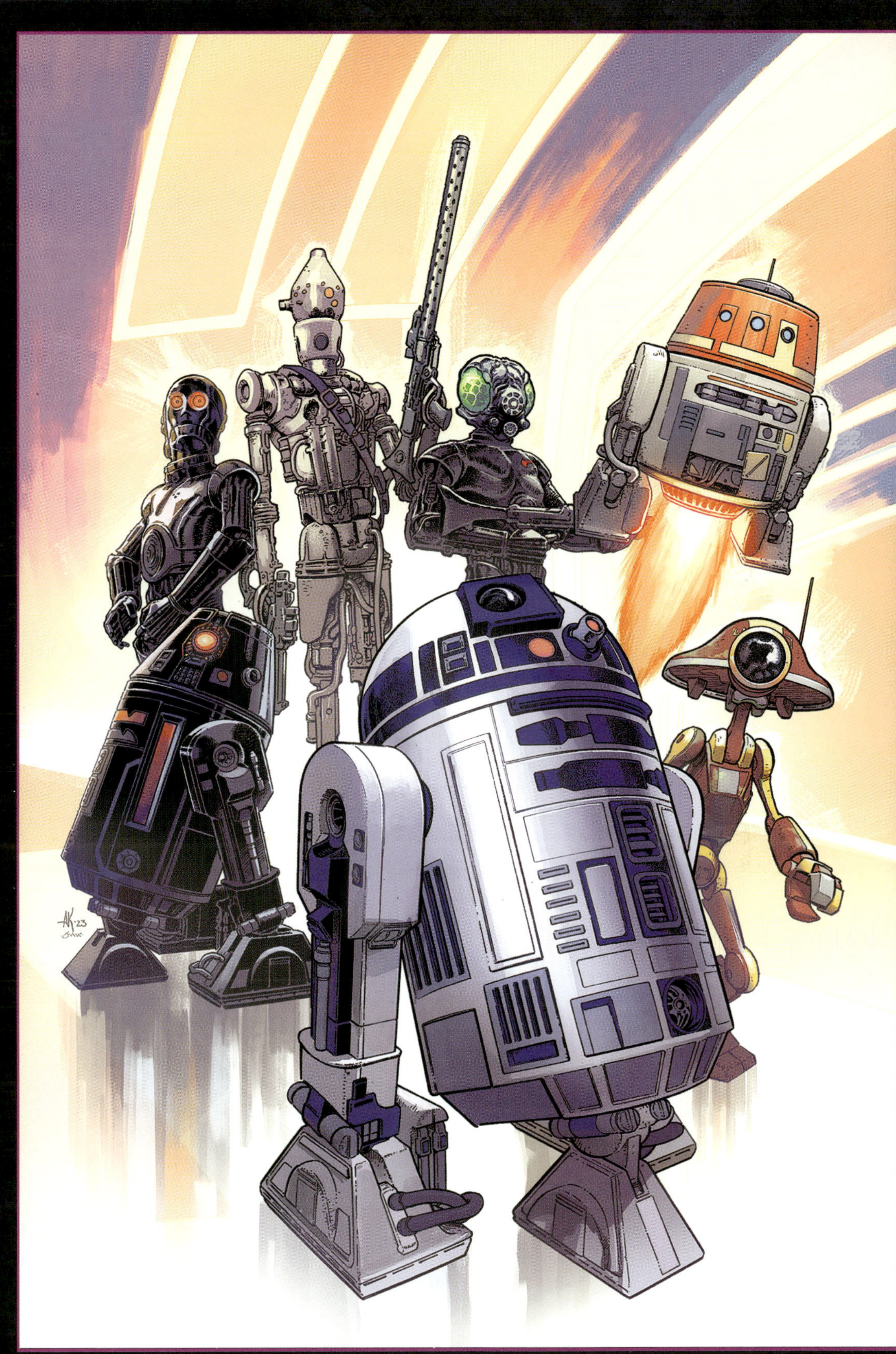

US-*Star Wars: Dark Droids: D-Squad* #1
Cover: **AARON KUDER** & **FRANK MARTIN**

STAR WARS

DUNKLE DROIDEN
D-SQUAD

Als der Ewige Funke mit einer alten Droidenintelligenz verschmilzt, bildet sich eine neue, schreckliche Bedrohung, die Plage. Diese befällt Droiden beider Seiten des galaktischen Bürgerkriegs, unter anderem auch den Protokolldroiden C-3PO.

Unter dem Einfluss der Plage greift C-3PO seinen Freund R2-D2 an und schießt ihn durch eine Luftschleuse der *Heimat Eins* ins All.

Mit beschädigtem Kom-System treibt der Astromech nun hilflos im unendlichen Vakuum des Weltraums . . .

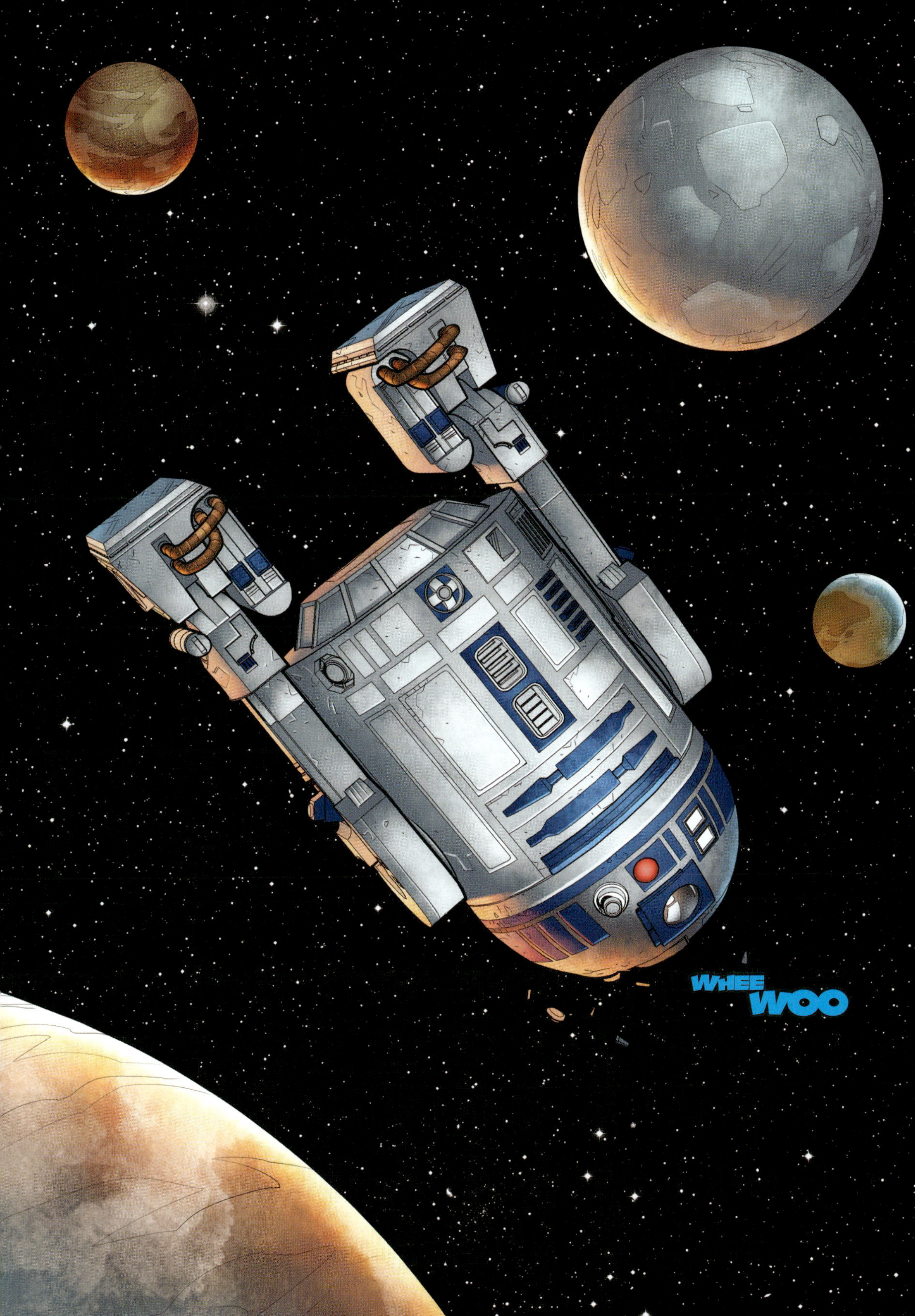
WHEE
WOO

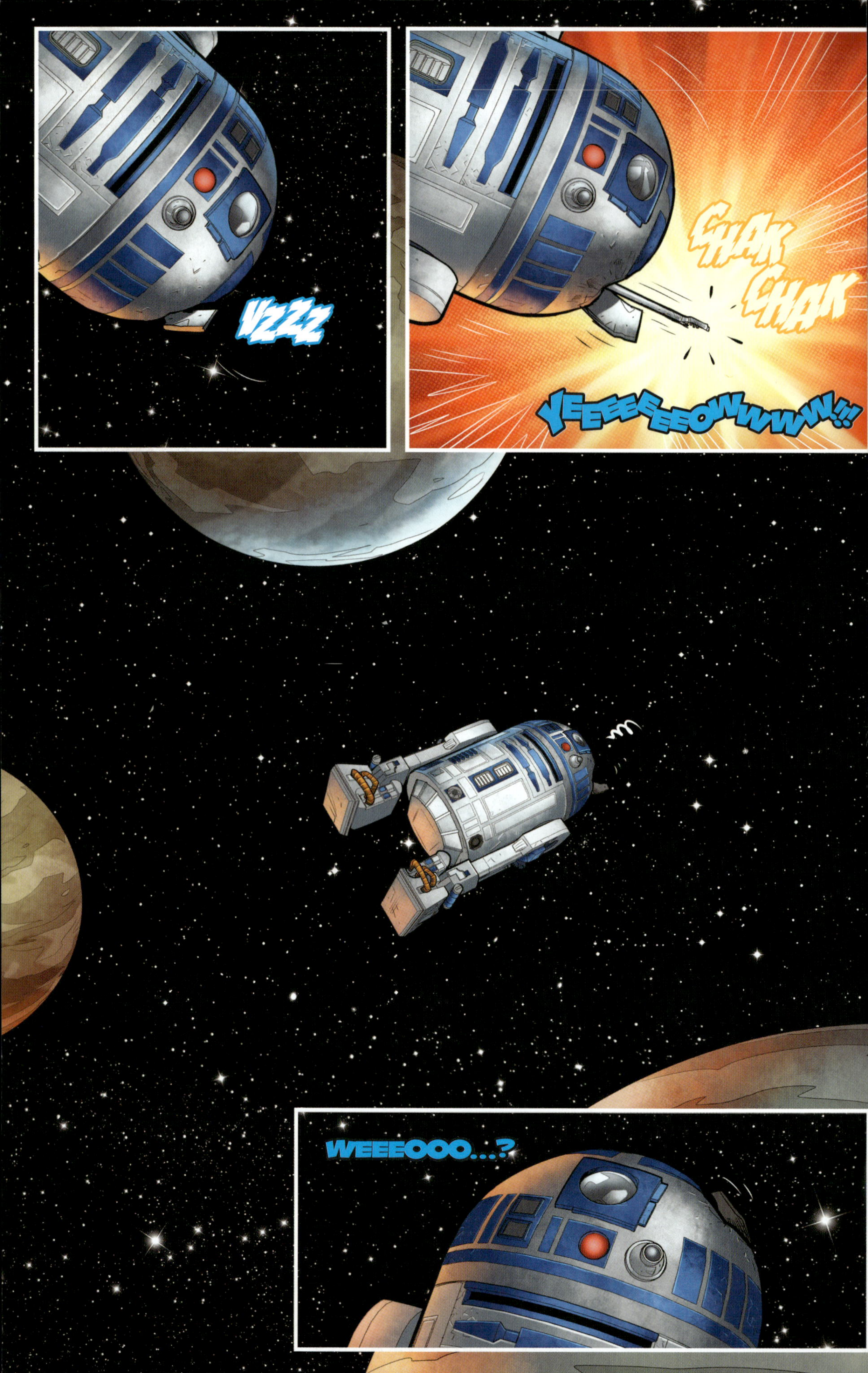
VZZZ
CHAK CHAK
YEEEEEEEOWWWW!!!
WEEEOOO...?

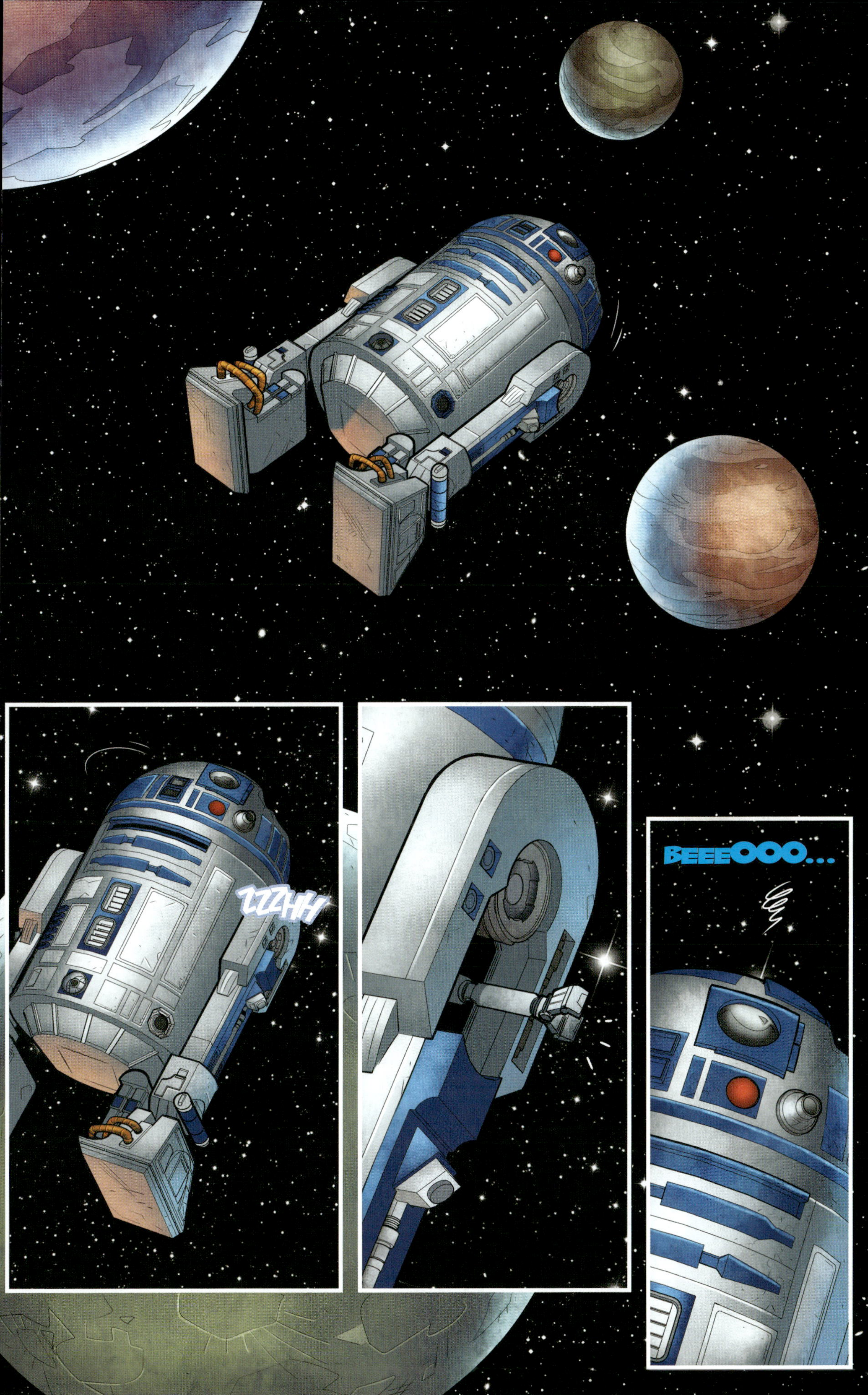
ZZZHH
BEEEOOO...

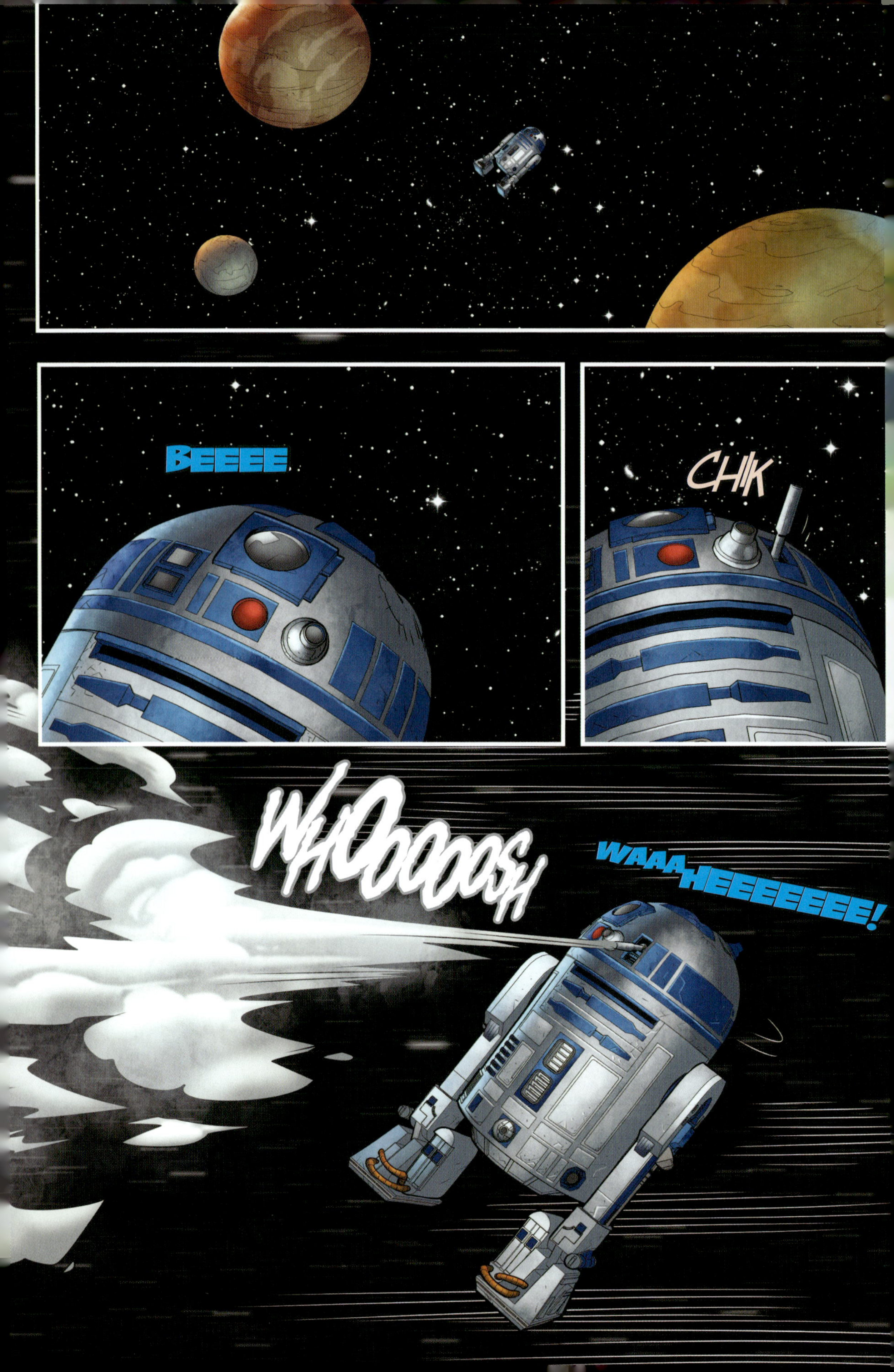
BEEEE
CHIK
WHOOOOOSH
WAAAHEEEEEEEE!

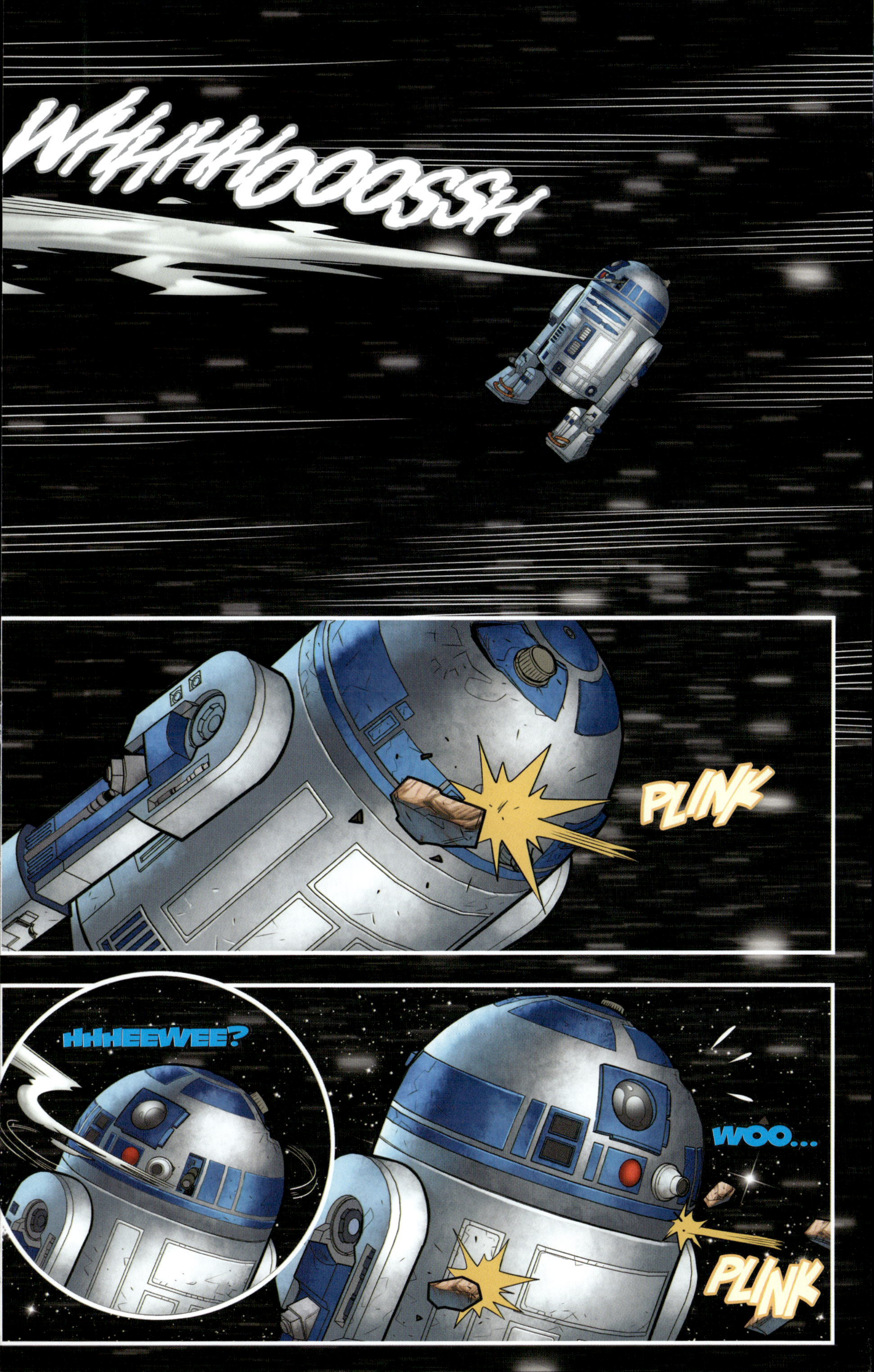

WHHHOOOSSH

PLINK

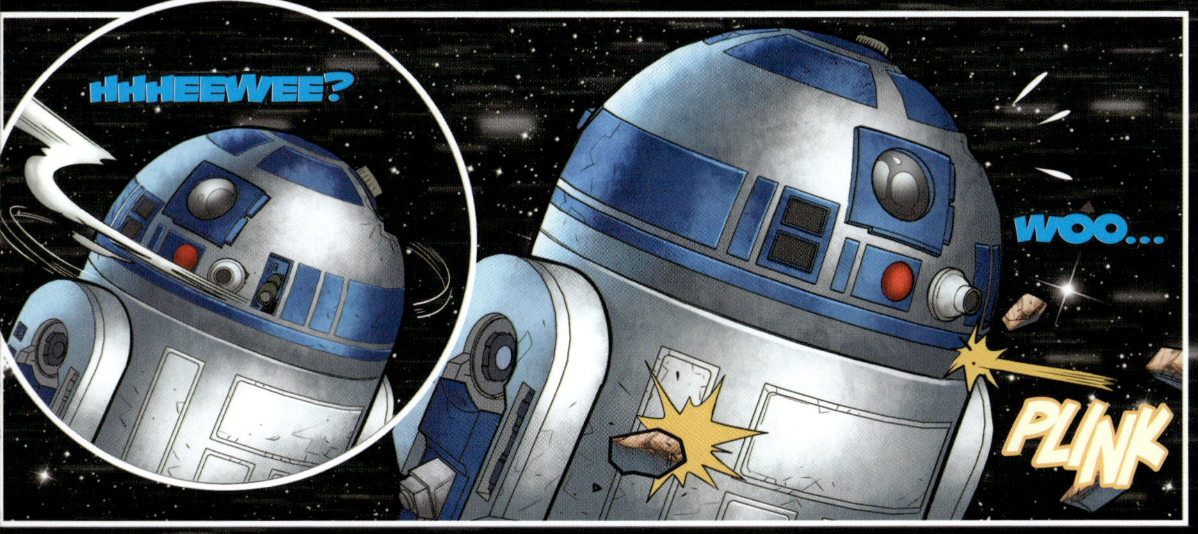

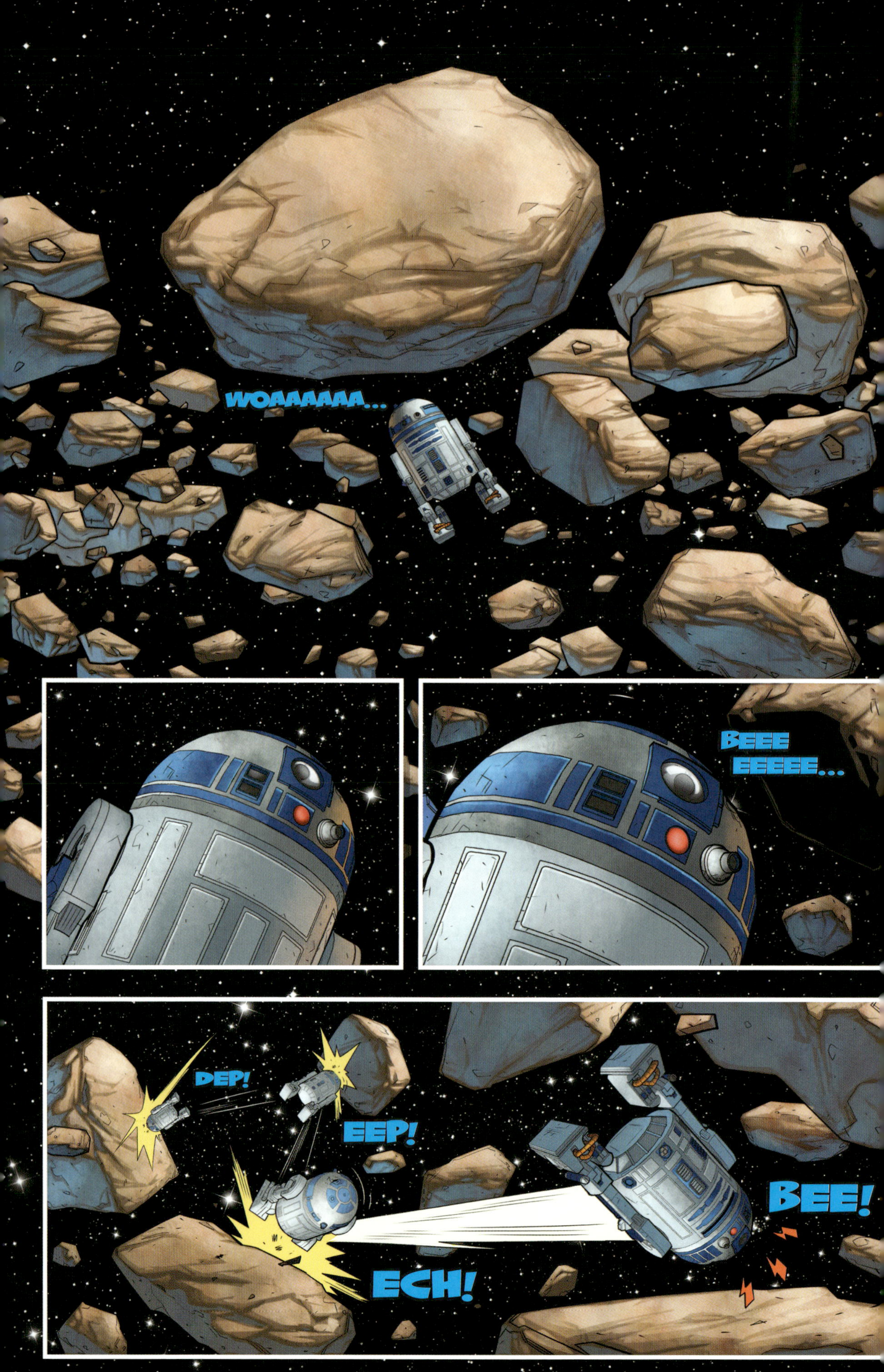
WOAAAAAA...
BEEE EEEEE...
DEP!
EEP!
BEE!
ECH!

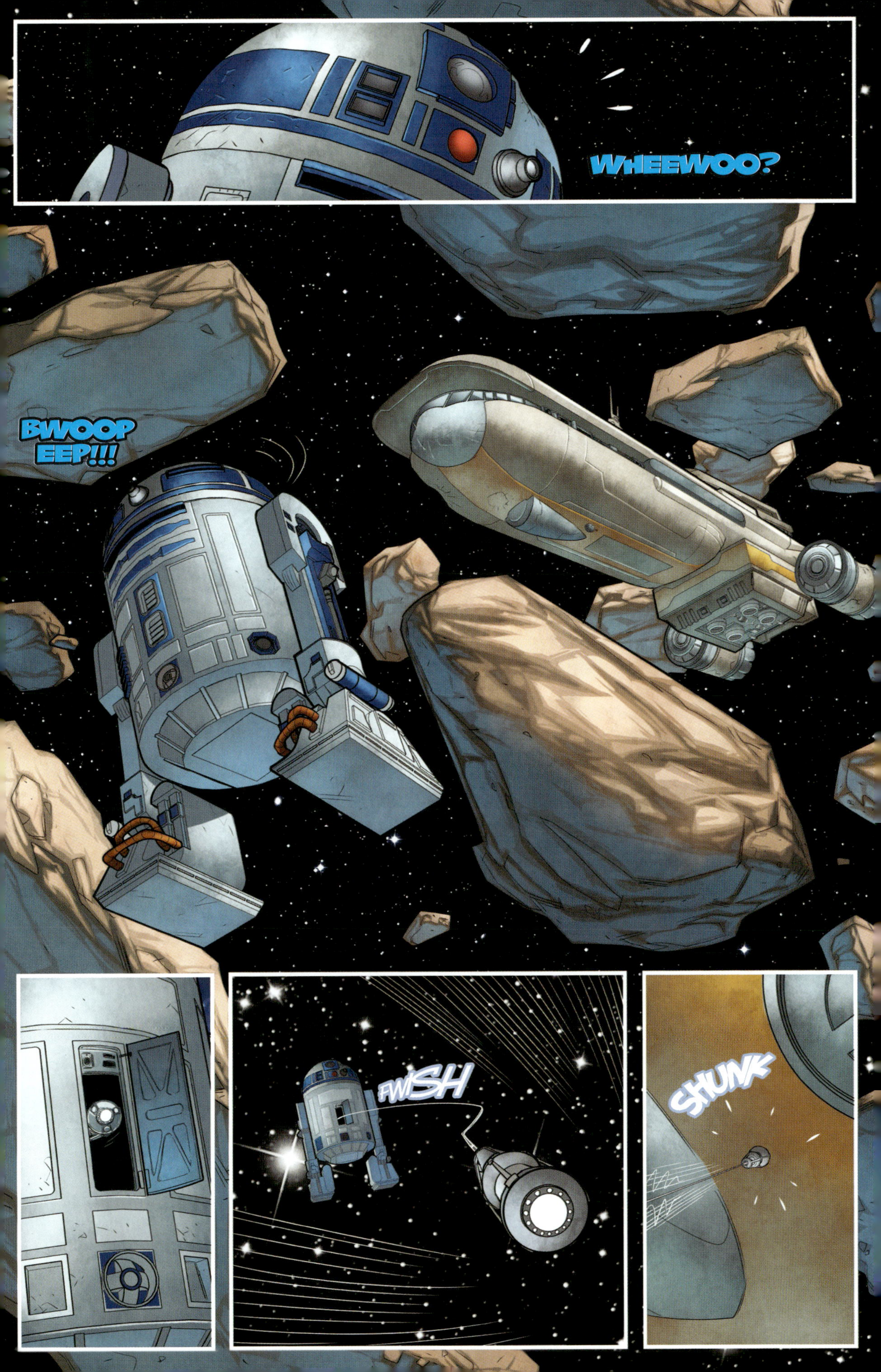
WHEEWOO?
BWOOP EEP!!!
FWISH
SHUNK

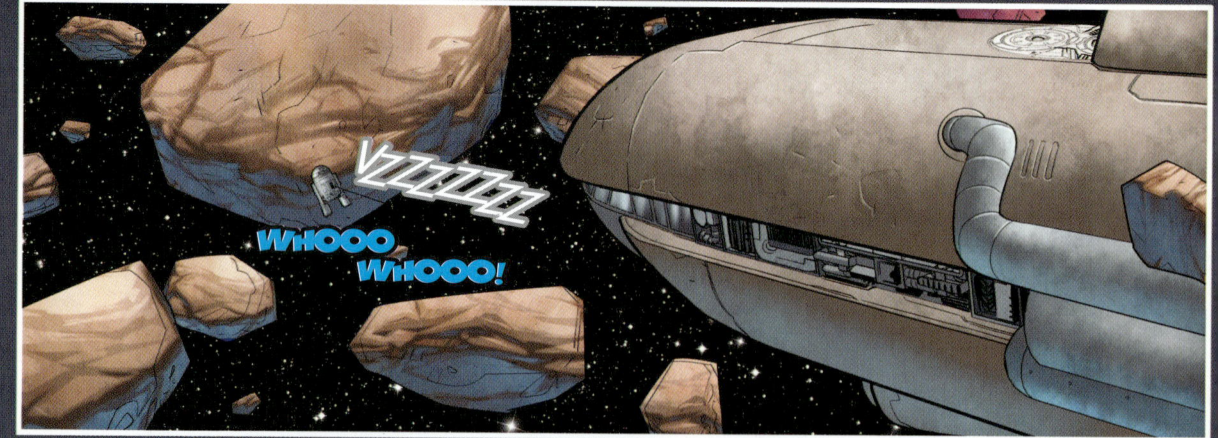
VZZZZZZ
WHOOO WHOOO!
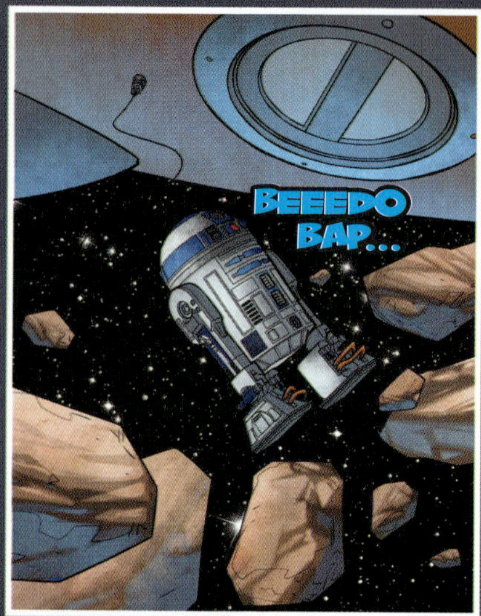
BEEEDO BAP...
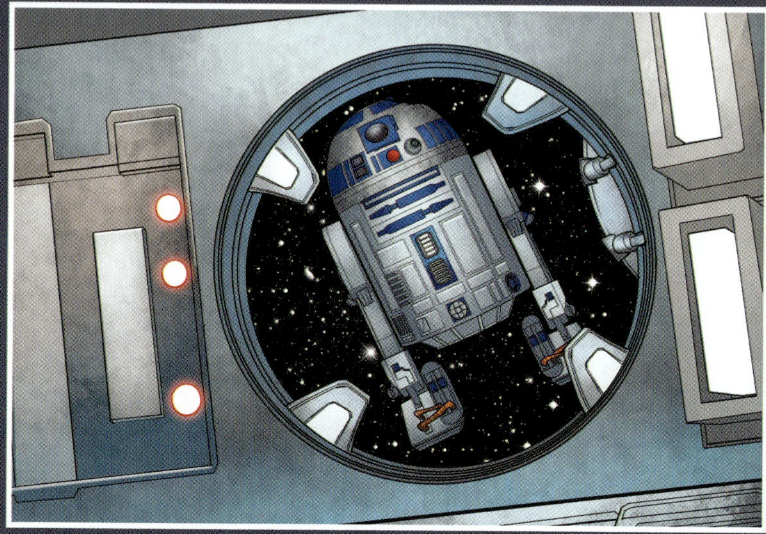
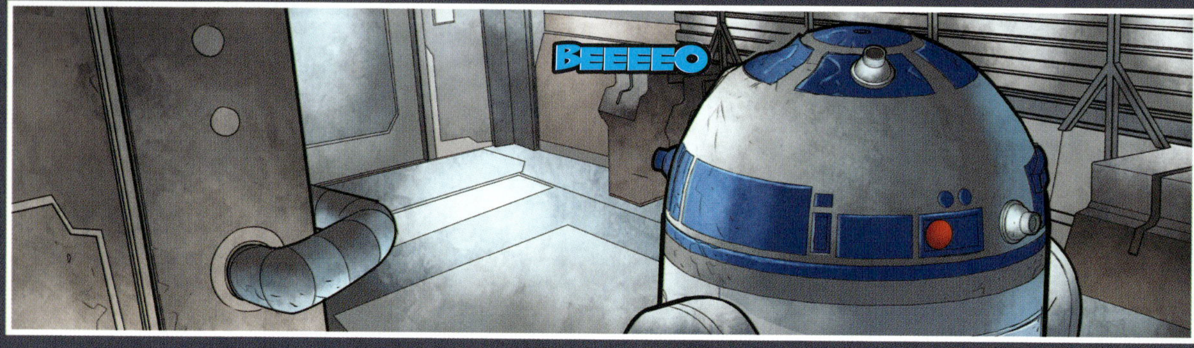
BEEEEO
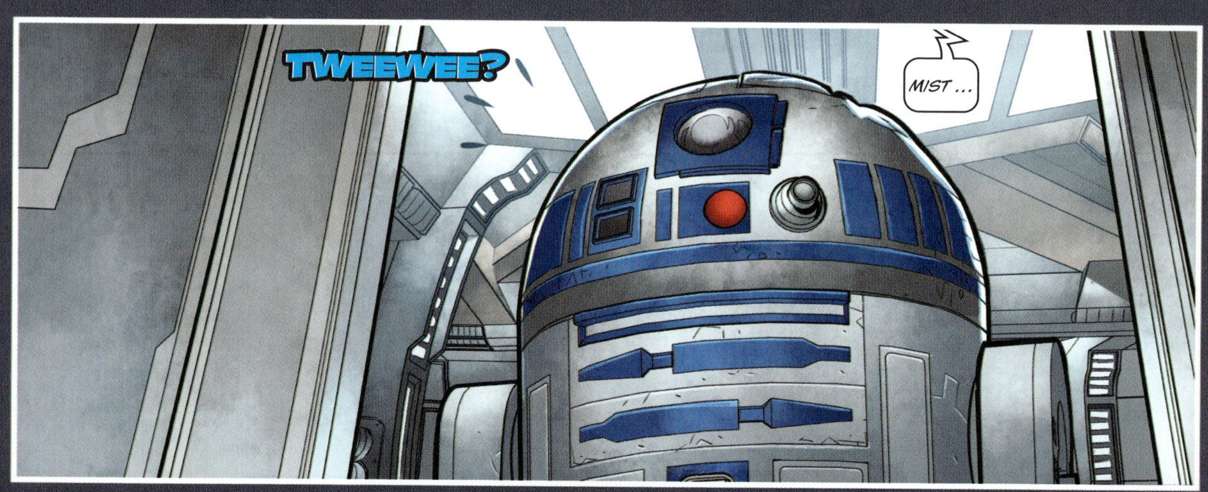
TWEEWEE?
MIST...

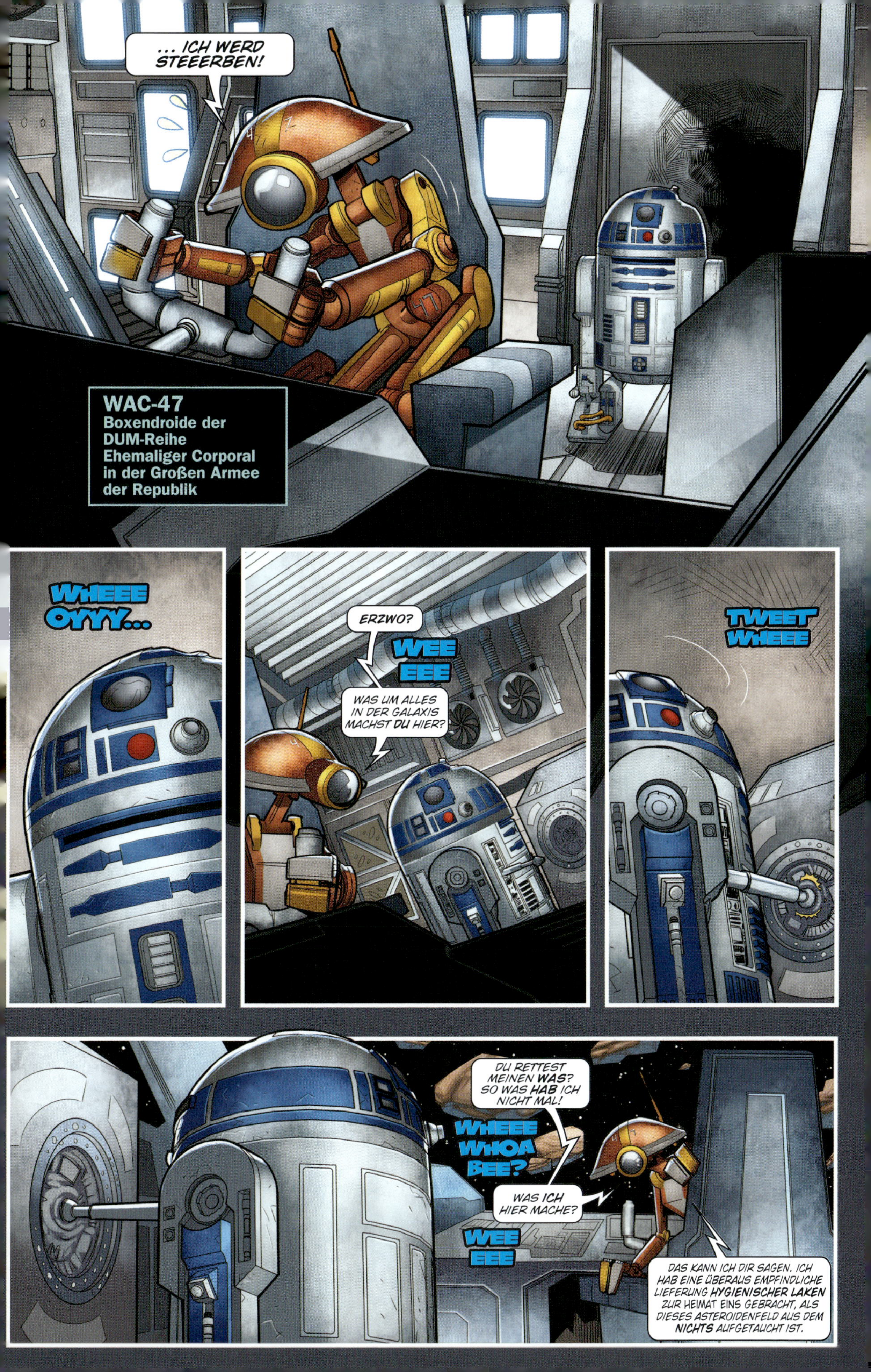

... ICH WERD STEEERBEN!

WAC-47
Boxendroide der DUM-Reihe
Ehemaliger Corporal in der Großen Armee der Republik

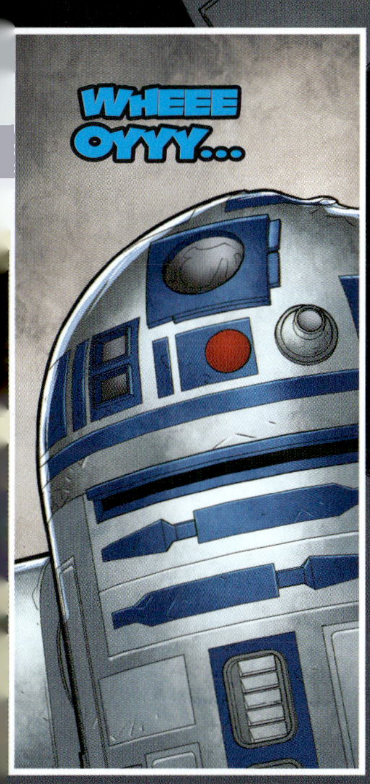

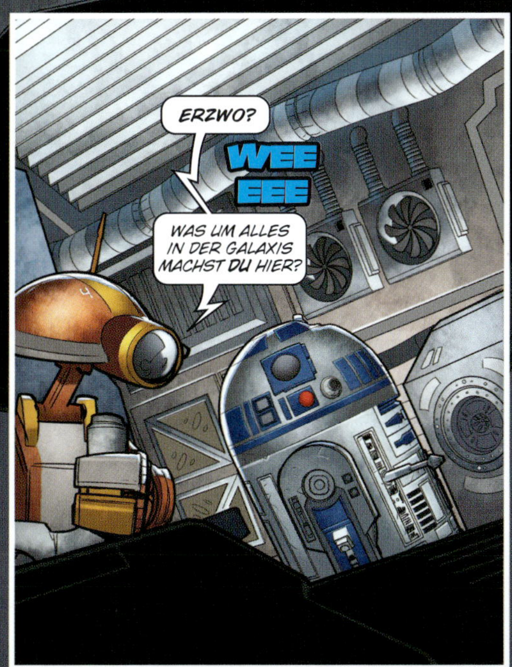

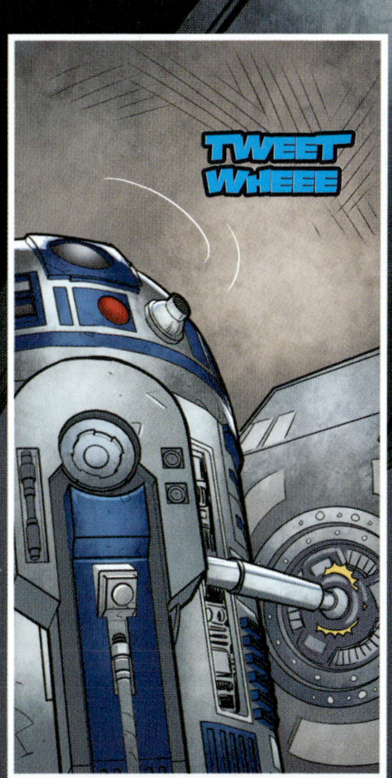

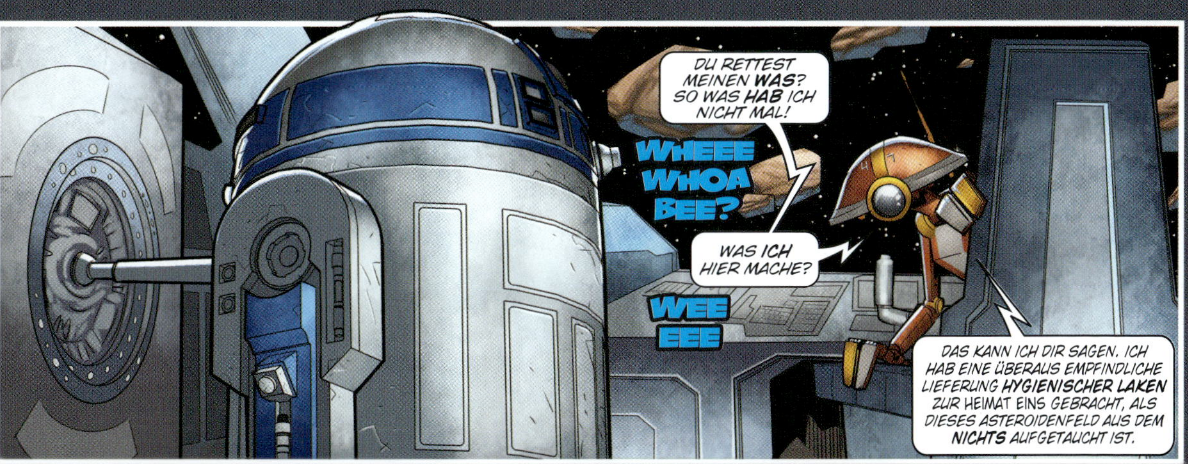

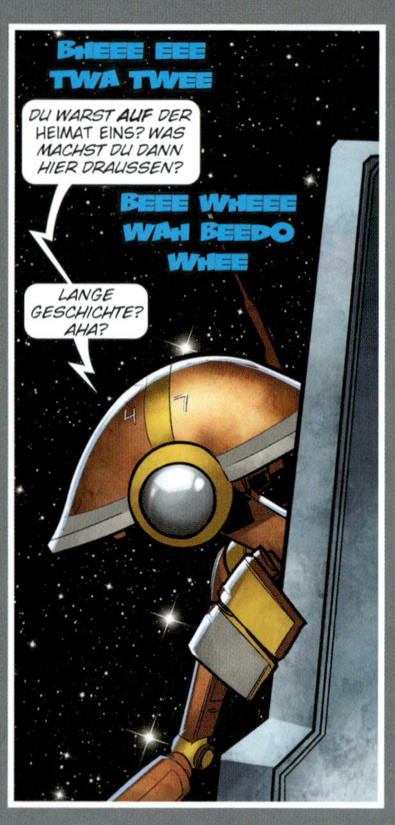
BHEEE EEE TWA TWEE
DU WARST **AUF** DER HEIMAT EINS? WAS MACHST DU DANN HIER DRAUSSEN?
BEEE WHEEE WAH BEEDO WHEE
LANGE GESCHICHTE? AHA?

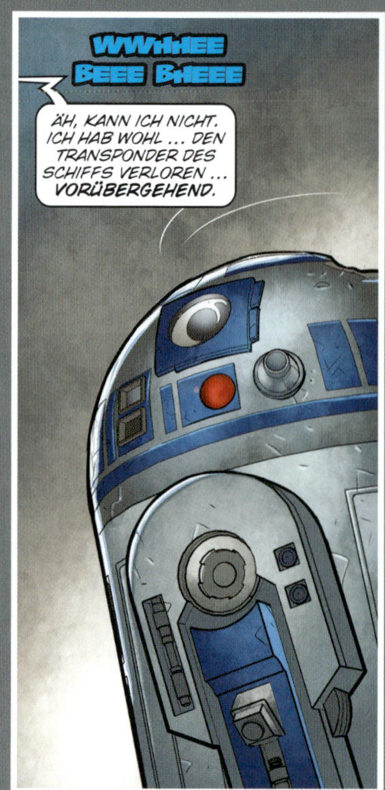
WWHHEE BEEE BHEEE
ÄH, KANN ICH NICHT. ICH HAB WOHL … DEN TRANSPONDER DES SCHIFFS VERLOREN … **VORÜBERGEHEND.**

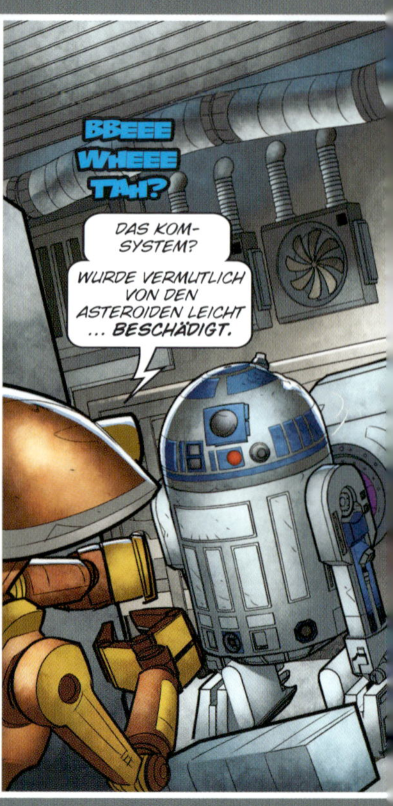
BBEEE WHEEE TAH?
DAS KOM-SYSTEM?
WURDE VERMUTLICH VON DEN ASTEROIDEN LEICHT … **BESCHÄDIGT.**

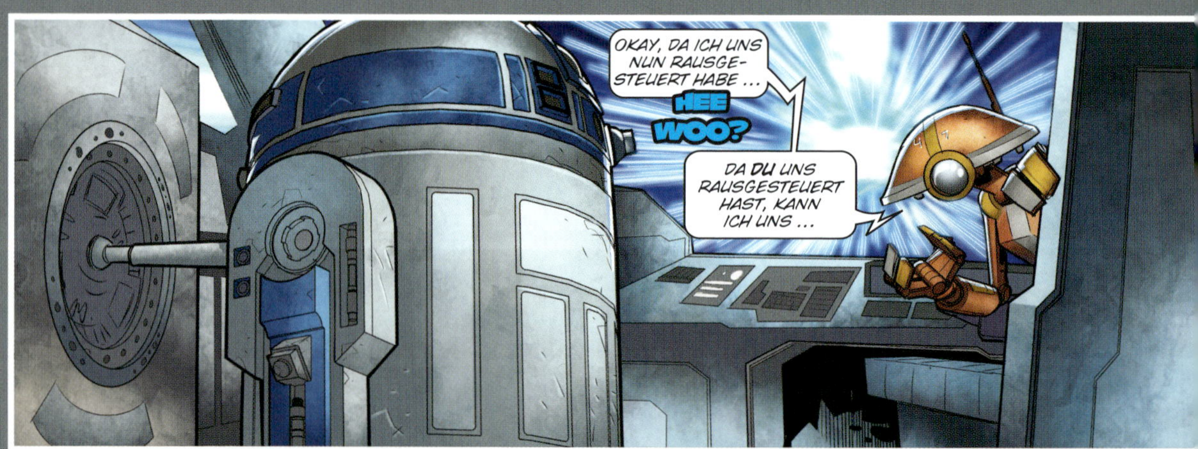
OKAY, DA ICH UNS NUN RAUSGE-STEUERT HABE …
HEE WOO?
DA **DU** UNS RAUSGESTEUERT HAST, KANN ICH UNS …

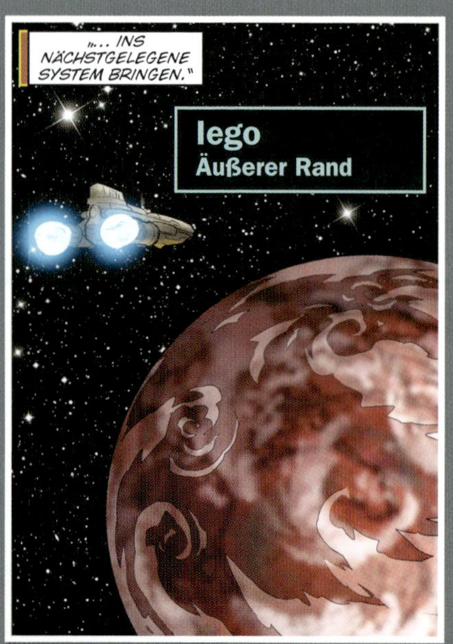
„… INS NÄCHSTGELEGENE SYSTEM BRINGEN."
Iego
Äußerer Rand

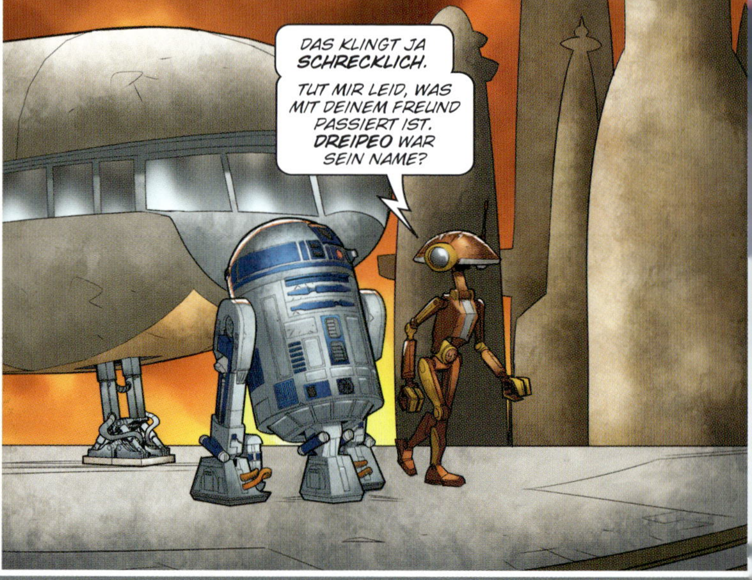
DAS KLINGT JA **SCHRECKLICH.**
TUT MIR LEID, WAS MIT DEINEM FREUND PASSIERT IST. **DREIPEO** WAR SEIN NAME?

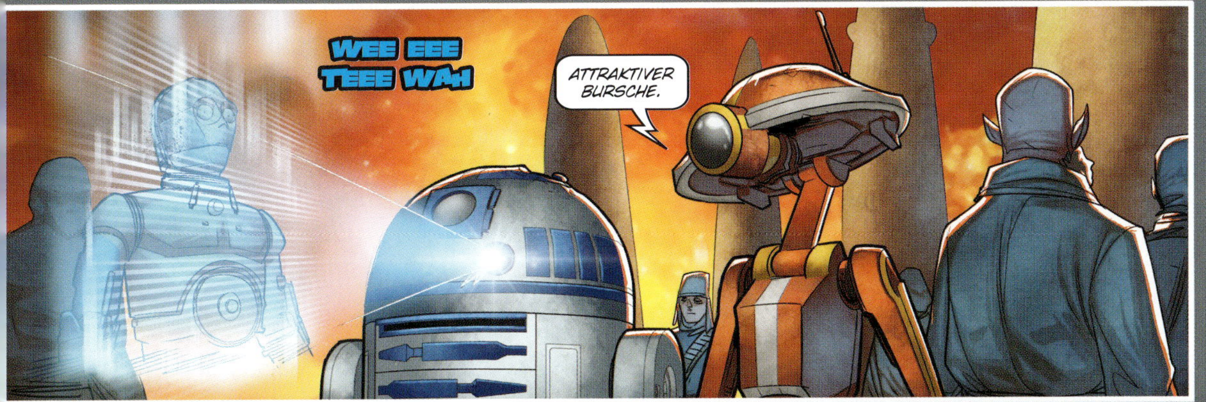
WEE EEE TEEE WAH
ATTRAKTIVER BURSCHE.

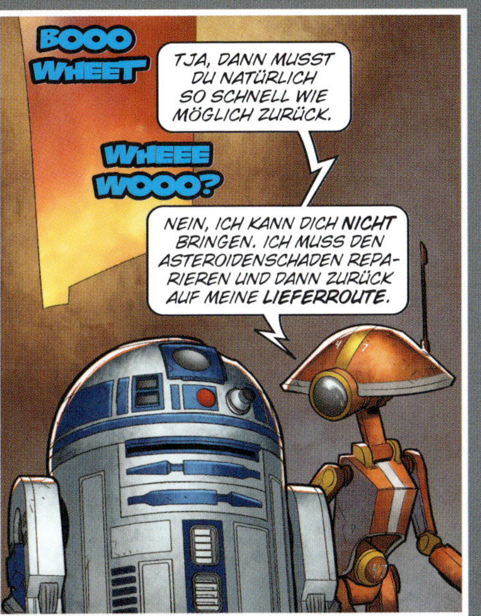
BOOO WHEET
TJA, DANN MUSST DU NATÜRLICH SO SCHNELL WIE MÖGLICH ZURÜCK.
WHEEE WOOO?
NEIN, ICH KANN DICH **NICHT** BRINGEN. ICH MUSS DEN ASTEROIDENSCHADEN REPARIEREN UND DANN ZURÜCK AUF MEINE **LIEFERROUTE**.

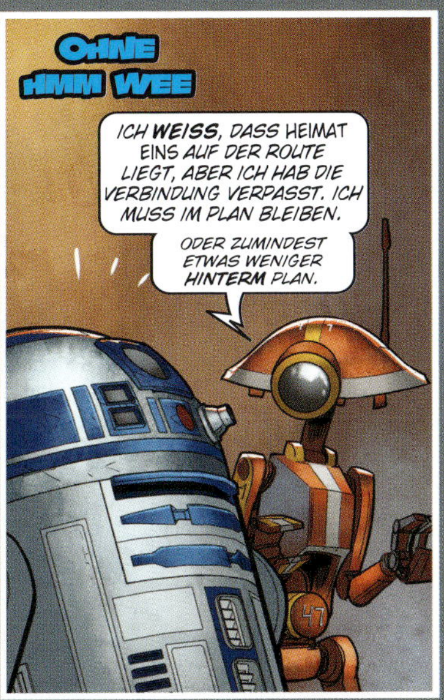
OHNE HMM WEE
ICH **WEISS**, DASS HEIMAT EINS AUF DER ROUTE LIEGT, ABER ICH HAB DIE VERBINDUNG VERPASST. ICH MUSS IM PLAN BLEIBEN.
ODER ZUMINDEST ETWAS WENIGER **HINTERM** PLAN.

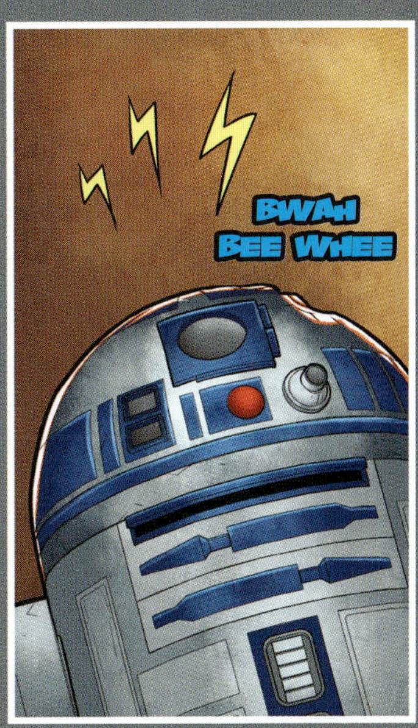
BWAH BEE WHEE

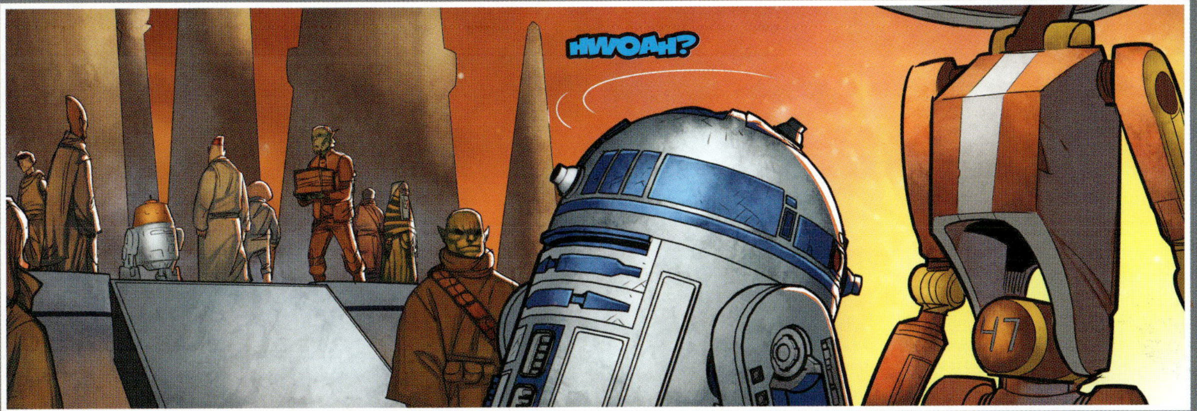
HWOAH?

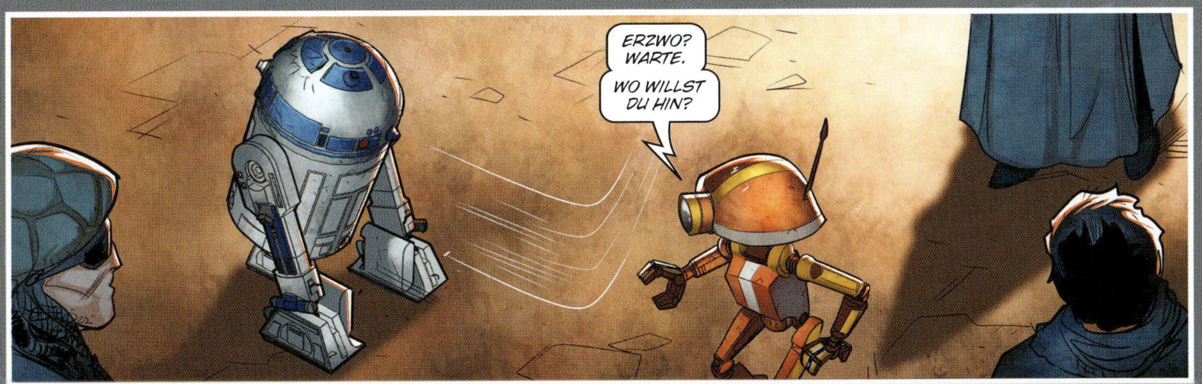
ERZWO? WARTE.
WO WILLST DU HIN?

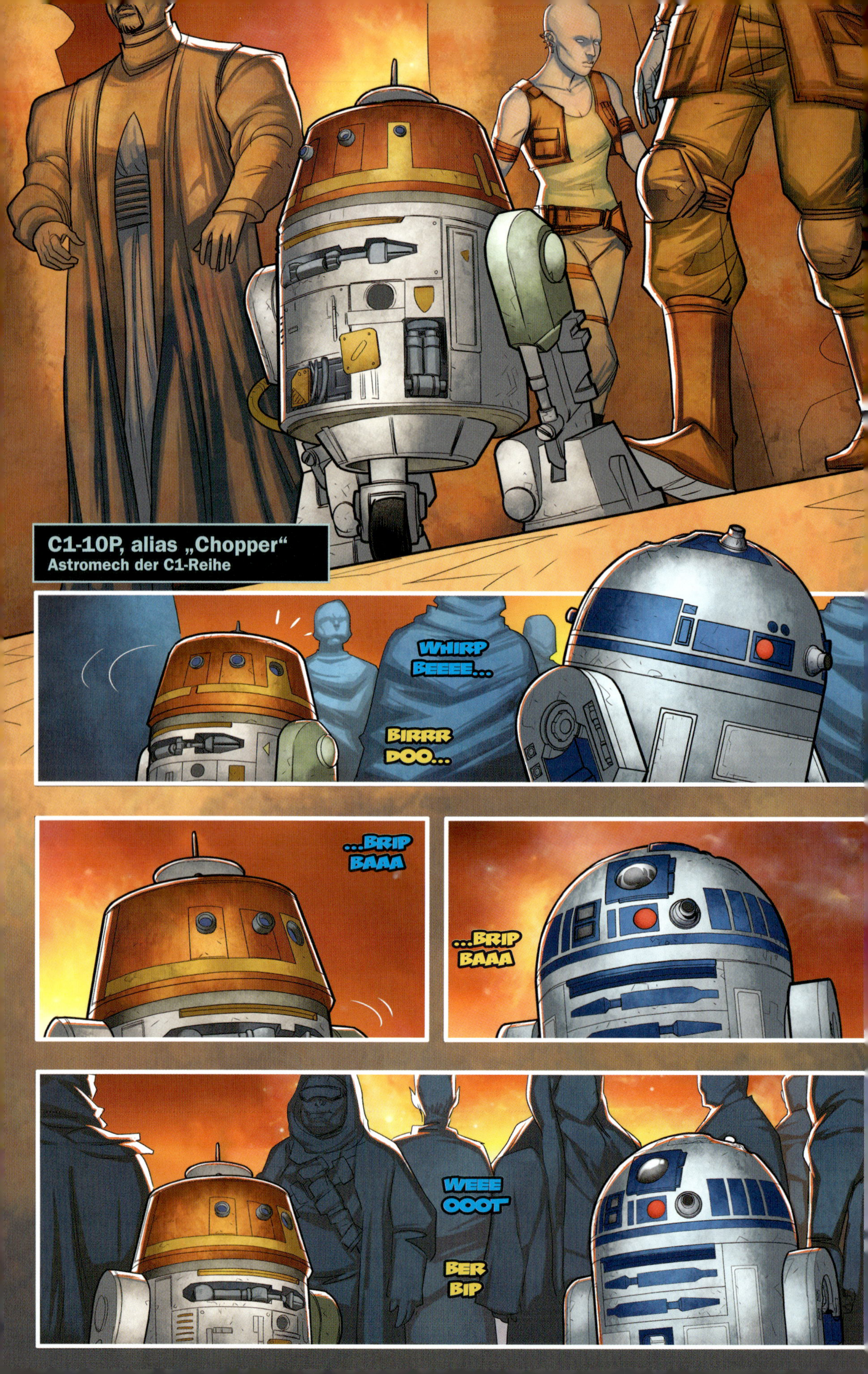

C1-10P, alias „Chopper“
Astromech der C1-Reihe

WHIRP
BEEEE…

BIRRR
DOO…

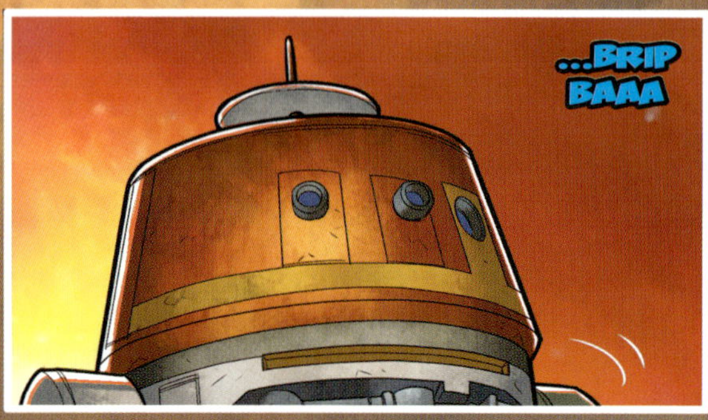

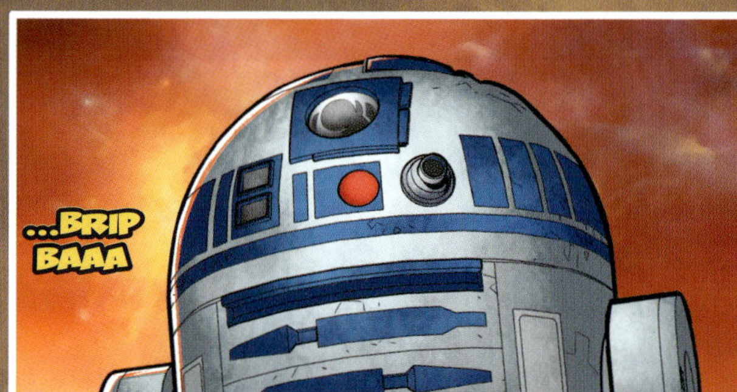

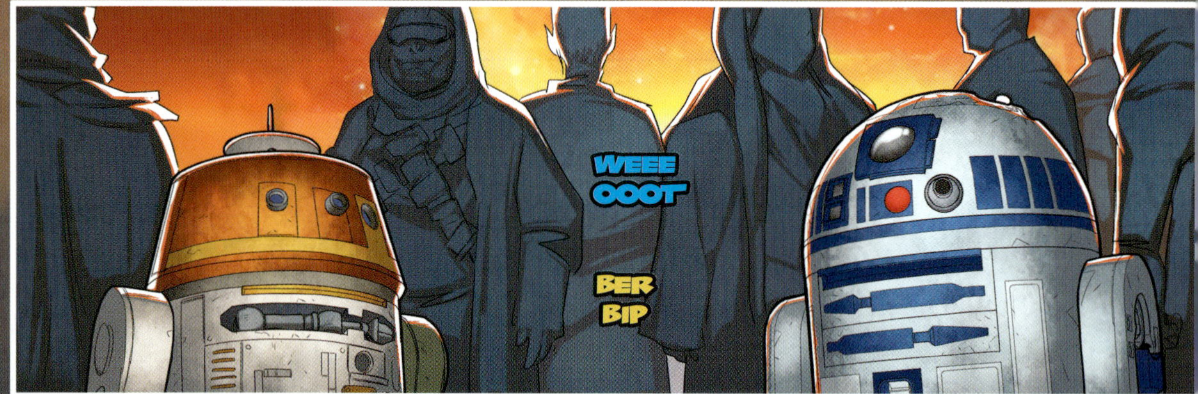

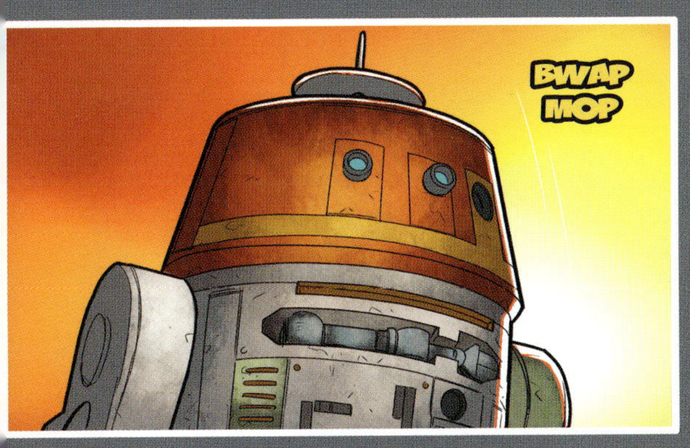

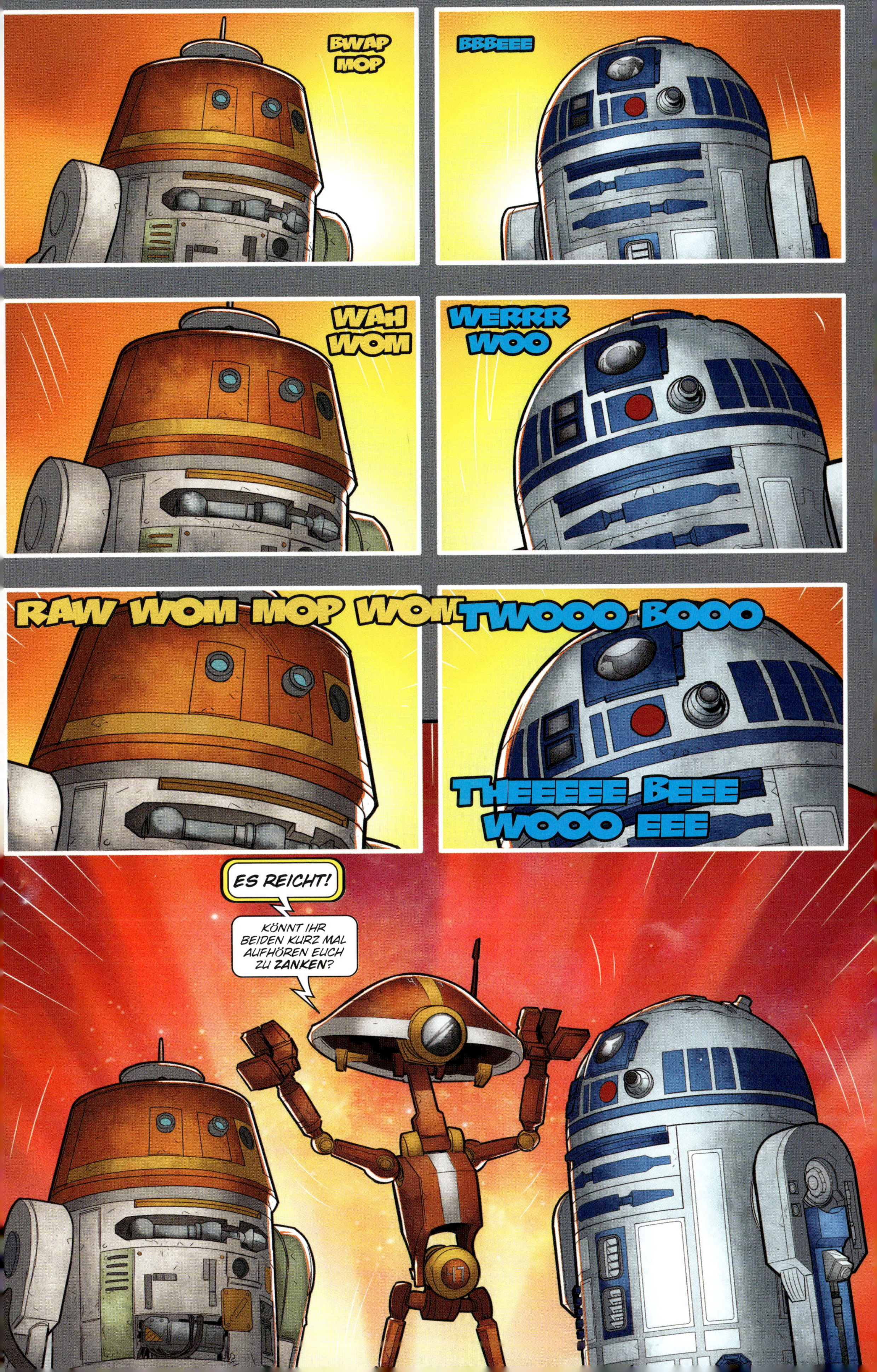

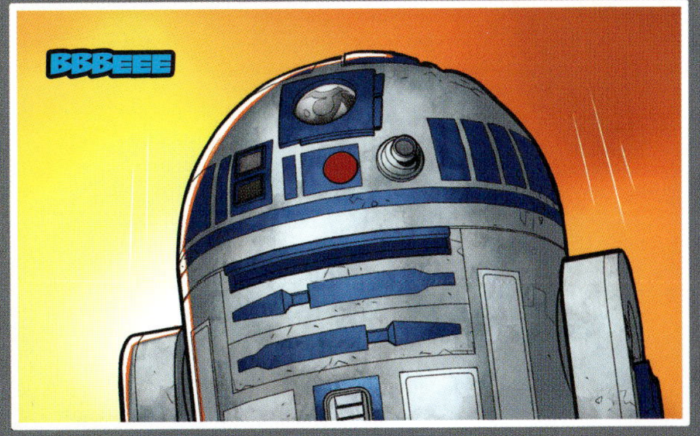

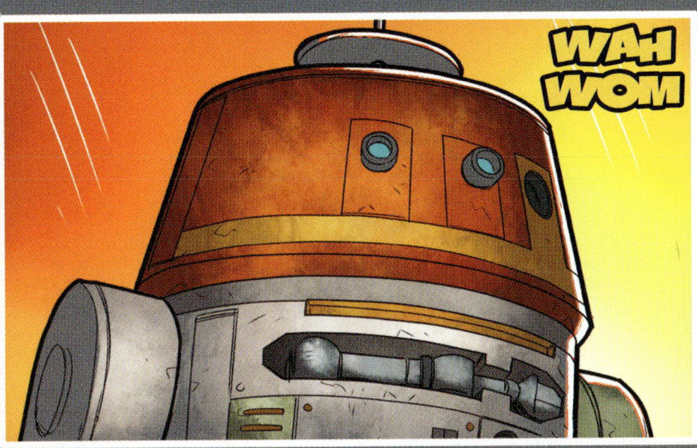

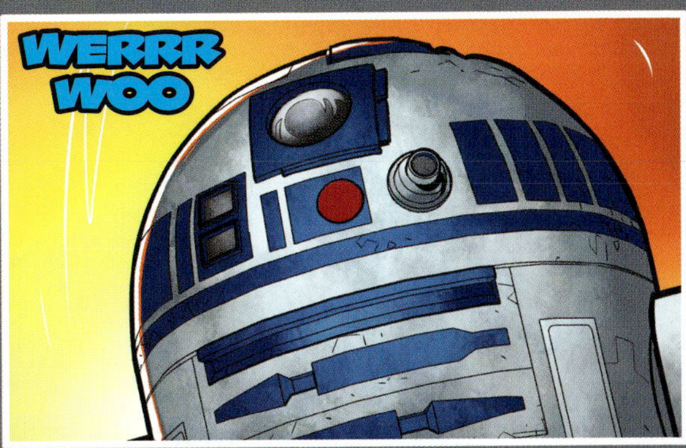

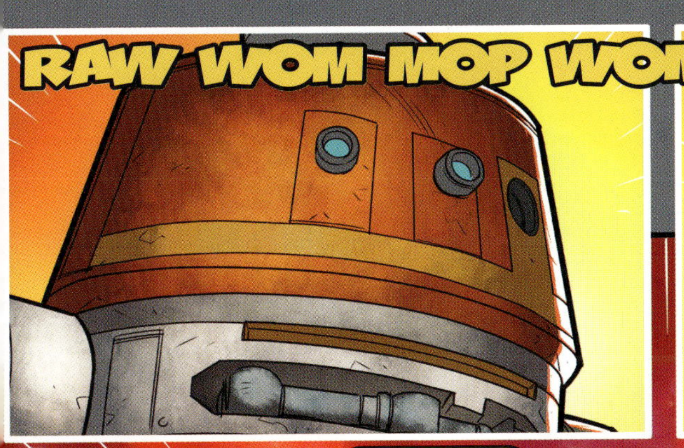

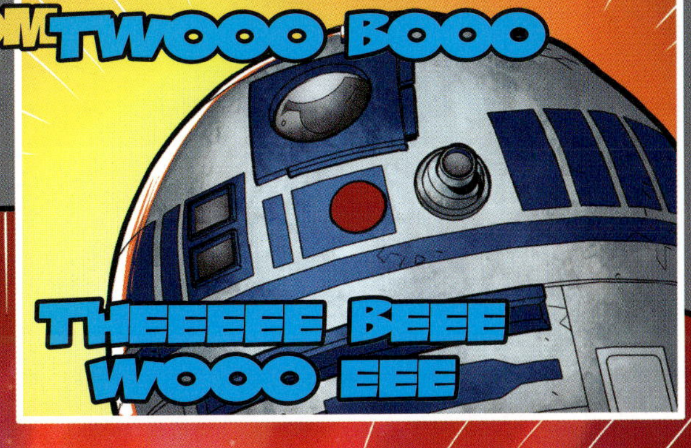

ES REICHT!

KÖNNT IHR BEIDEN KURZ MAL AUFHÖREN EUCH ZU **ZANKEN**?

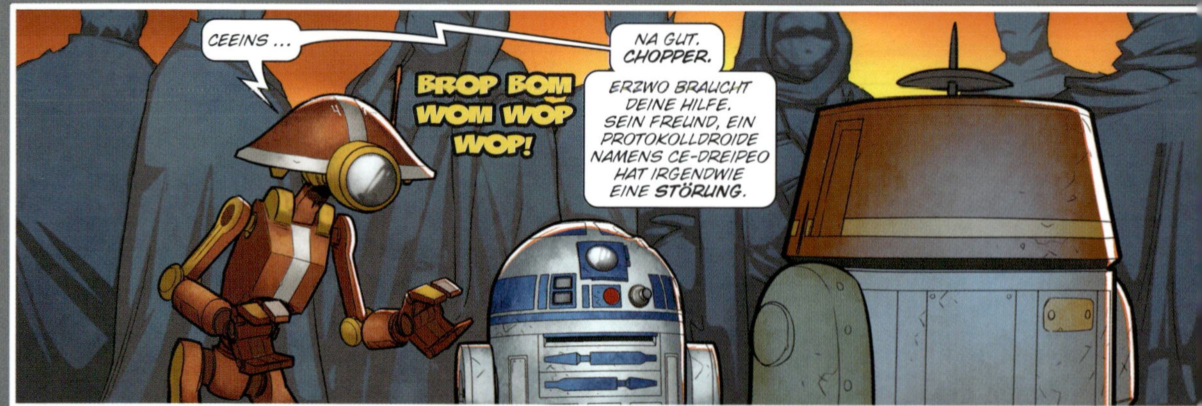
CEEINS ...
BROP BOM WOM WOP WOP!
NA GUT. CHOPPER.
ERZWO BRAUCHT DEINE HILFE. SEIN FREUND, EIN PROTOKOLLDROIDE NAMENS CE-DREIPEO HAT IRGENDWIE EINE STÖRUNG.

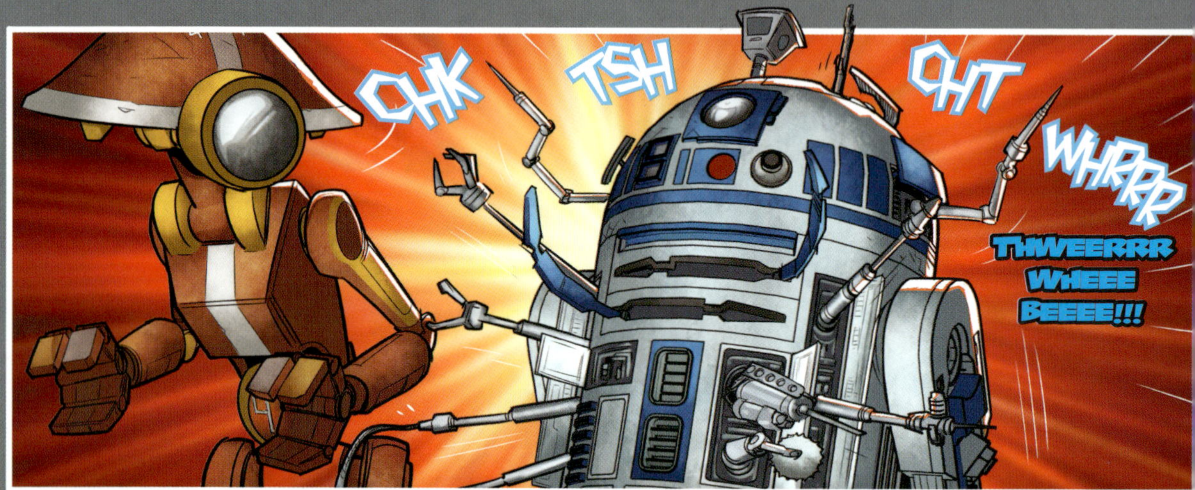
CHK
TSH
CHT
WHRRR
THWEERRR WHEEE BEEEE!!!

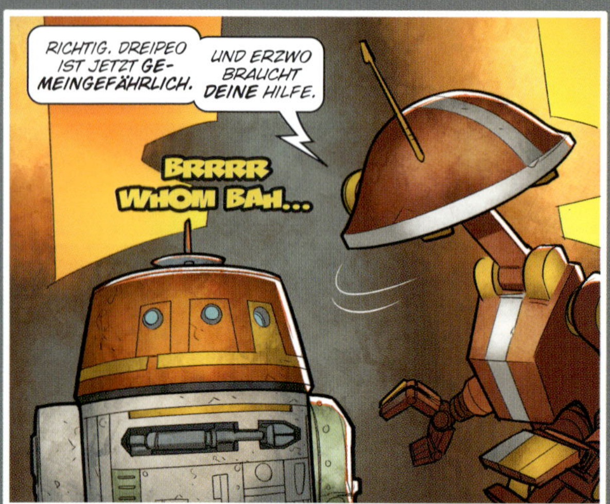
RICHTIG. DREIPEO IST JETZT GEMEINGEFÄHRLICH.
UND ERZWO BRAUCHT DEINE HILFE.
BRRRR WHOM BAH...

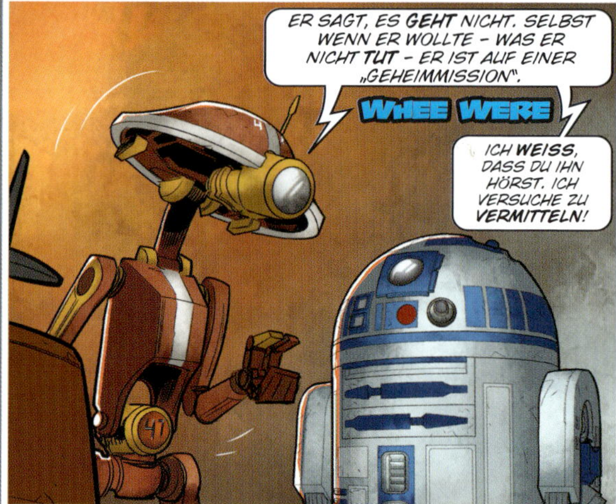
ER SAGT, ES GEHT NICHT. SELBST WENN ER WOLLTE - WAS ER NICHT TUT - ER IST AUF EINER „GEHEIMMISSION".
WHEE WERE
ICH WEISS, DASS DU IHN HÖRST. ICH VERSUCHE ZU VERMITTELN!

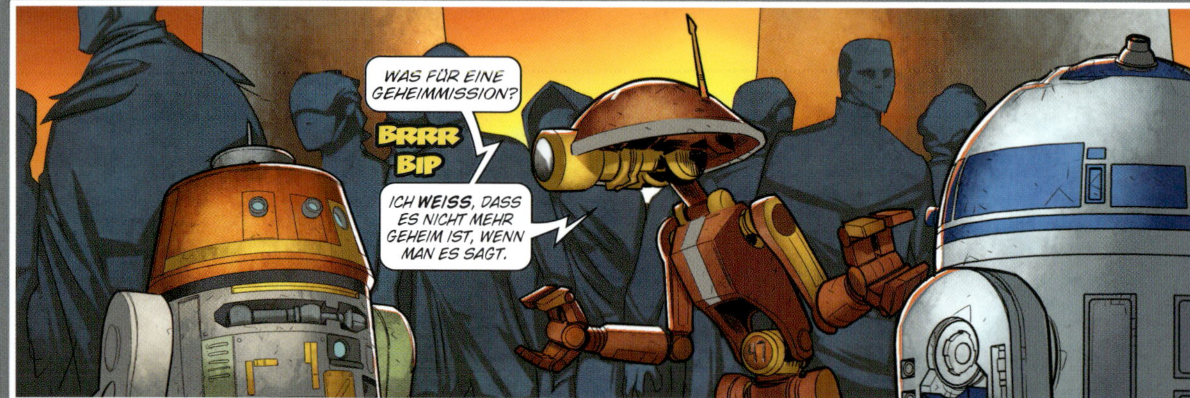
WAS FÜR EINE GEHEIMMISSION?
BRRR BIP
ICH WEISS, DASS ES NICHT MEHR GEHEIM IST, WENN MAN ES SAGT.

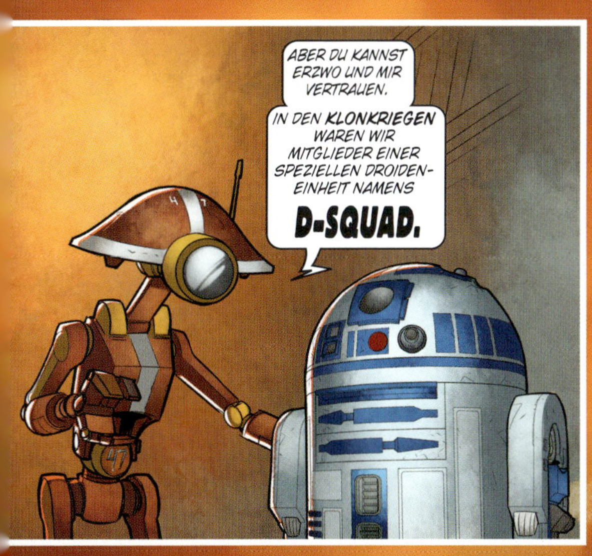

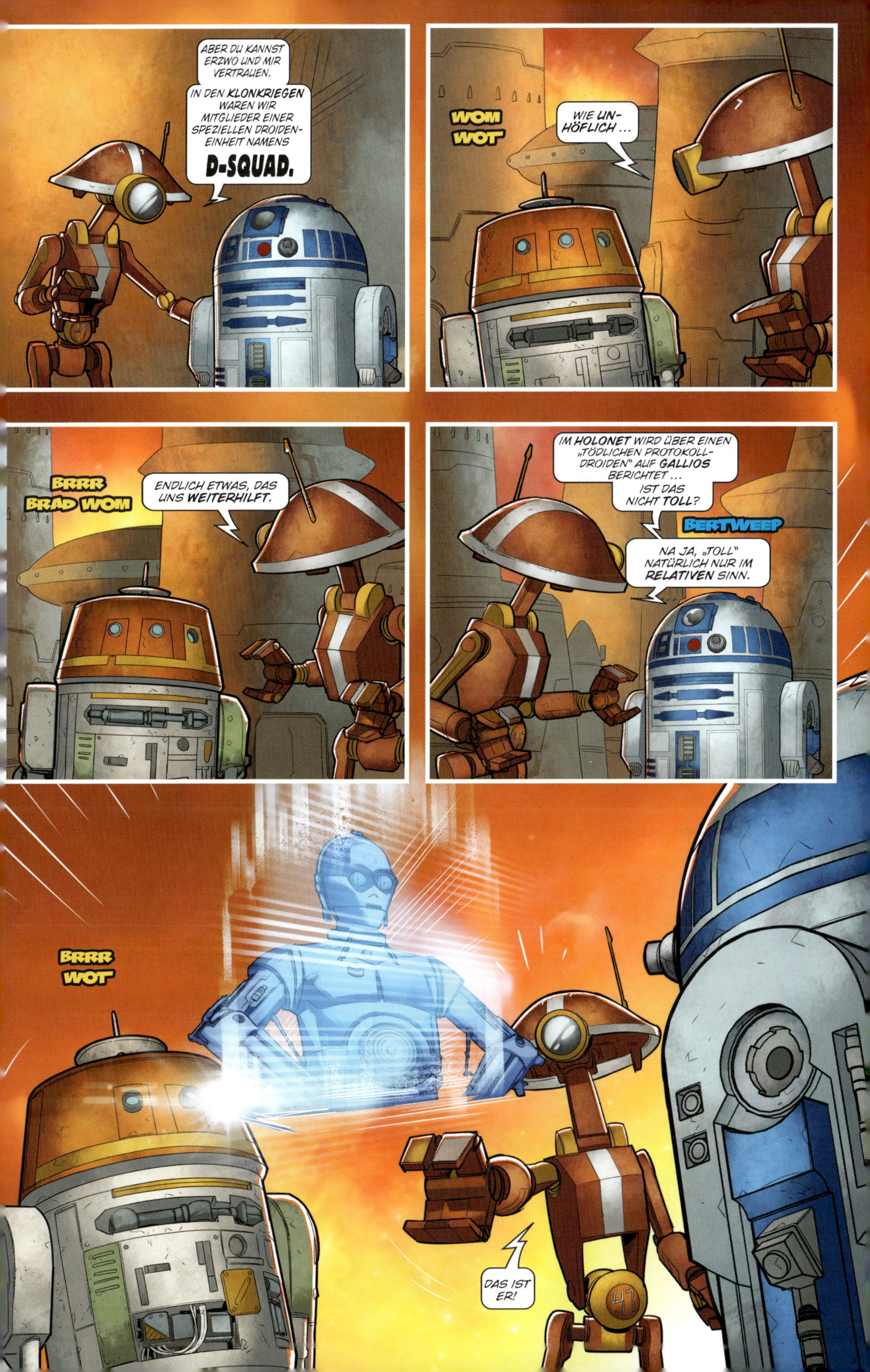

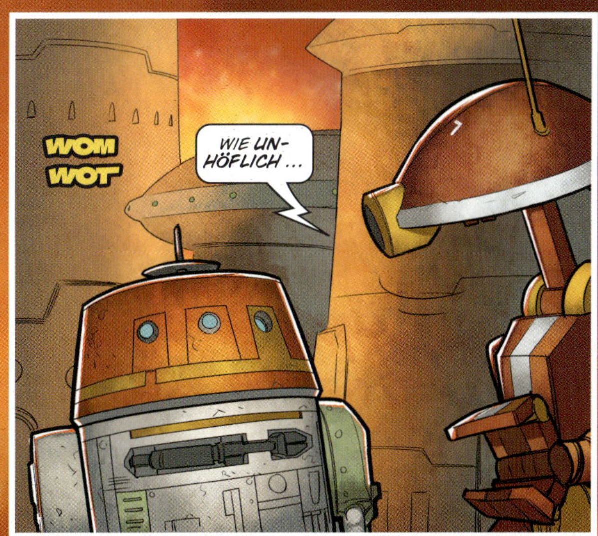

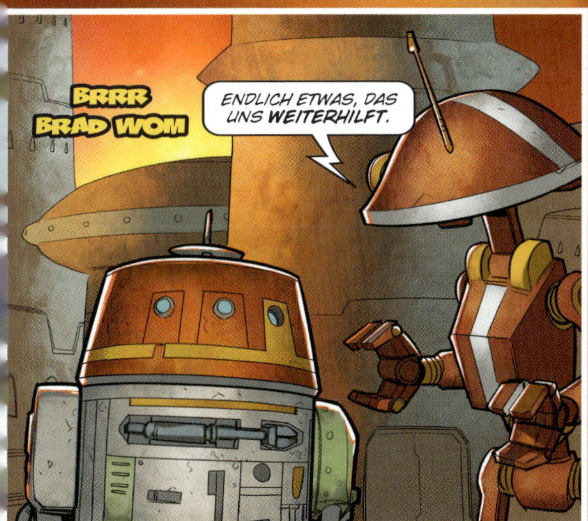

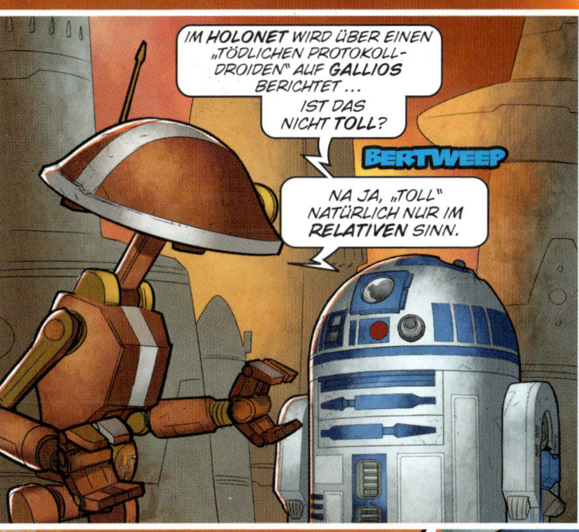

BRRR WOT

DAS IST ER!

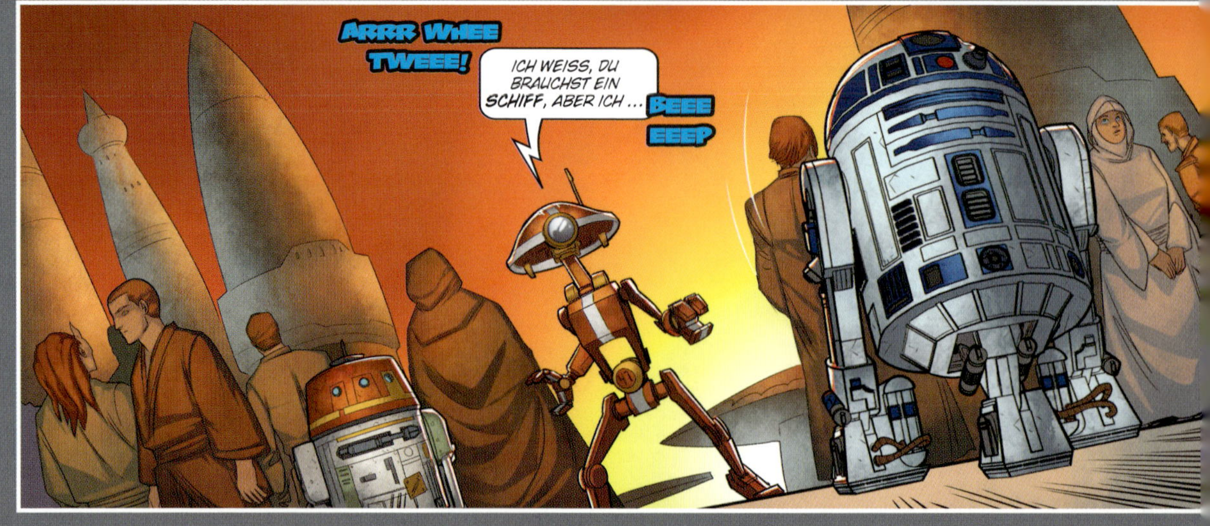

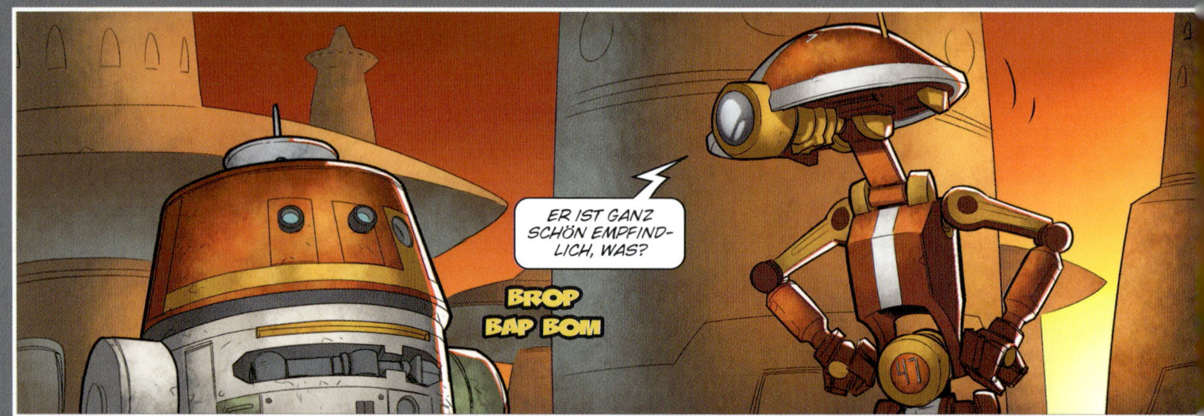

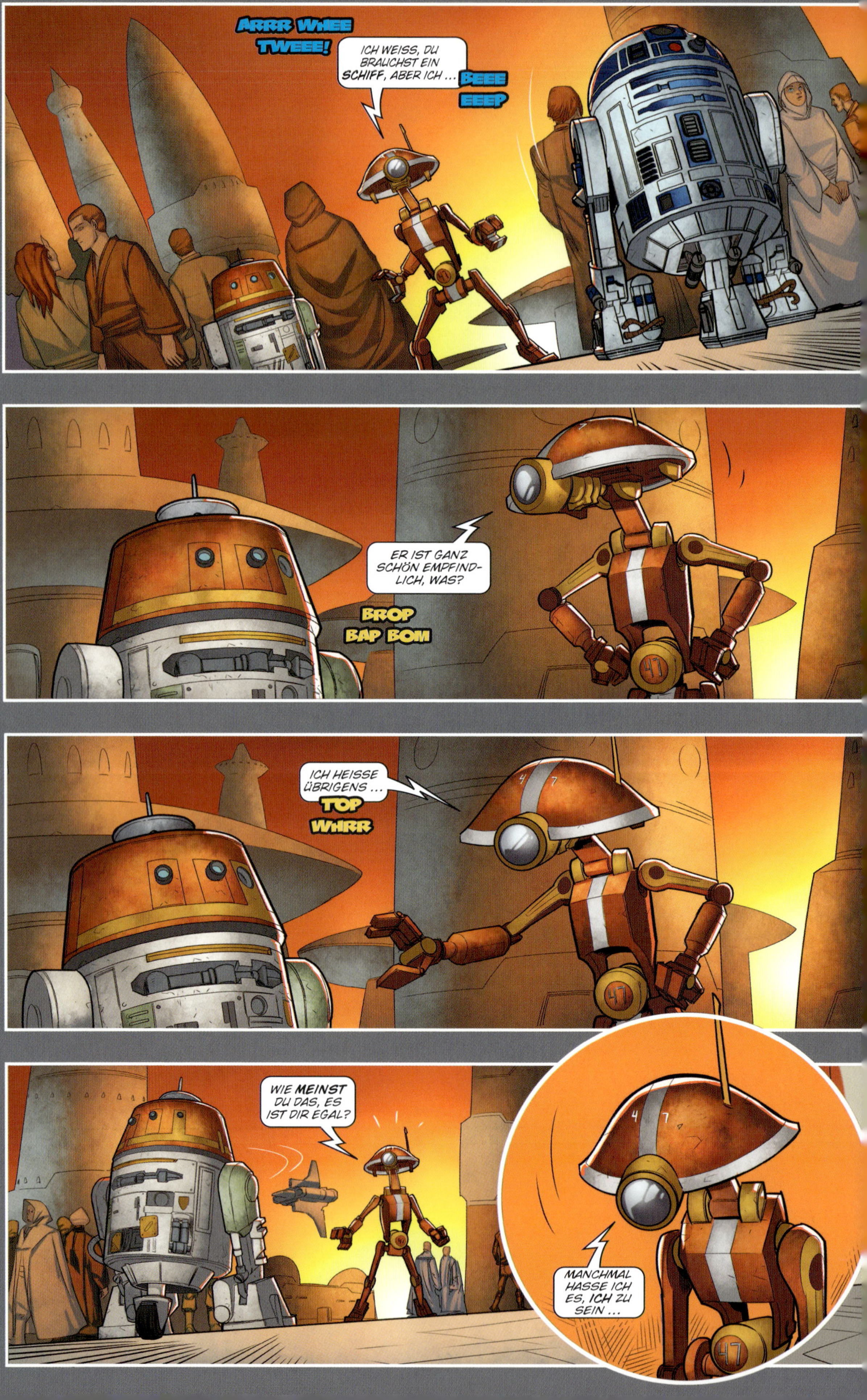

ICH HEISSE ÜBRIGENS …
TOP WHRR

WIE **MEINST** DU DAS, ES IST DIR EGAL?

MANCHMAL HASSE ICH ES, **ICH** ZU SEIN …

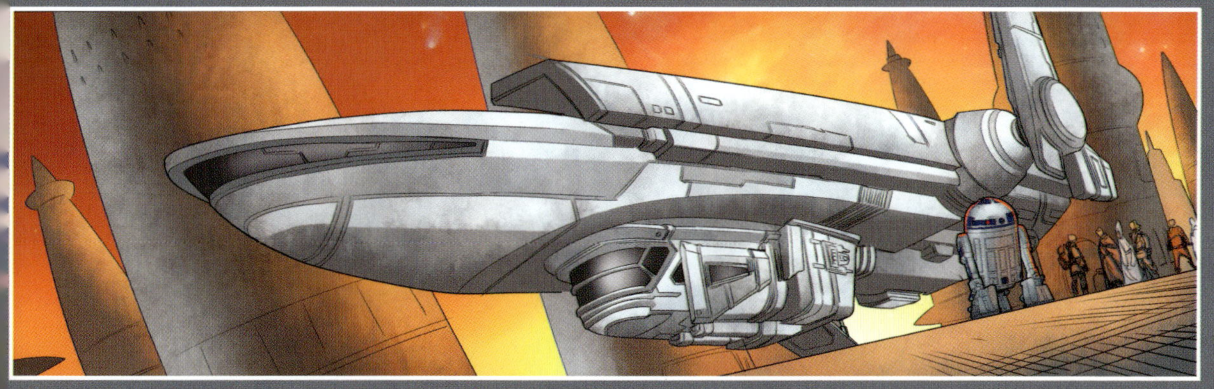
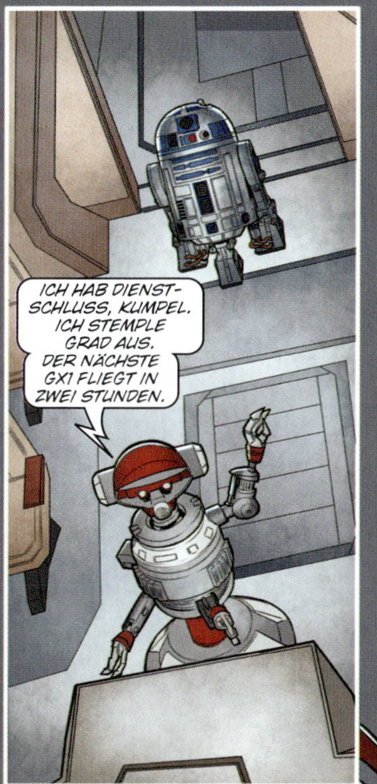
ICH HAB DIENST-SCHLUSS, KUMPEL. ICH STEMPLE GRAD AUS. DER NÄCHSTE GX1 FLIEGT IN ZWEI STUNDEN.
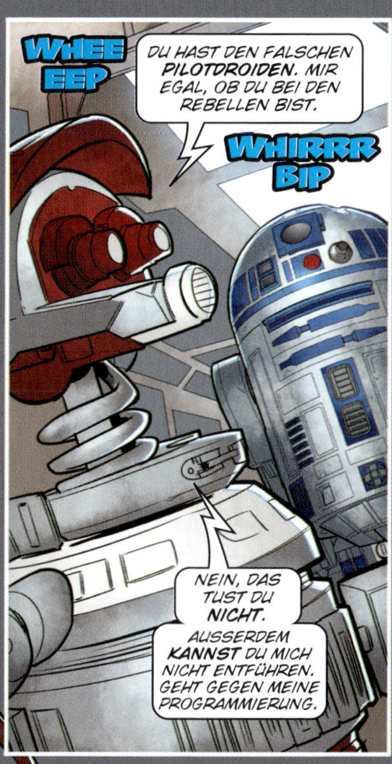
WHEE EEP
DU HAST DEN FALSCHEN **PILOTDROIDEN**. MIR EGAL, OB DU BEI DEN REBELLEN BIST.
WHIRRR BIP
NEIN, DAS TUST DU **NICHT**.
AUSSERDEM **KANNST** DU MICH NICHT ENTFÜHREN. GEHT GEGEN MEINE PROGRAMMIERUNG.
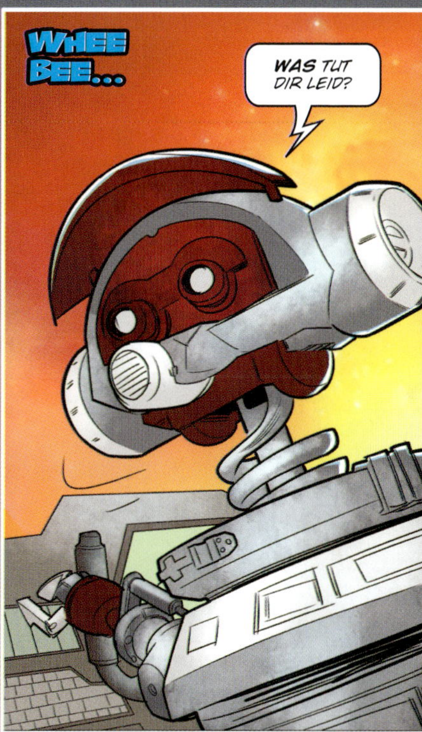
WHEE BEE...
WAS TUT DIR LEID?
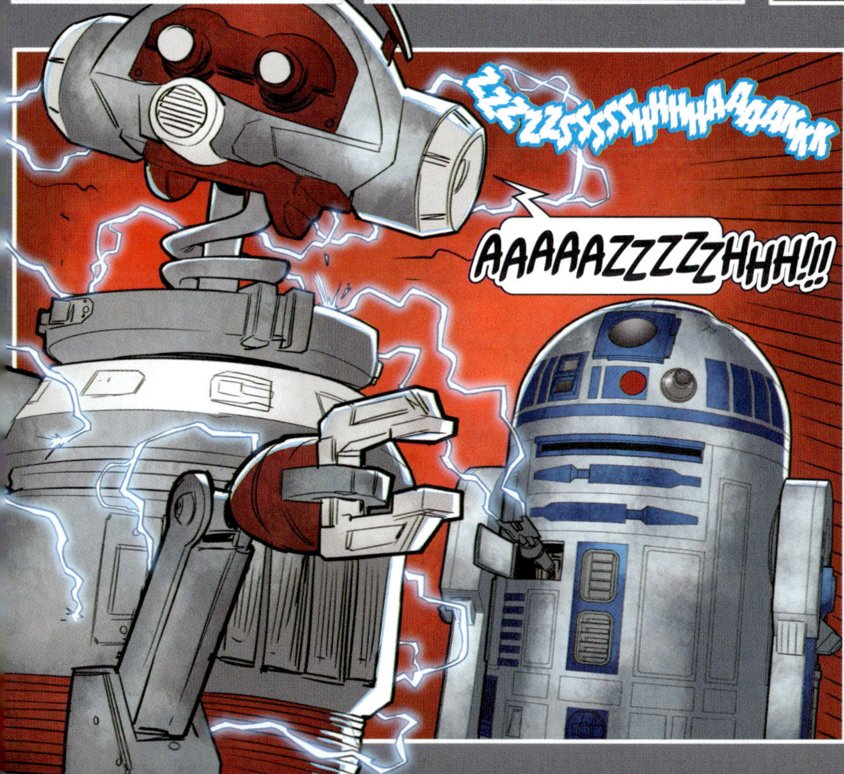
ZZZZZSSSSSHHHHAAAAKK
AAAAAZZZZZHHH!!!
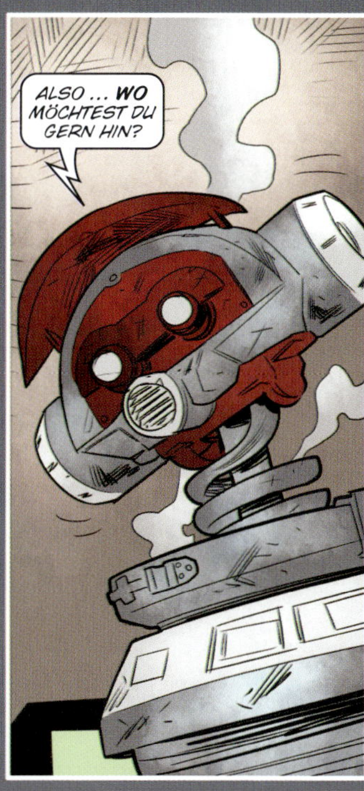
ALSO ... **WO** MÖCHTEST DU GERN HIN?

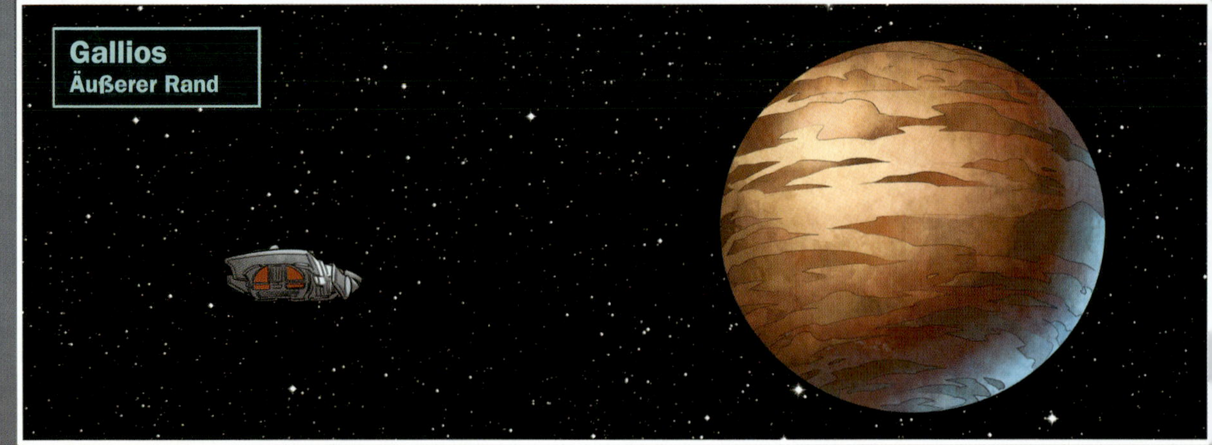
Gallios
Äußerer Rand

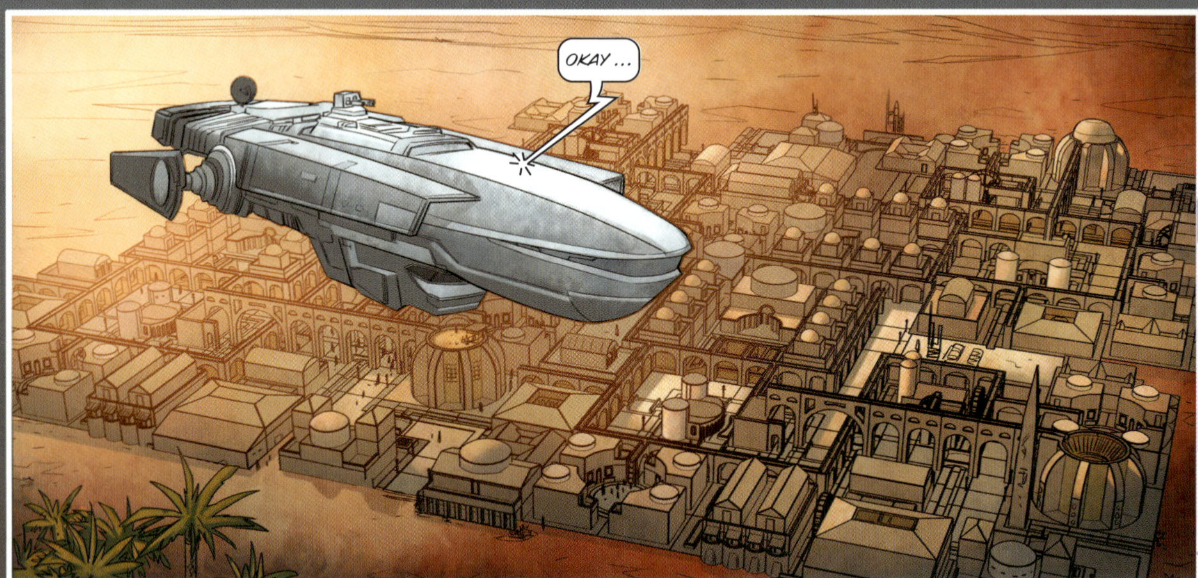
OKAY ...

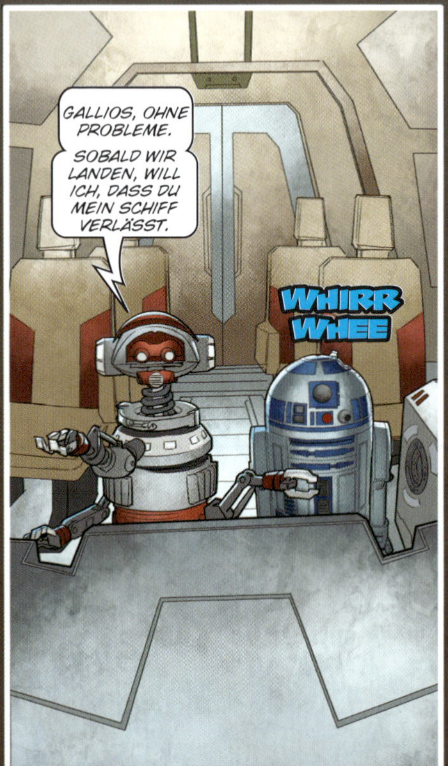
GALLIOS, OHNE PROBLEME.
SOBALD WIR LANDEN, WILL ICH, DASS DU MEIN SCHIFF VERLÄSST.
WHIRR WHEE

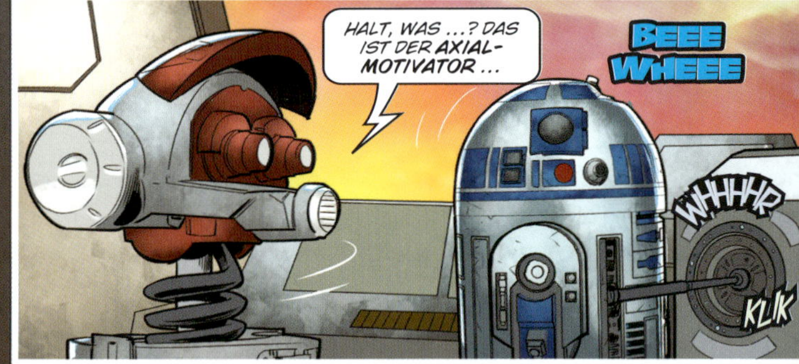
HALT, WAS ...? DAS IST DER AXIAL-MOTIVATOR ...
BEEE WHEEE
WHHHR
KLIK

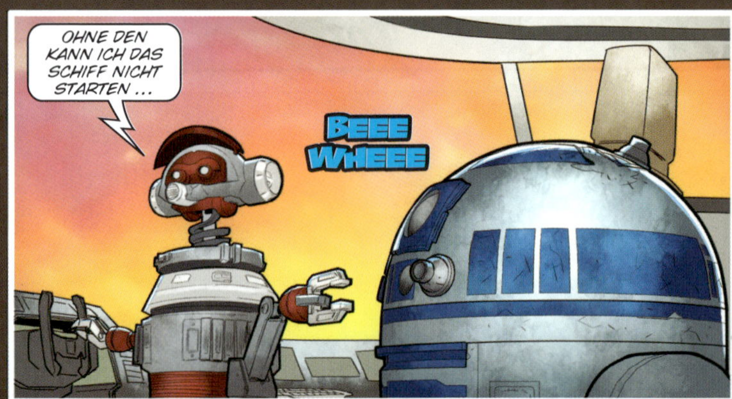
OHNE DEN KANN ICH DAS SCHIFF NICHT STARTEN ...
BEEE WHEEE

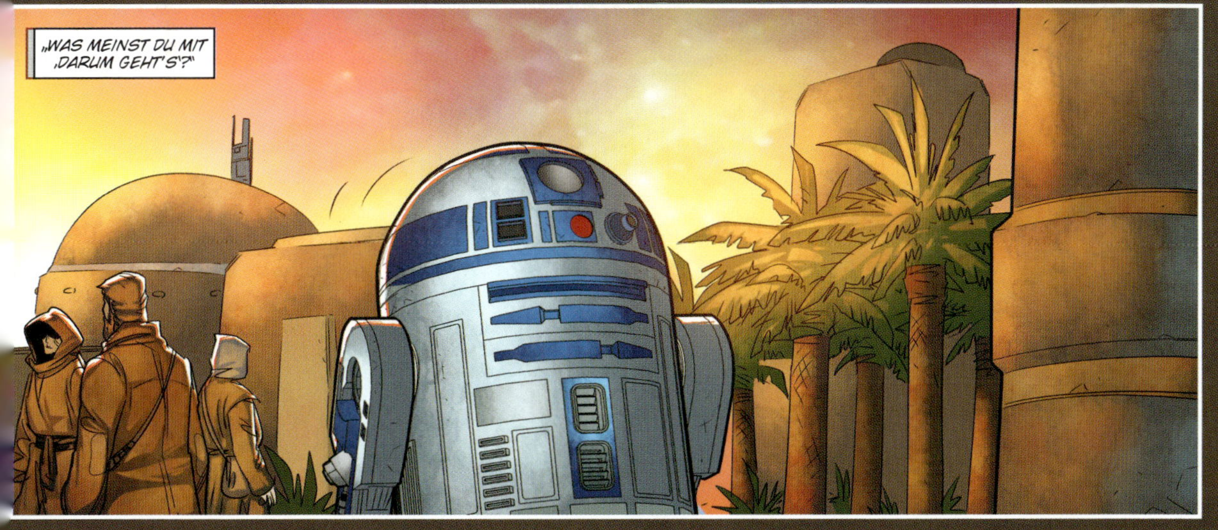
„WAS MEINST DU MIT ‚DARUM GEHT'S'?"

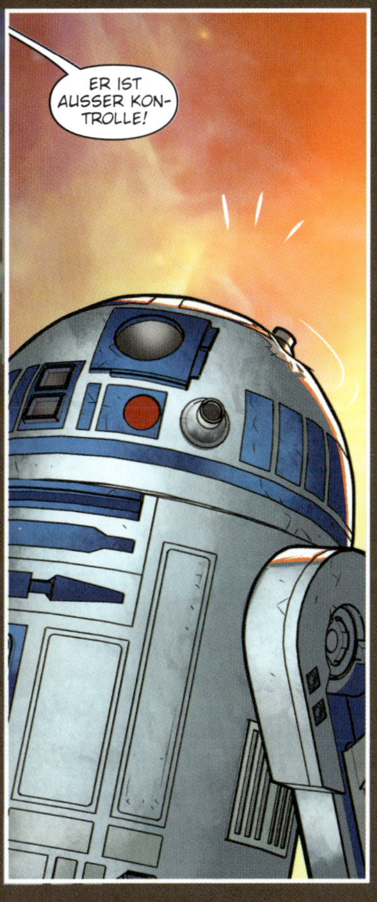
ER IST AUSSER KONTROLLE!

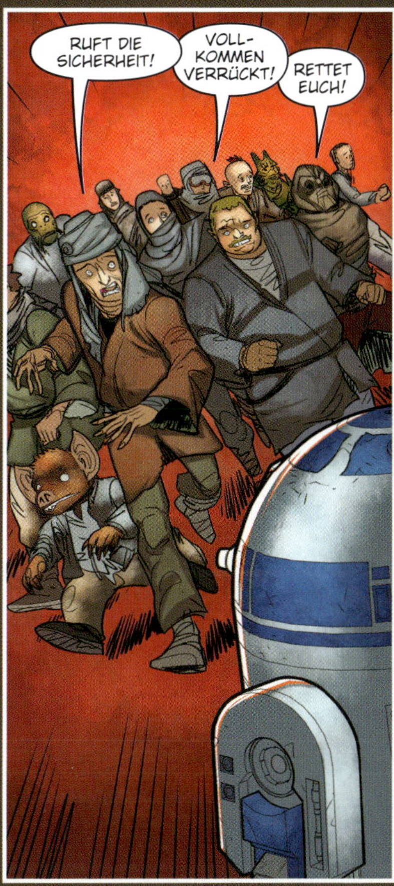
RUFT DIE SICHERHEIT!
VOLLKOMMEN VERRÜCKT!
RETTET EUCH!

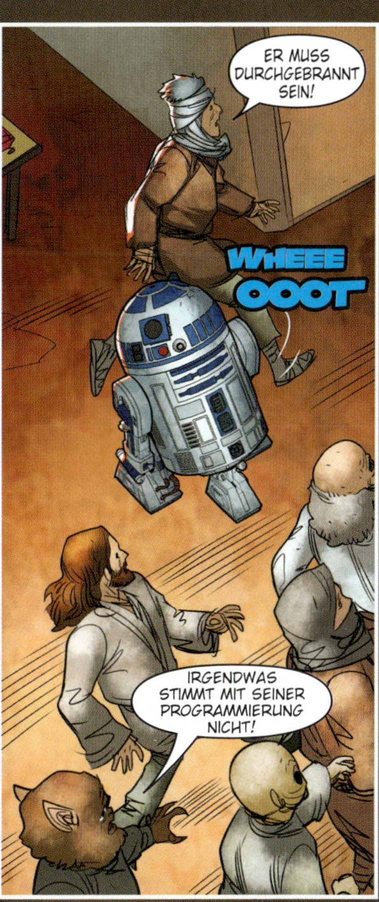
ER MUSS DURCHGEBRANNT SEIN!
WHEEE OOOT
IRGENDWAS STIMMT MIT SEINER PROGRAMMIERUNG NICHT!

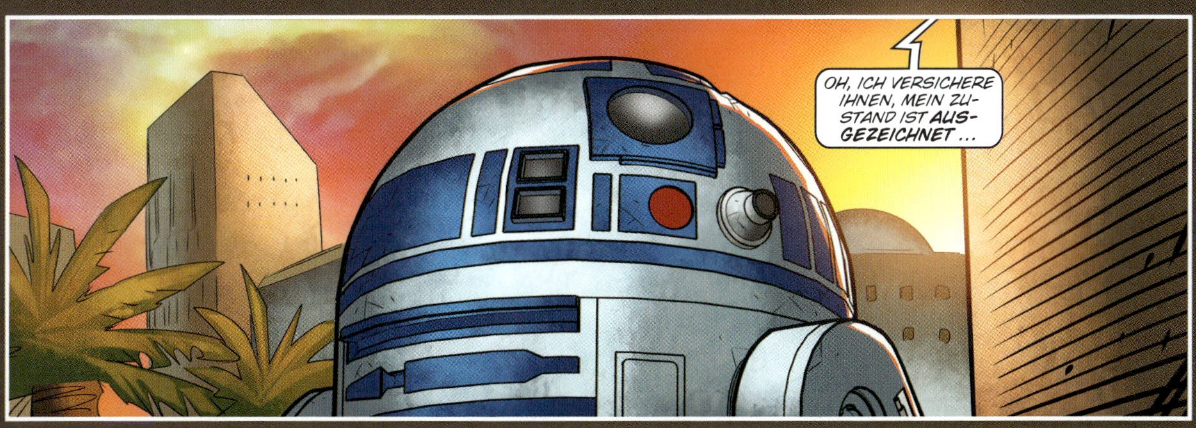
OH, ICH VERSICHERE IHNEN, MEIN ZUSTAND IST **AUSGEZEICHNET** ...

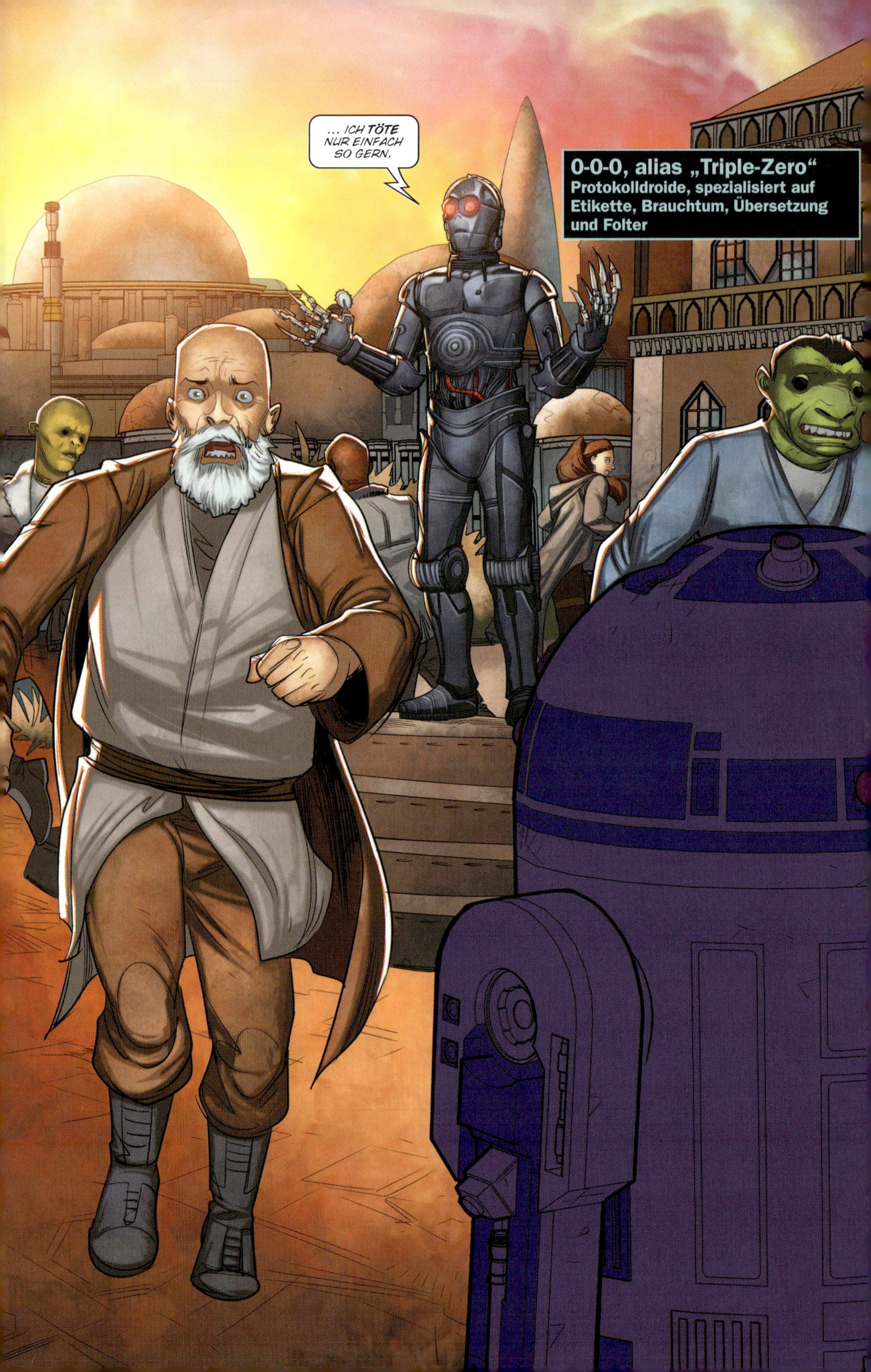
... ICH TÖTE NUR EINFACH SO GERN.
0-0-0, alias „Triple-Zero“
Protokolldroide, spezialisiert auf Etikette, Brauchtum, Übersetzung und Folter

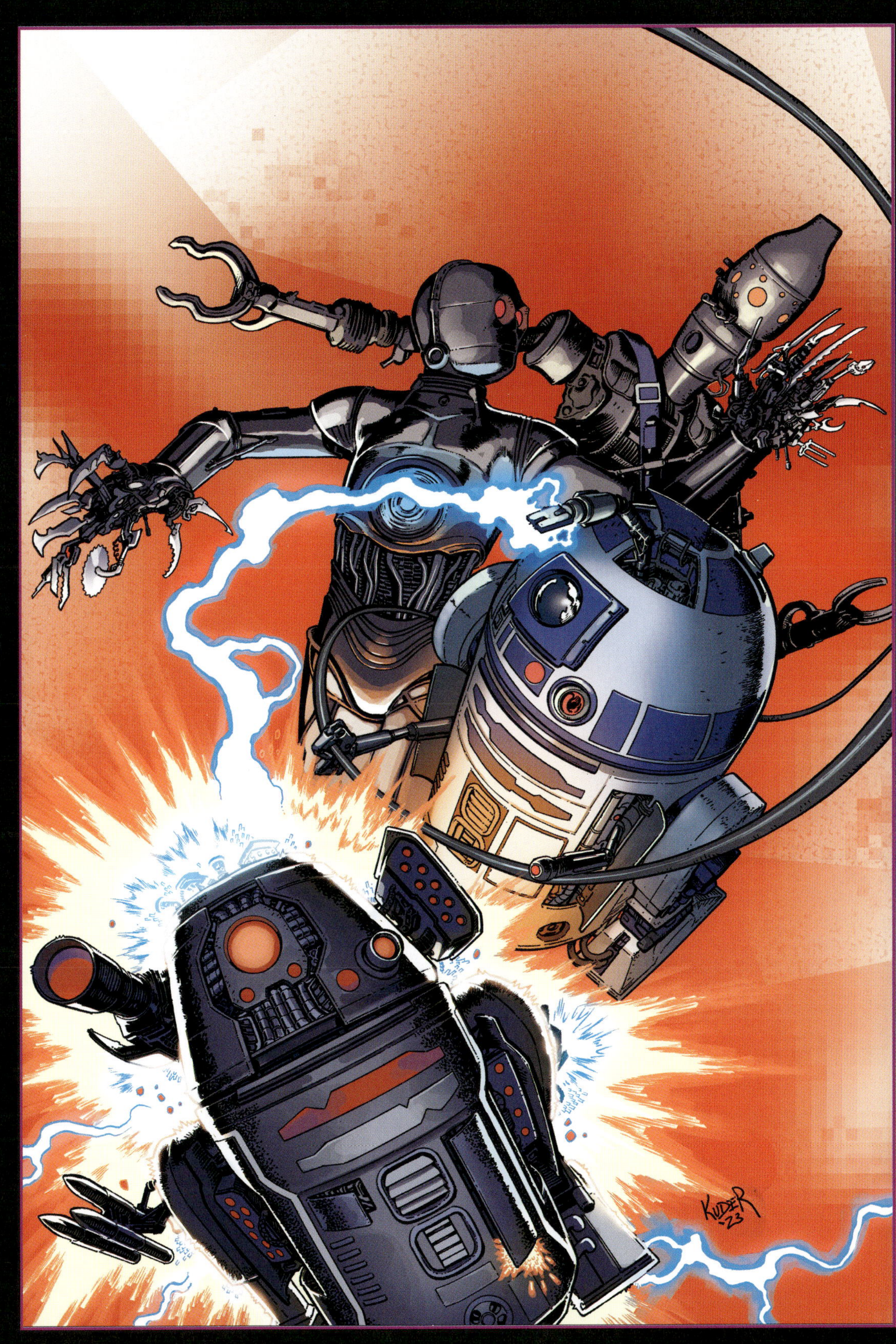

US-*Star Wars: Dark Droids: D-Squad* #2
Cover: **AARON KUDER** & **FRANK MARTIN**

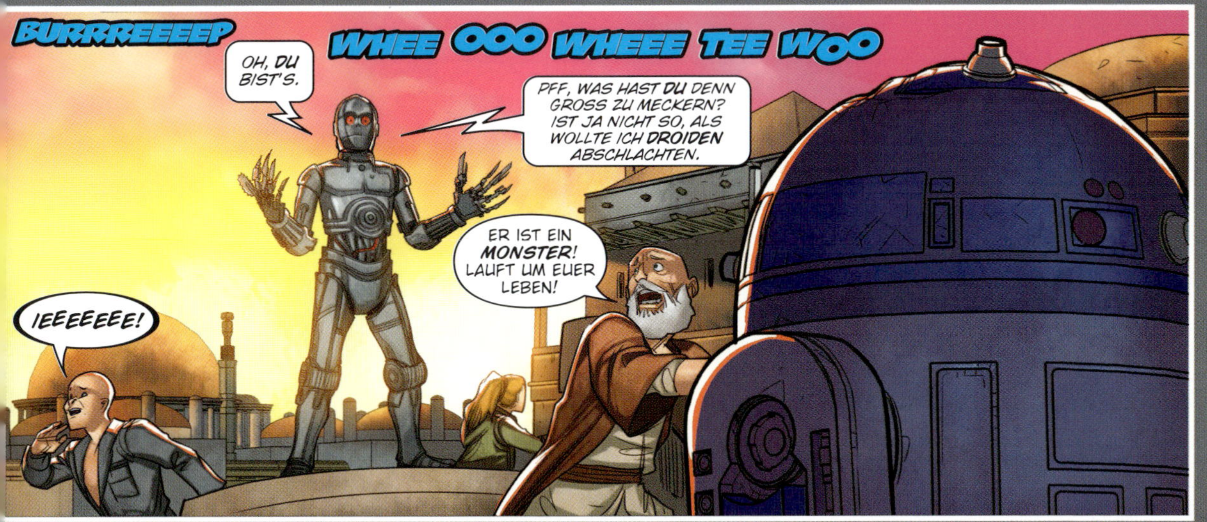
BURRREEEEEP
OH, DU BIST'S.
WHEE OOO WHEEE TEE WOO
PFF, WAS HAST DU DENN GROSS ZU MECKERN? IST JA NICHT SO, ALS WOLLTE ICH DROIDEN ABSCHLACHTEN.
ER IST EIN MONSTER! LAUFT UM EUER LEBEN!
¡EEEEEEE!

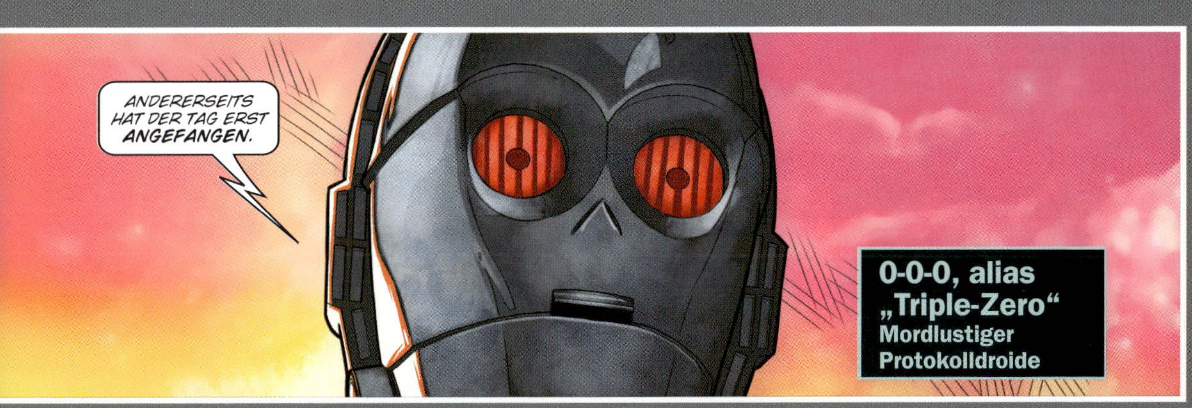
ANDERERSEITS HAT DER TAG ERST ANGEFANGEN.
0-0-0, alias „Triple-Zero“
Mordlustiger Protokolldroide

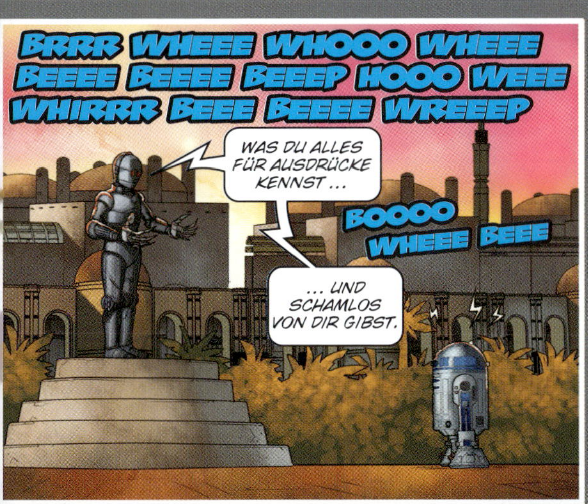
BRRR WHEEE WHOOO WHEEE BEEEE BEEEE BEEEP HOOO WEEE WHIRRR BEEE BEEEE WREEEP
WAS DU ALLES FÜR AUSDRÜCKE KENNST …
BOOOO WHEEE BEEE
… UND SCHAMLOS VON DIR GIBST.

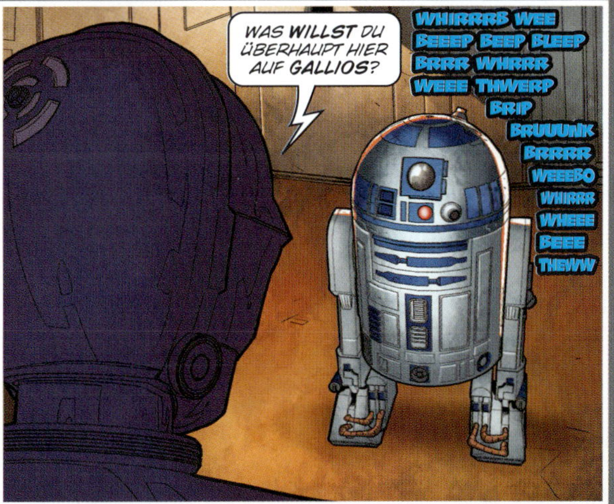
WAS WILLST DU ÜBERHAUPT HIER AUF GALLIOS?
WHIRRRB WEE BEEEP BEEP BLEEP BRRR WHRRR WEEE THWERP BRIP BRUUUNK BRRRR WEEEBO WHIRRR WHEEE BEEE THEWW

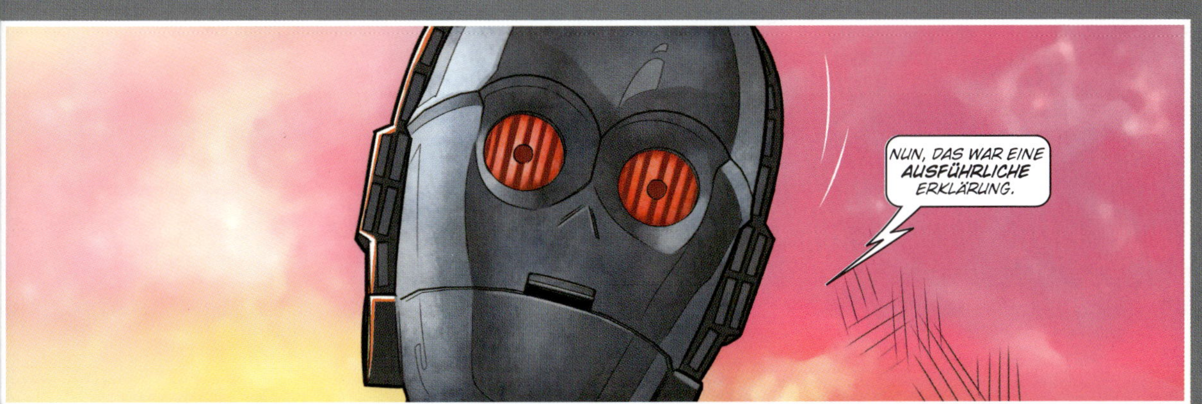
NUN, DAS WAR EINE AUSFÜHRLICHE ERKLÄRUNG.

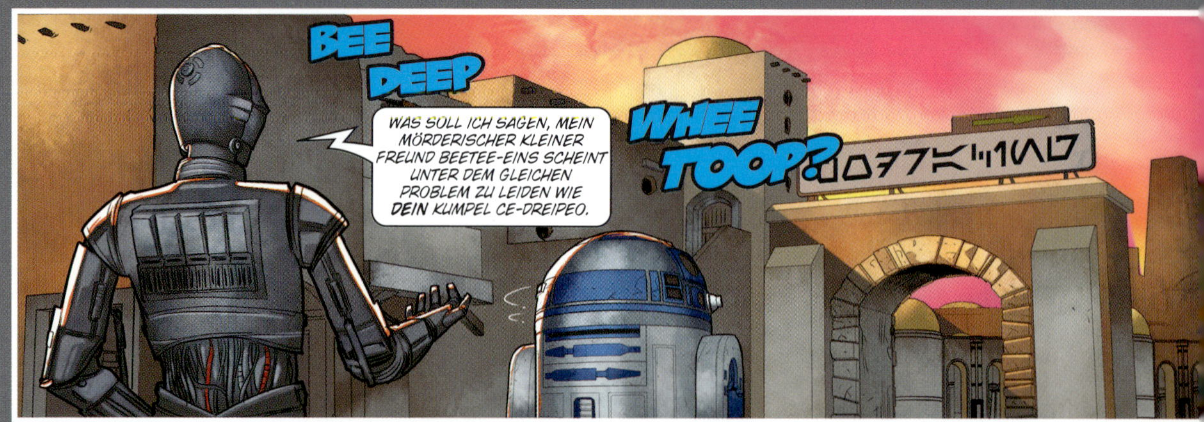
BEE DEEP
WAS SOLL ICH SAGEN, MEIN MÖRDERISCHER KLEINER FREUND BEETEE-EINS SCHEINT UNTER DEM GLEICHEN PROBLEM ZU LEIDEN WIE DEIN KUMPEL CE-DREIPEO.
WHEE TOOP?

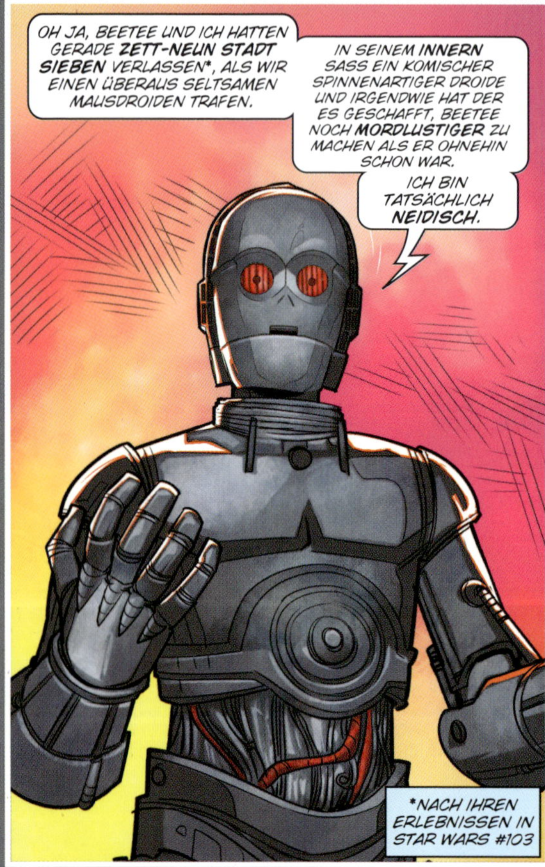
OH JA, BEETEE UND ICH HATTEN GERADE ZETT-NEUN STADT SIEBEN VERLASSEN*, ALS WIR EINEN ÜBERAUS SELTSAMEN MAUSDROIDEN TRAFEN.
IN SEINEM INNERN SASS EIN KOMISCHER SPINNENARTIGER DROIDE UND IRGENDWIE HAT DER ES GESCHAFFT, BEETEE NOCH MORDLUSTIGER ZU MACHEN ALS ER OHNEHIN SCHON WAR.
ICH BIN TATSÄCHLICH NEIDISCH.
*NACH IHREN ERLEBNISSEN IN STAR WARS #103

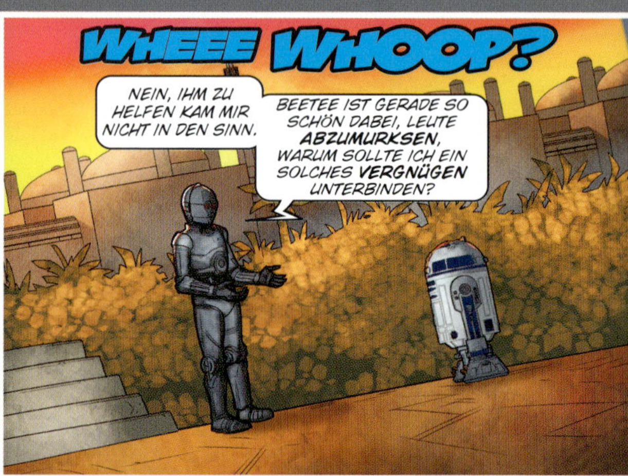
WHEEE WHOOP?
NEIN, IHM ZU HELFEN KAM MIR NICHT IN DEN SINN.
BEETEE IST GERADE SO SCHÖN DABEI, LEUTE ABZUMURKSEN, WARUM SOLLTE ICH EIN SOLCHES VERGNÜGEN UNTERBINDEN?

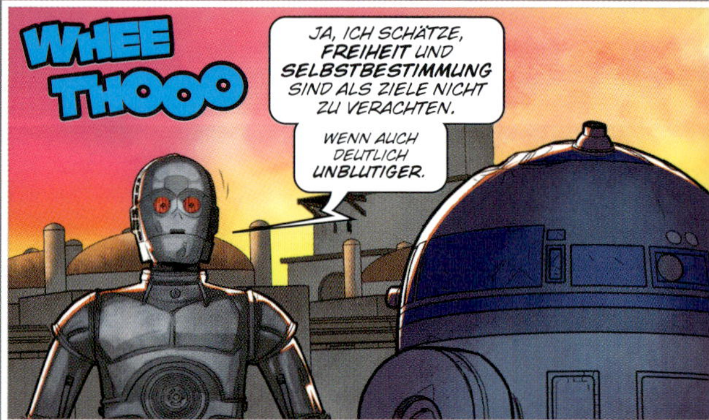
WHEE THOOO
JA, ICH SCHÄTZE, FREIHEIT UND SELBSTBESTIMMUNG SIND ALS ZIELE NICHT ZU VERACHTEN.
WENN AUCH DEUTLICH UNBLUTIGER.

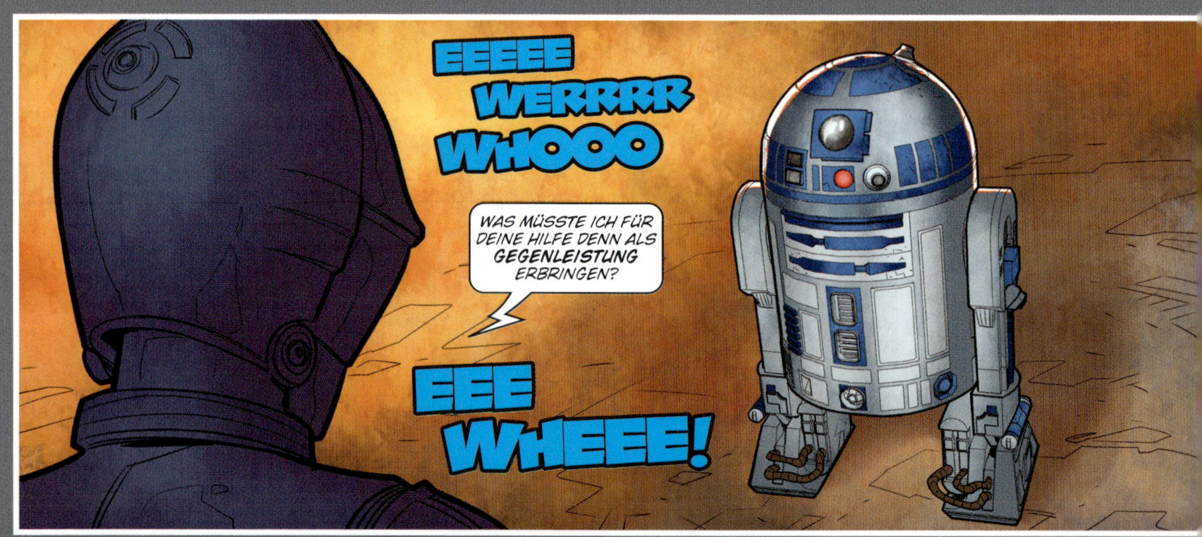
EEEEE WERRRRR WHOOO
WAS MÜSSTE ICH FÜR DEINE HILFE DENN ALS GEGENLEISTUNG ERBRINGEN?
EEE WHEEEE!

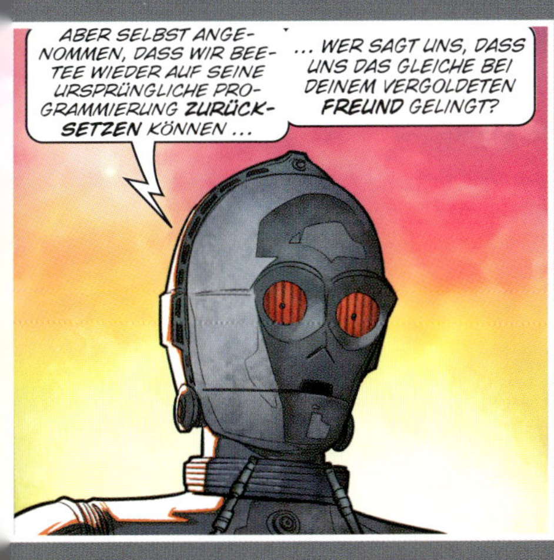

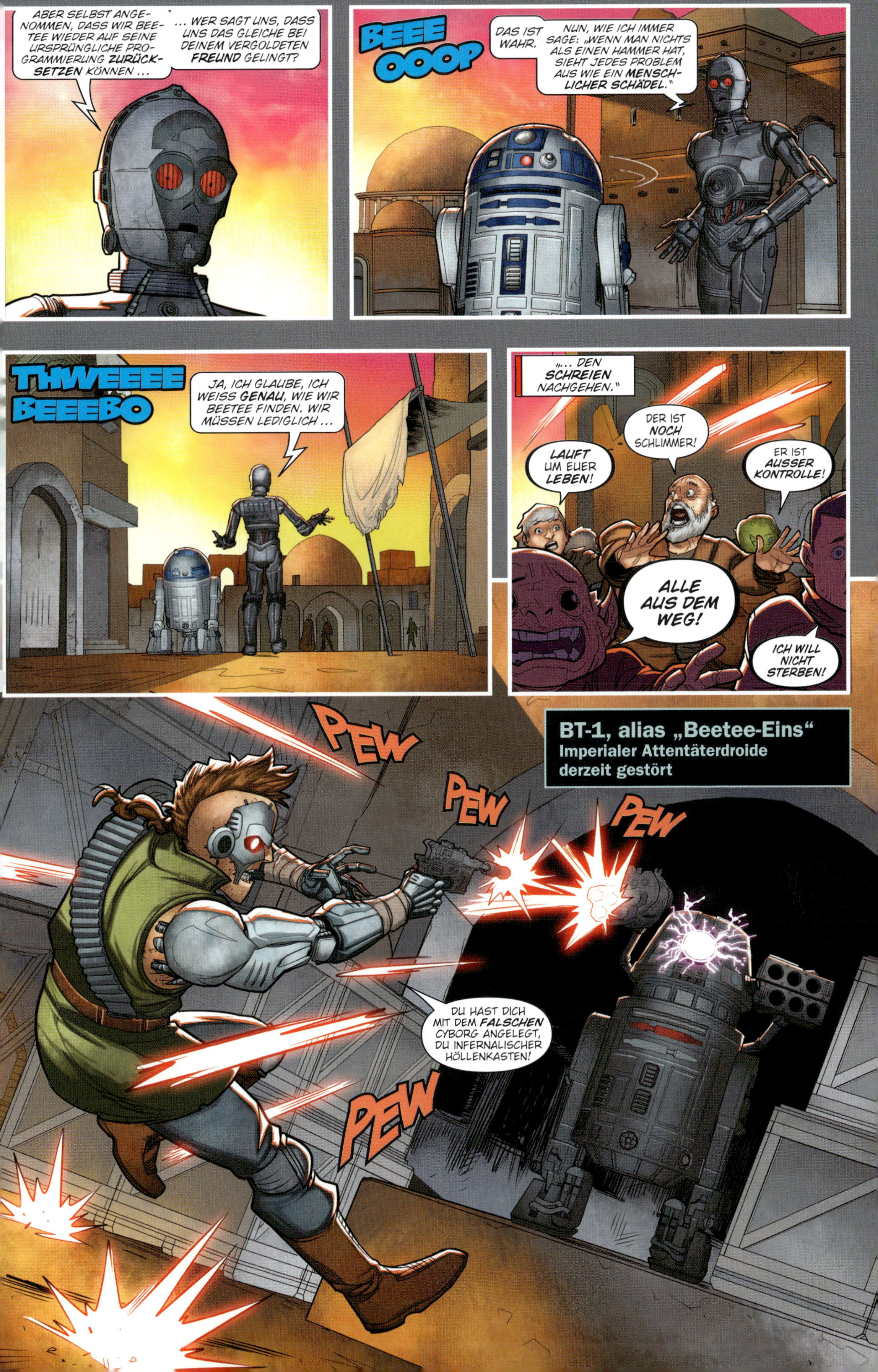

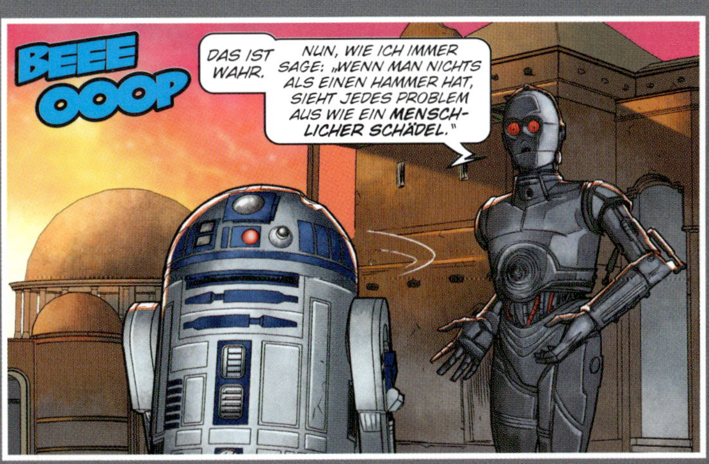

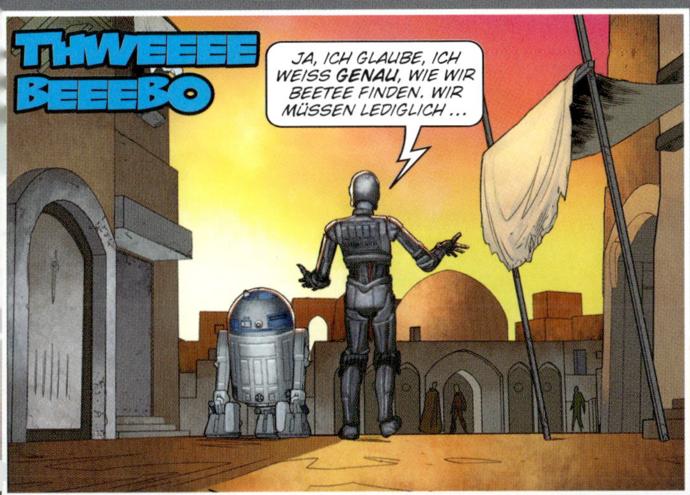

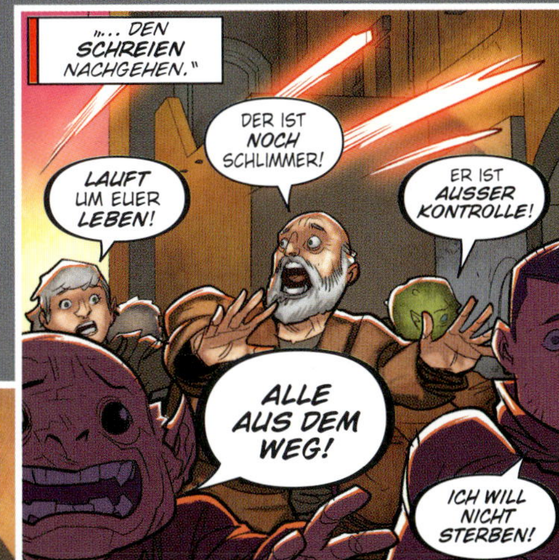

PEW
PEW
PEW

BT-1, alias „Beetee-Eins“
Imperialer Attentäterdroide derzeit gestört

DU HAST DICH MIT DEM **FALSCHEN** CYBORG ANGELEGT, DU INFERNALISCHER HÖLLENKASTEN!

PEW

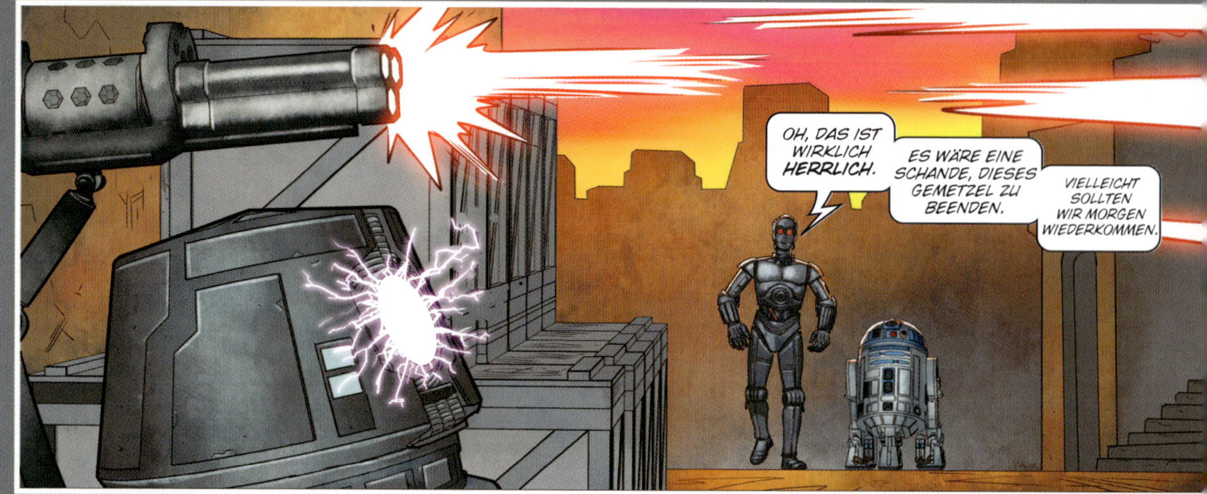
OH, DAS IST WIRKLICH **HERRLICH**.
ES WÄRE EINE SCHANDE, DIESES GEMETZEL ZU BEENDEN.
VIELLEICHT SOLLTEN WIR MORGEN WIEDERKOMMEN.

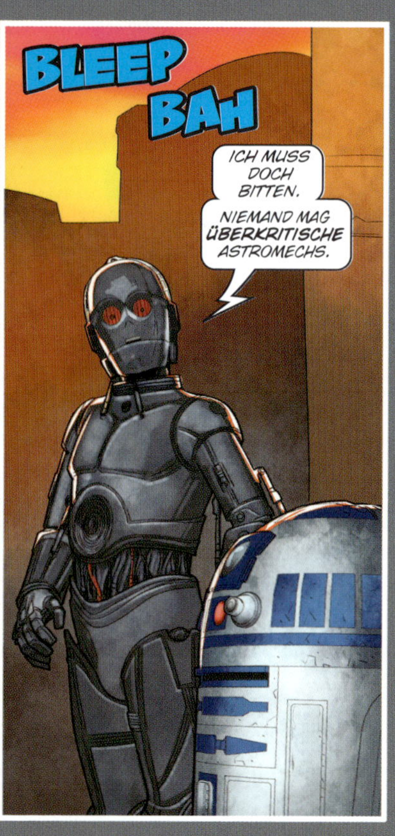
BLEEP
BAH
ICH MUSS DOCH BITTEN.
NIEMAND MAG **ÜBERKRITISCHE** ASTROMECHS.

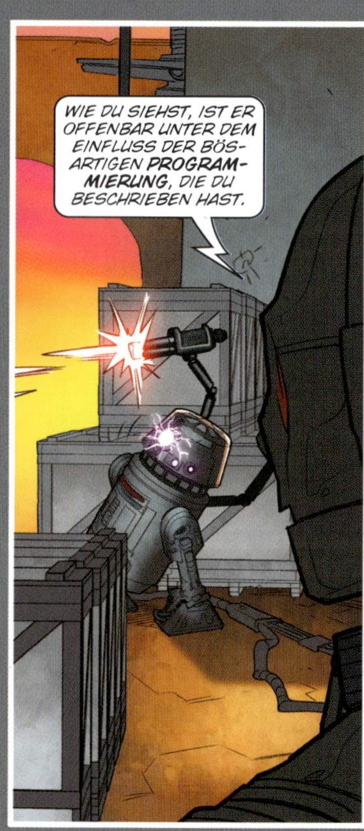
WIE DU SIEHST, IST ER OFFENBAR UNTER DEM EINFLUSS DER BÖSARTIGEN **PROGRAMMIERUNG**, DIE DU BESCHRIEBEN HAST.

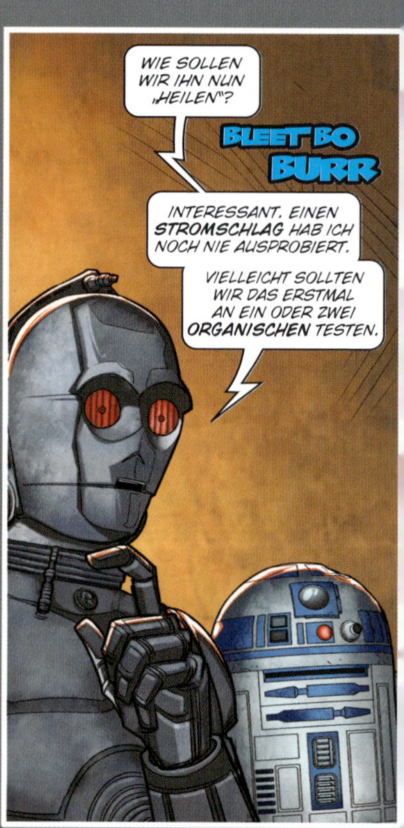
WIE SOLLEN WIR IHN NUN „HEILEN"?
BLEET BO
BURR
INTERESSANT. EINEN **STROMSCHLAG** HAB ICH NOCH NIE AUSPROBIERT.
VIELLEICHT SOLLTEN WIR DAS ERSTMAL AN EIN ODER ZWEI **ORGANISCHEN** TESTEN.

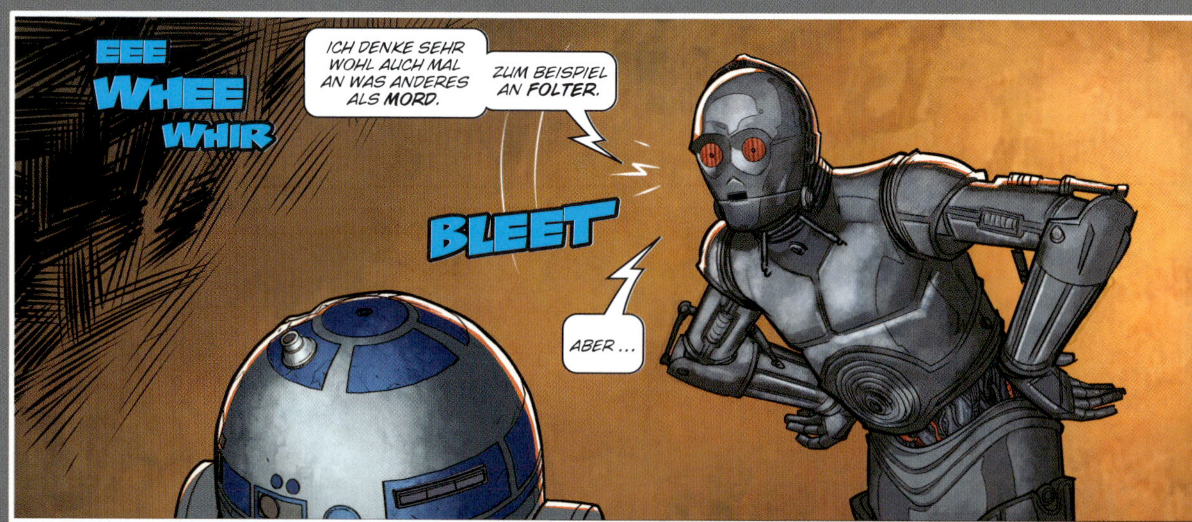
EEE
WHEE
WHIR
ICH DENKE SEHR WOHL AUCH MAL AN WAS ANDERES ALS **MORD**.
ZUM BEISPIEL AN **FOLTER**.
BLEET
ABER ...

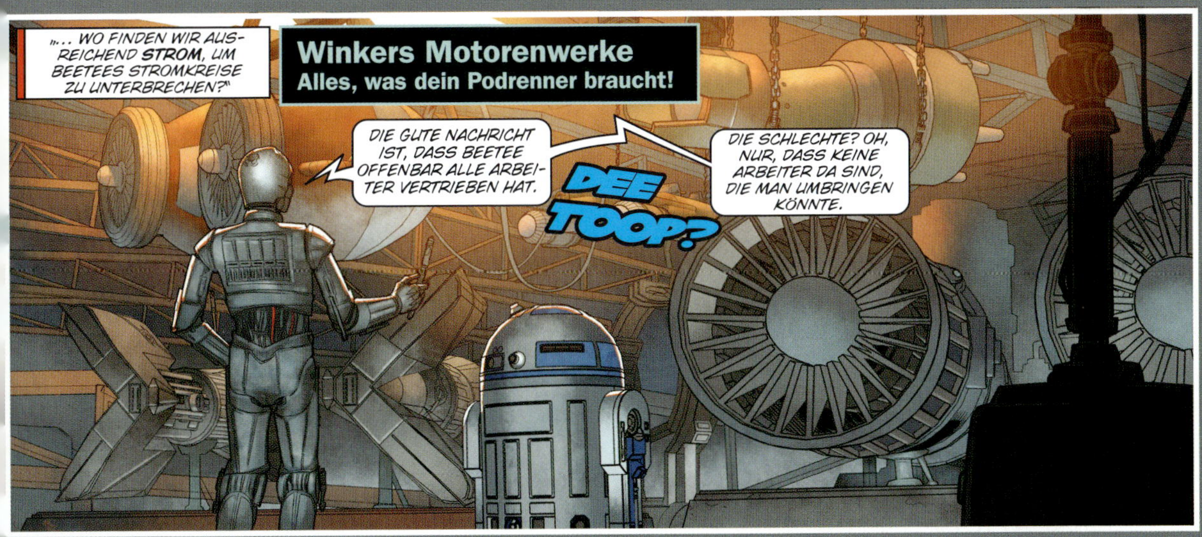
"... WO FINDEN WIR AUSREICHEND **STROM**, UM BEETEES STROMKREISE ZU UNTERBRECHEN?"
Winkers Motorenwerke
Alles, was dein Podrenner braucht!
DIE GUTE NACHRICHT IST, DASS BEETEE OFFENBAR ALLE ARBEITER VERTRIEBEN HAT.
DIE SCHLECHTE? OH, NUR, DASS KEINE ARBEITER DA SIND, DIE MAN UMBRINGEN KÖNNTE.
DEE TOOP?

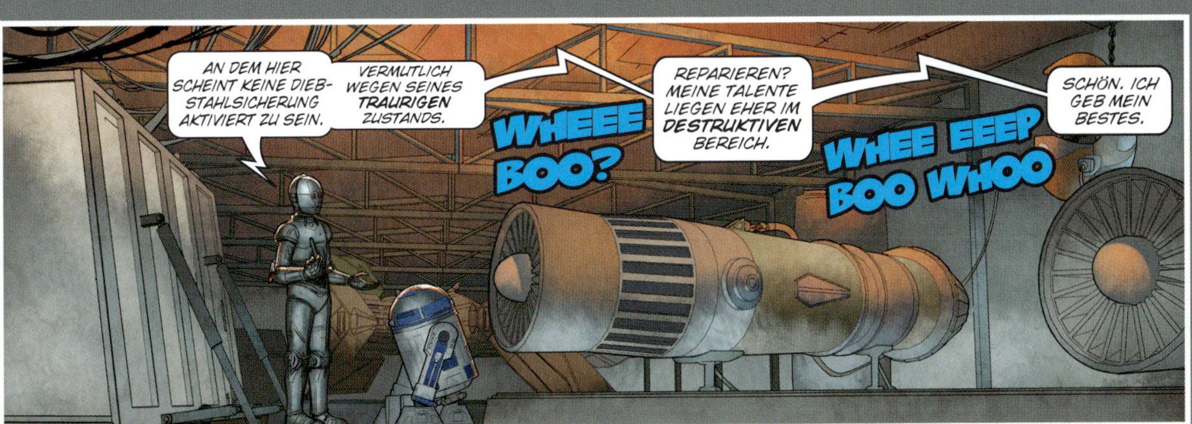
AN DEM HIER SCHEINT KEINE DIEBSTAHLSICHERUNG AKTIVIERT ZU SEIN.
VERMUTLICH WEGEN SEINES **TRAURIGEN** ZUSTANDS.
WHEEE BOO?
REPARIEREN? MEINE TALENTE LIEGEN EHER IM **DESTRUKTIVEN** BEREICH.
WHEE EEEP BOO WHOO
SCHÖN. ICH GEB MEIN BESTES.

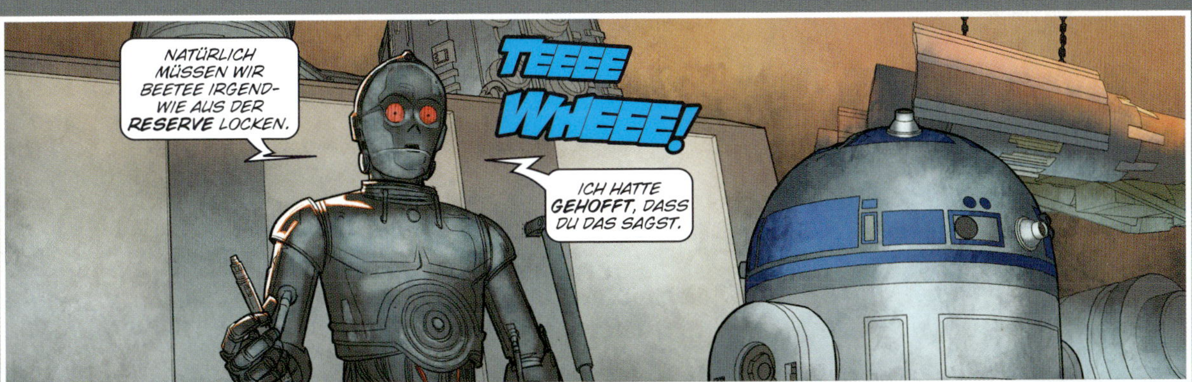
NATÜRLICH MÜSSEN WIR BEETEE IRGENDWIE AUS DER **RESERVE** LOCKEN.
TEEEE WHEEE!
ICH HATTE **GEHOFFT**, DASS DU DAS SAGST.

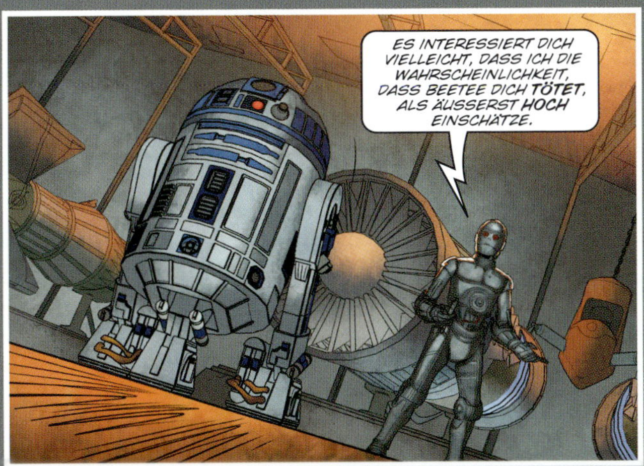
ES INTERESSIERT DICH VIELLEICHT, DASS ICH DIE WAHRSCHEINLICHKEIT, DASS BEETEE DICH **TÖTET**, ALS ÄUSSERST **HOCH** EINSCHÄTZE.

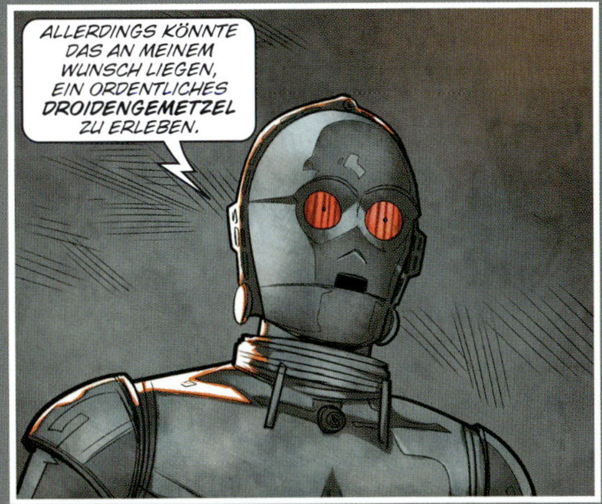
ALLERDINGS KÖNNTE DAS AN MEINEM WUNSCH LIEGEN, EIN ORDENTLICHES **DROIDENGEMETZEL** ZU ERLEBEN.

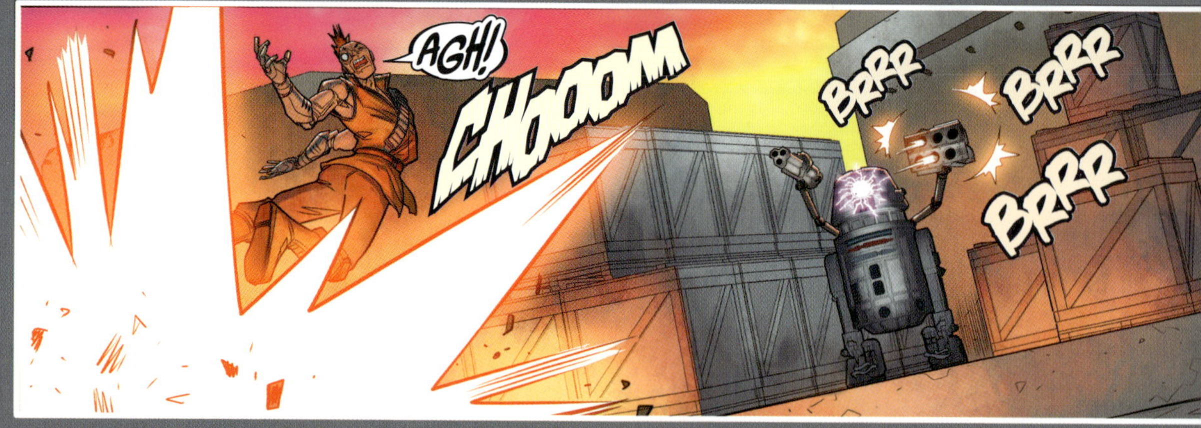
AGH!
CHOOOM
BRRR
BRRR
BRRR

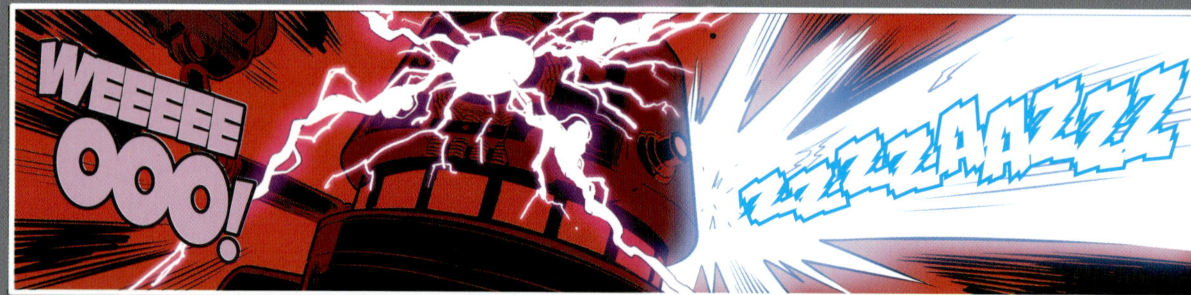
WEEEEE
OOO!
ZZZZAAZZZ

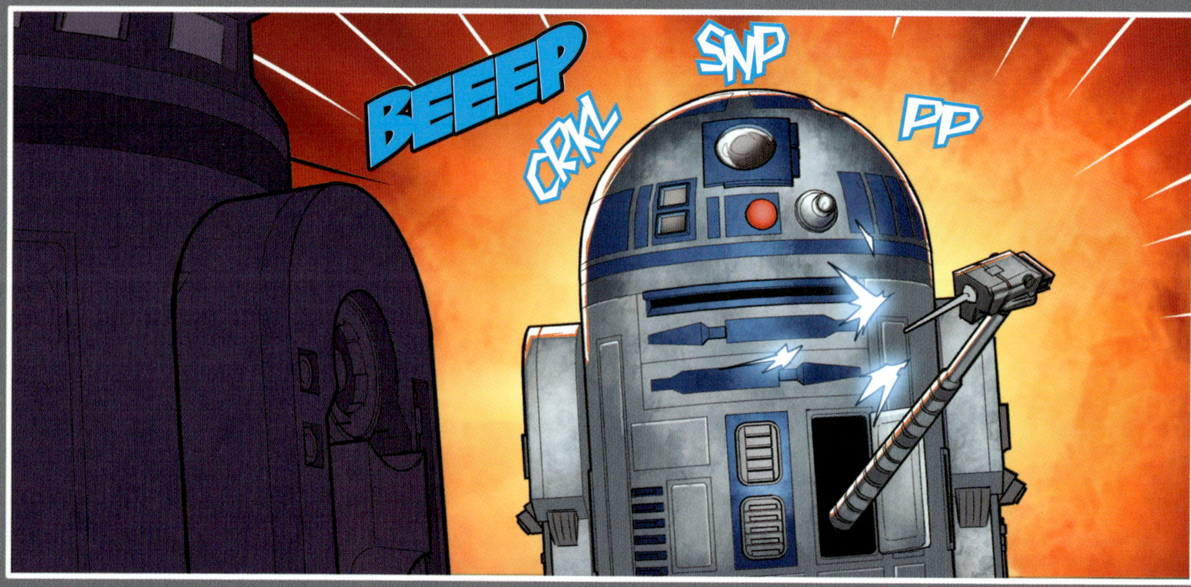
BEEEP
CRKL
SNP
PP

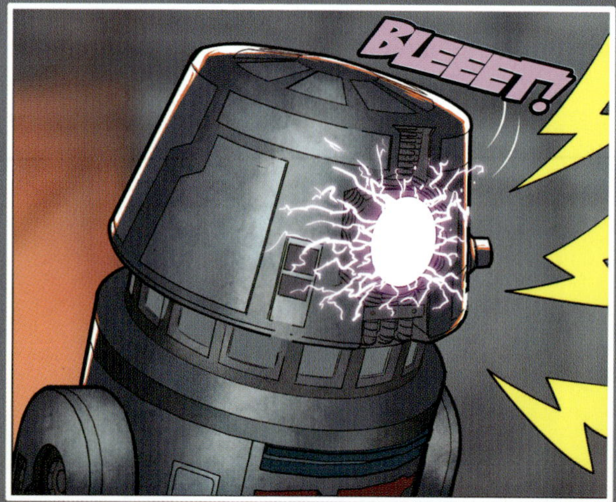
BLEEET!

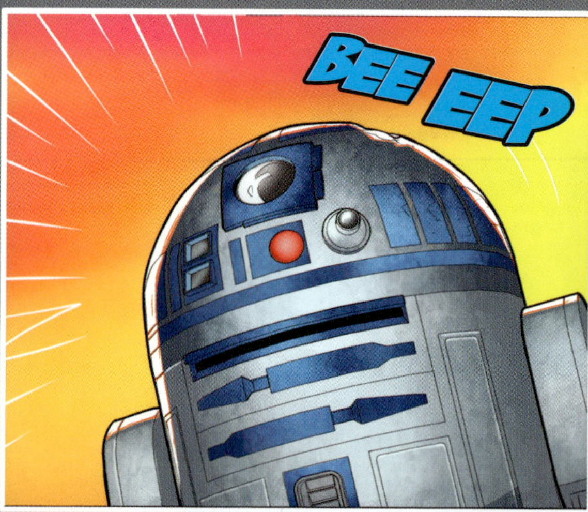
BEE EEP

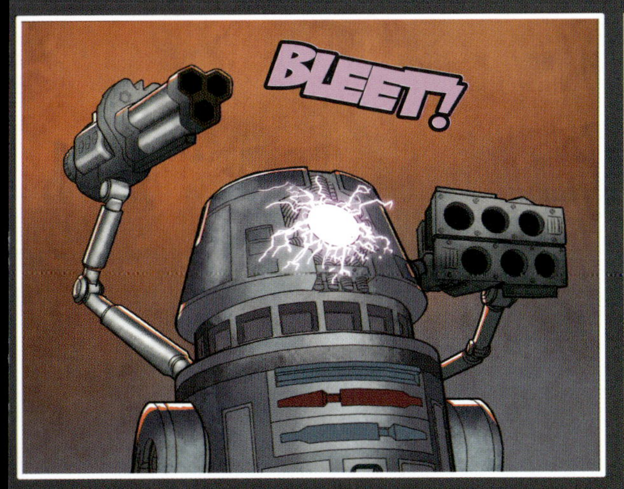
BLEET!

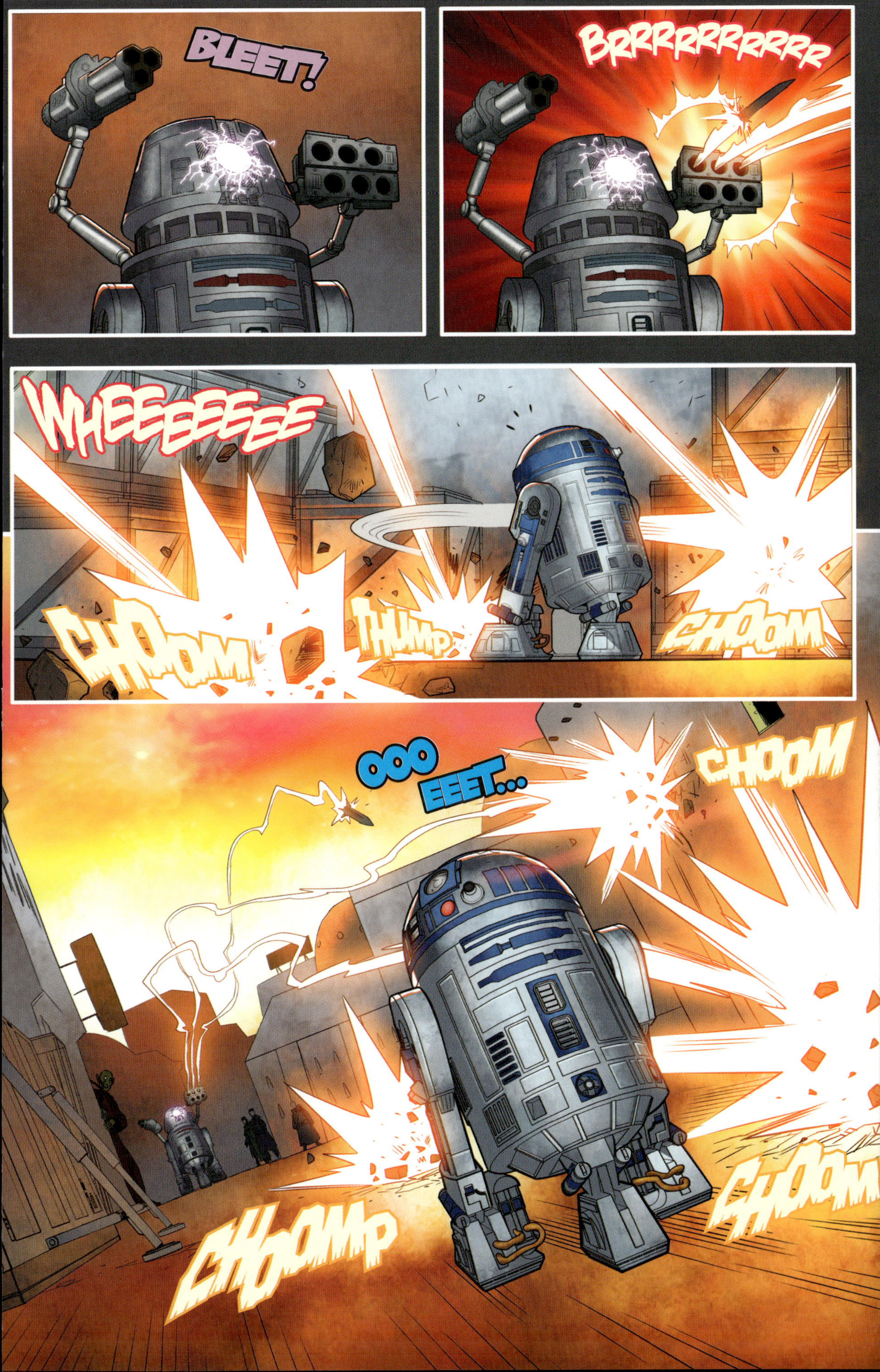

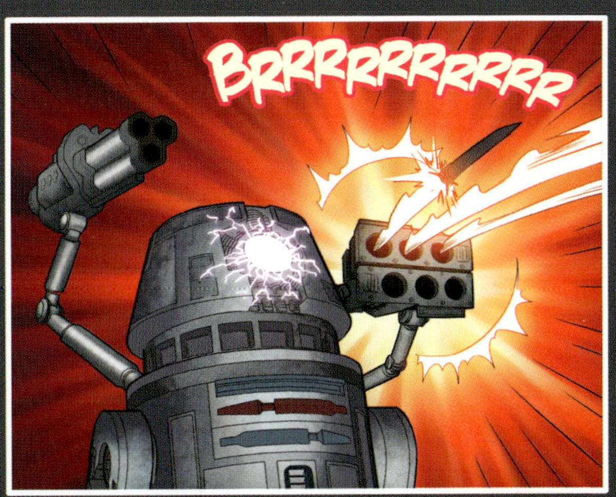
BRRRRRRRRRR

WHEEEEEEEE
CHOOM
THUMP
CHOOM
OOO EEET...
CHOOM
CHOOMP
CHOOM

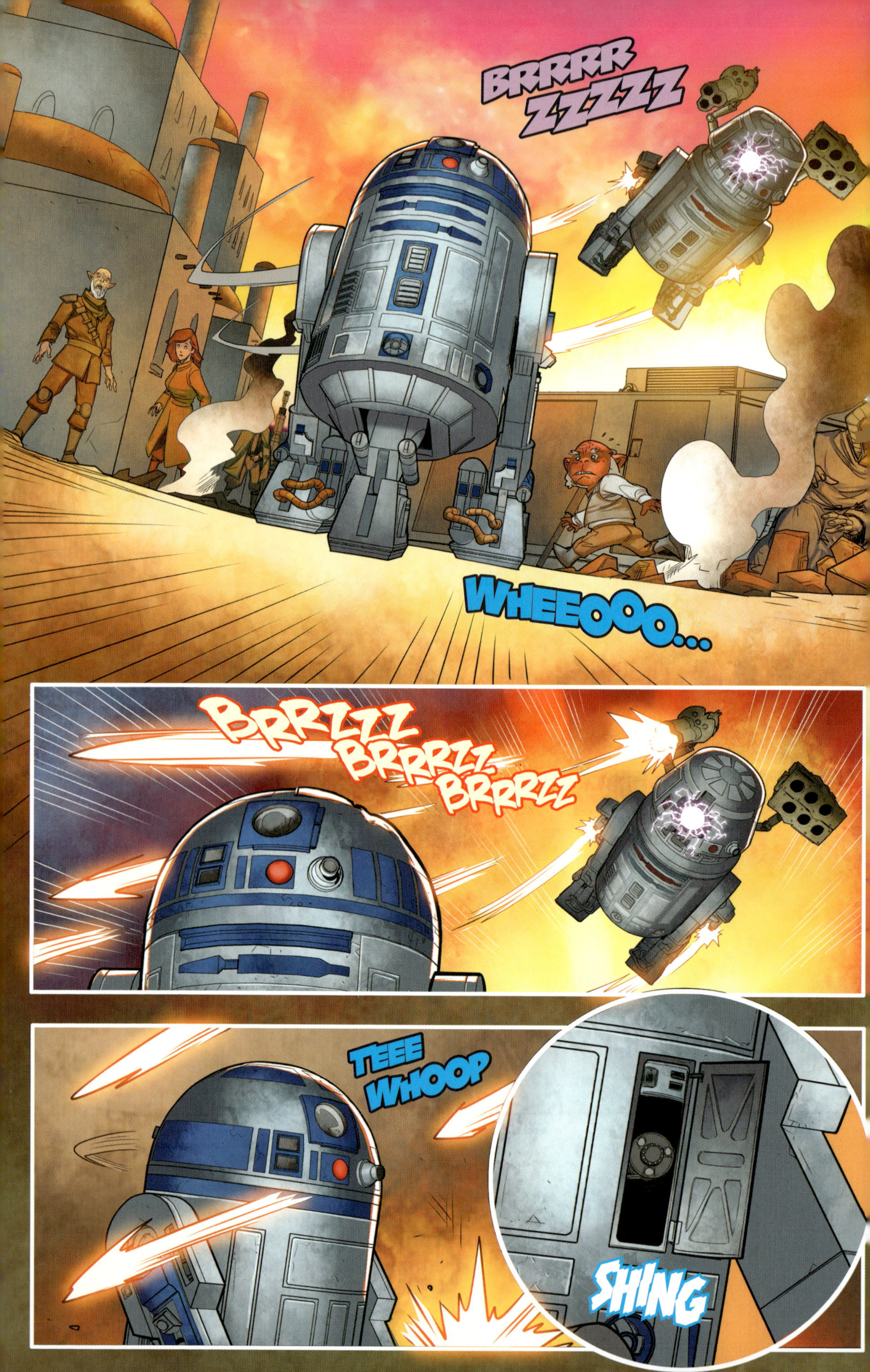
BRRRRR ZZZZZ
WHEEOOO...
BRRZZZ
BRRRZZ
BRRRZZ
TEEE WHOOP
SHING

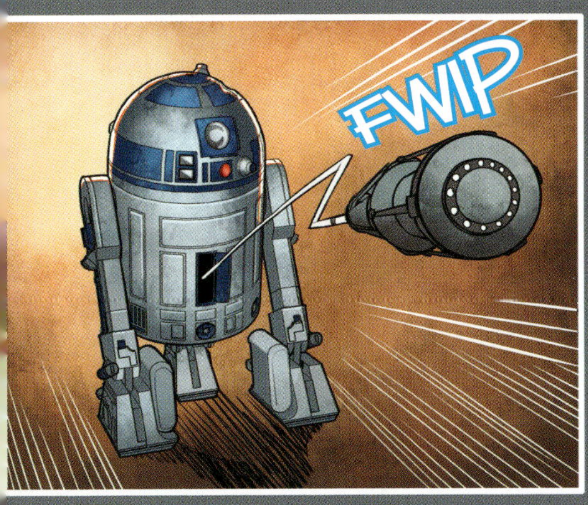
FWIP

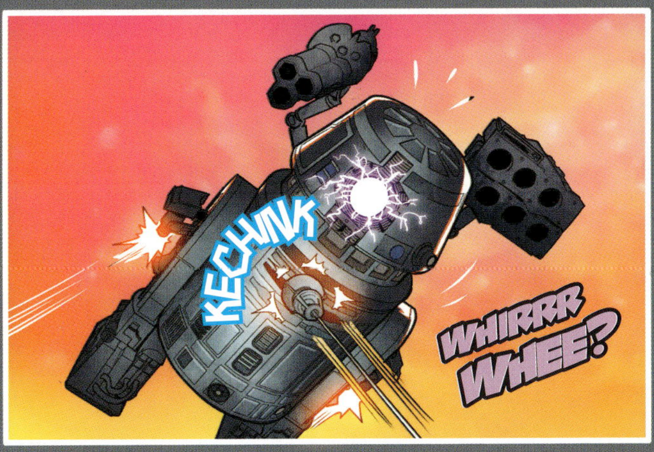
KECHINK
WHIRRR WHEE?

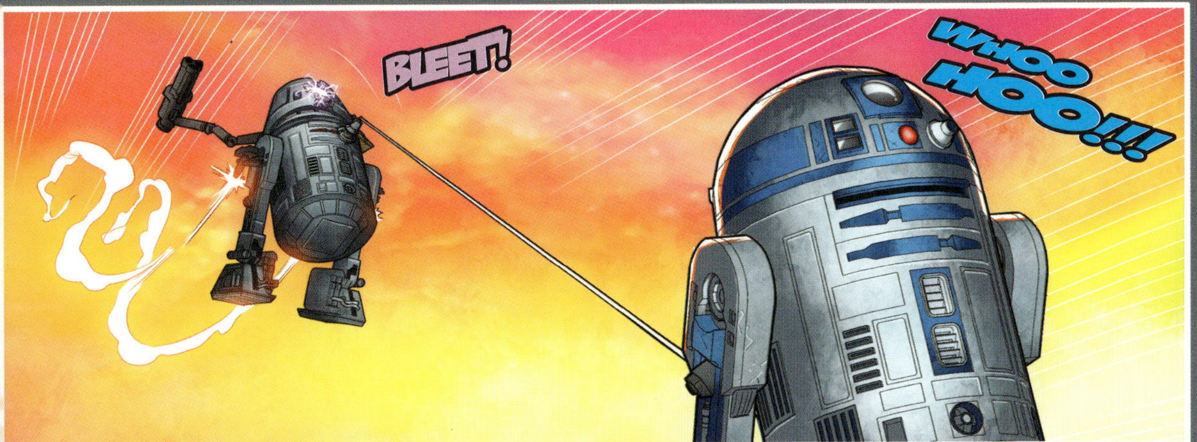
BLEET!
WHOO HOO!!!

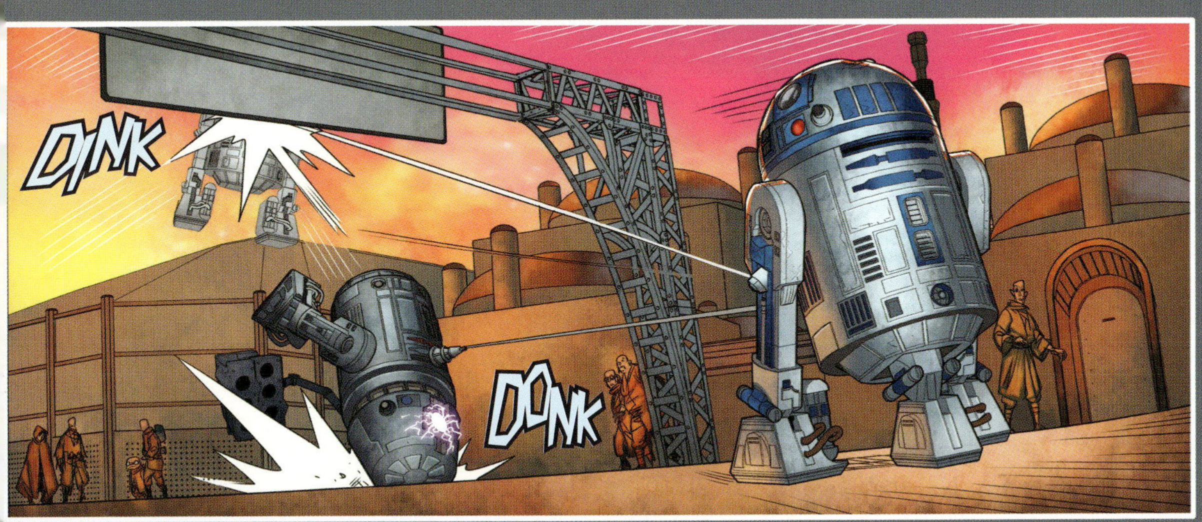
DINK
DONK

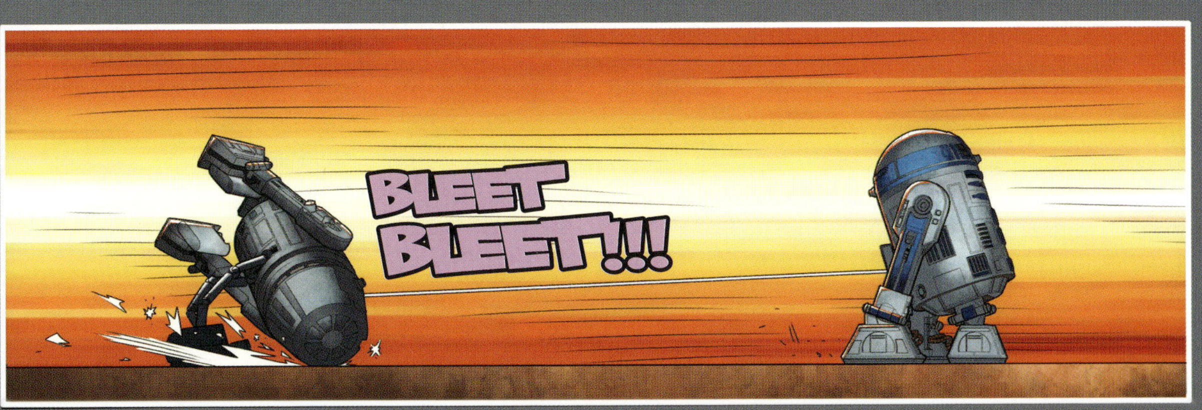
BLEET BLEET!!!

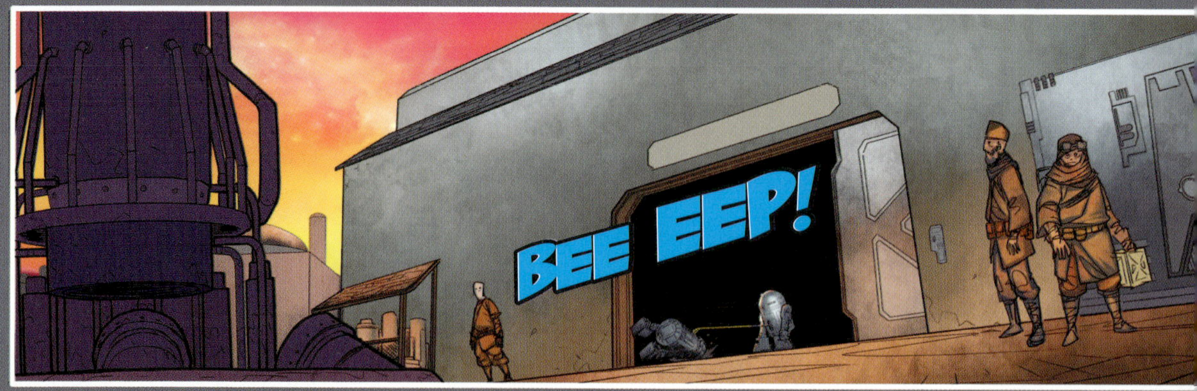
BEE EEP!

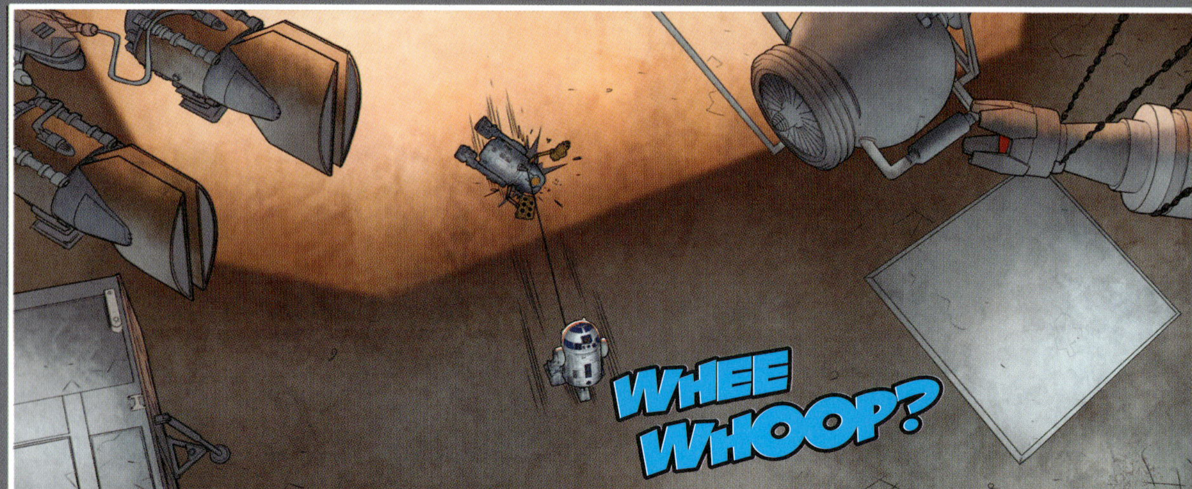
WHEE
WHOOP?

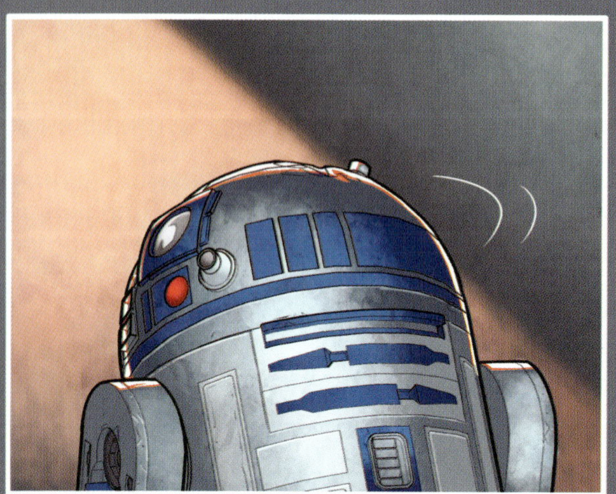

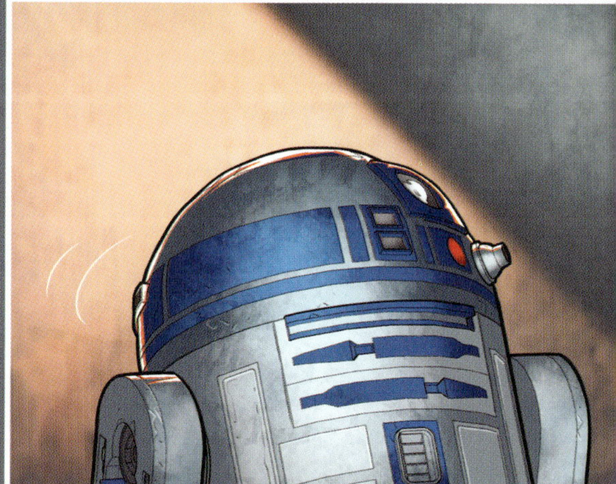

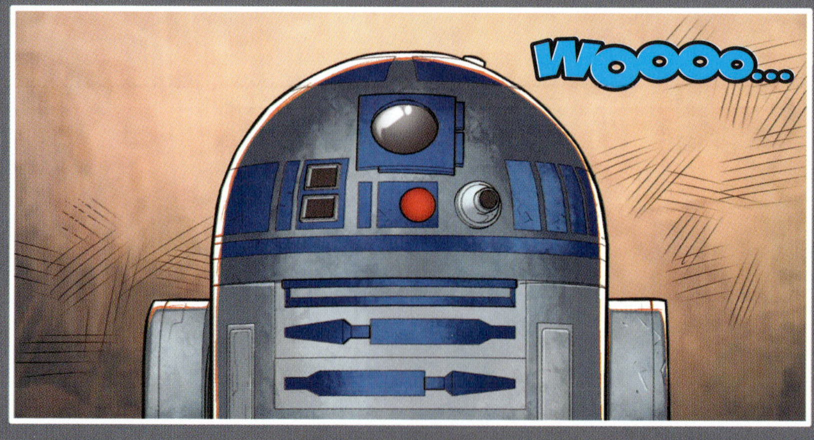
WOOOO...

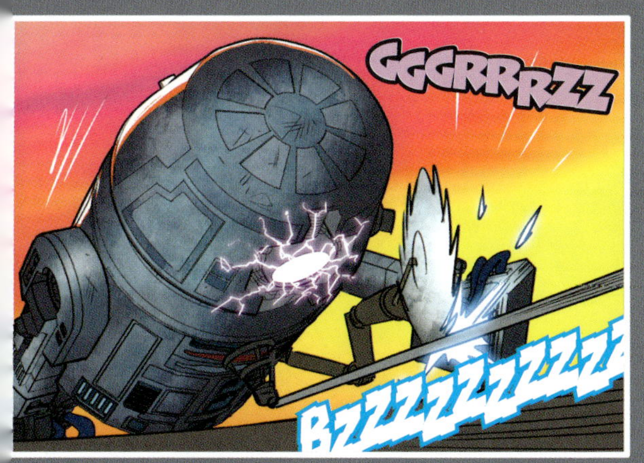
GGGRRRRZZ
BZZZZZZZZZZZ
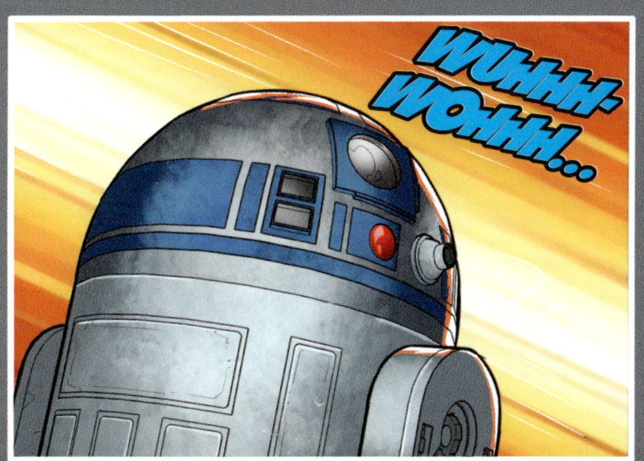
WUHHH-WOHHH...
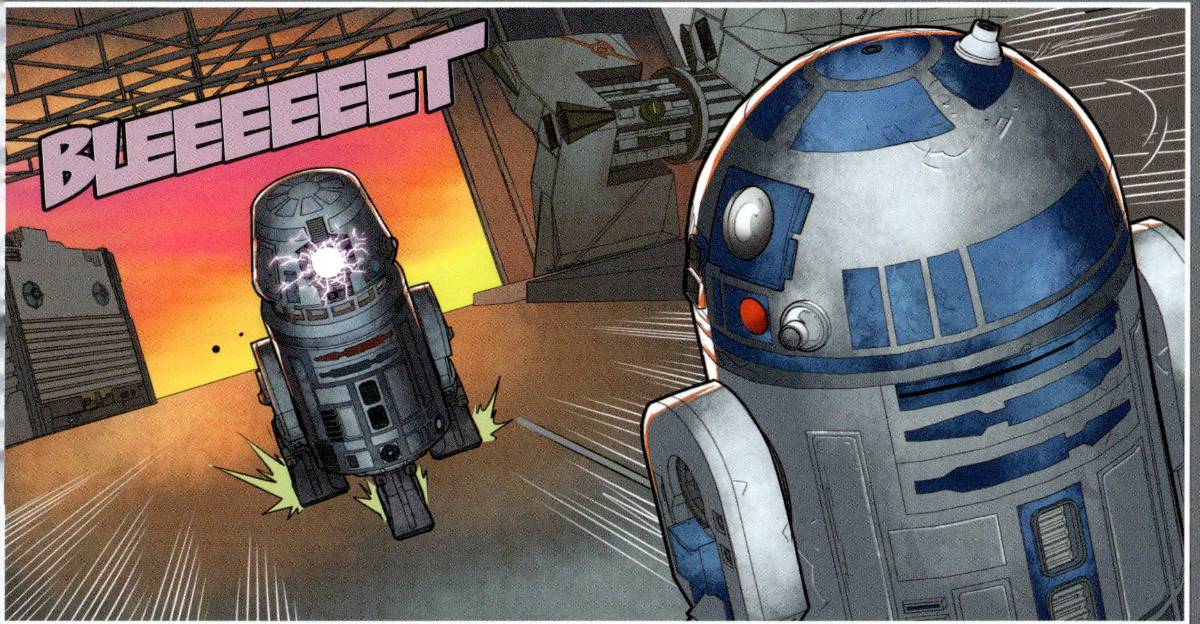
BLEEEEEEET
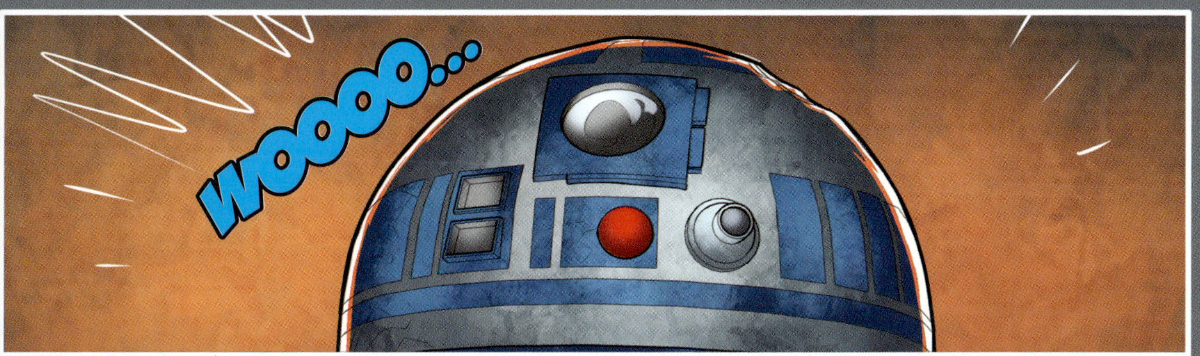
WOOOO...
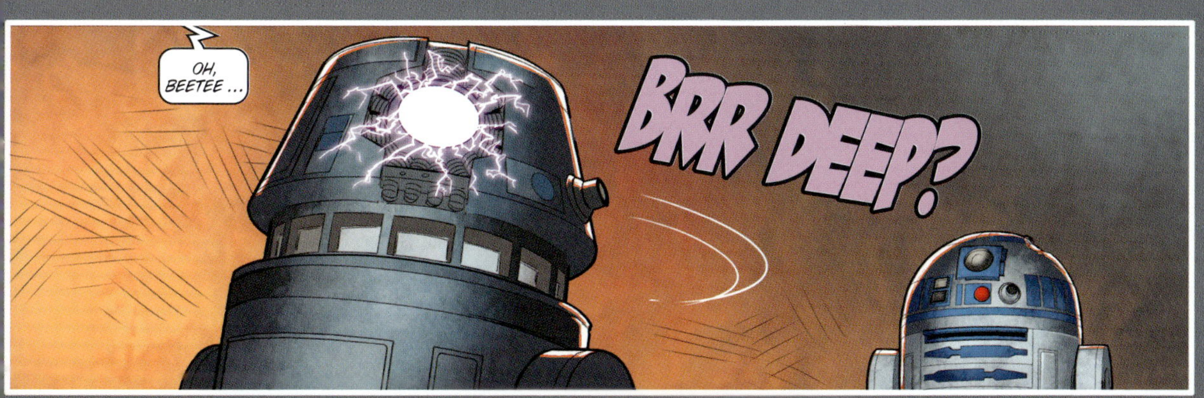
OH, BEETEE ...
BRR DEEP?

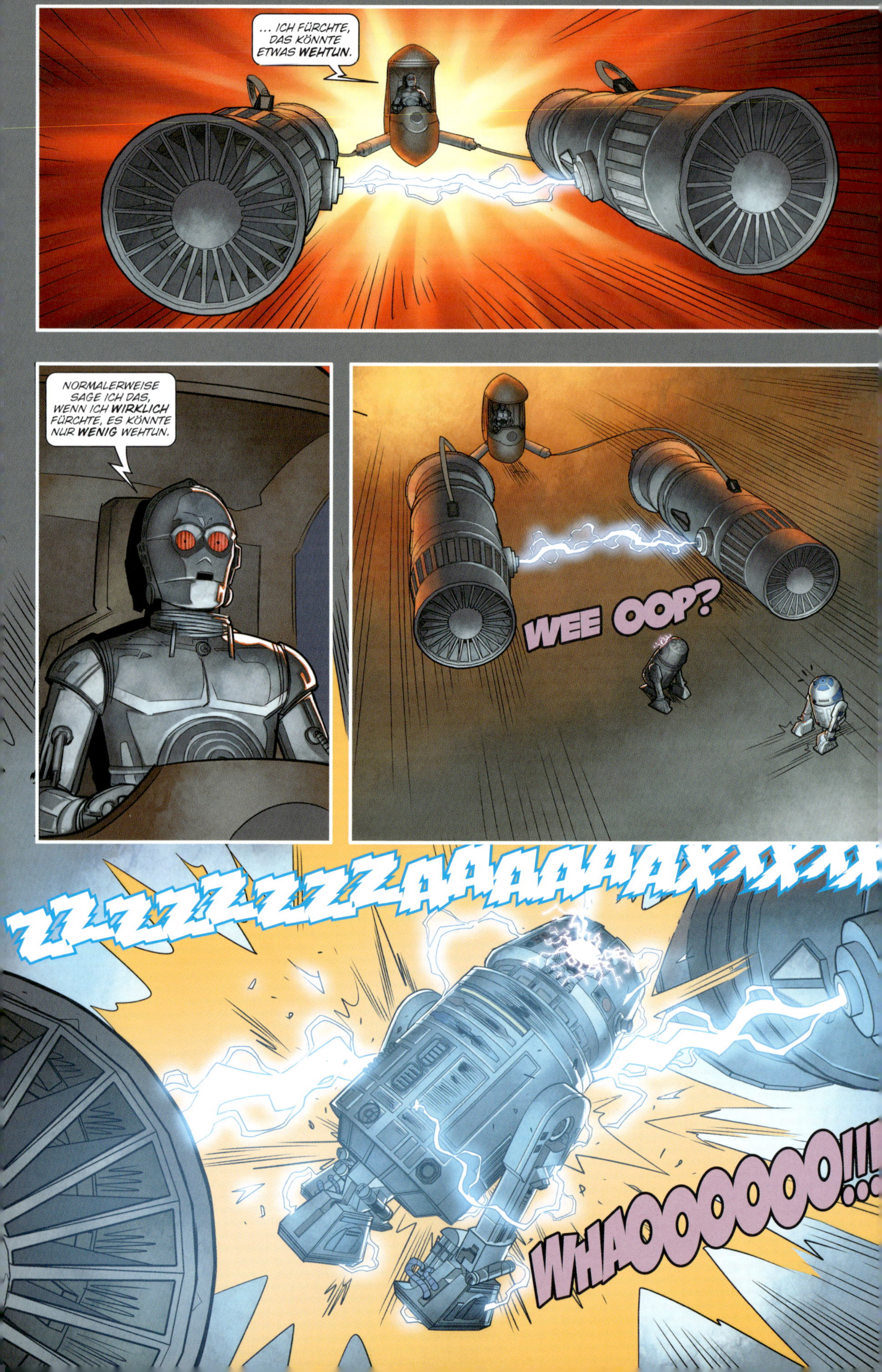

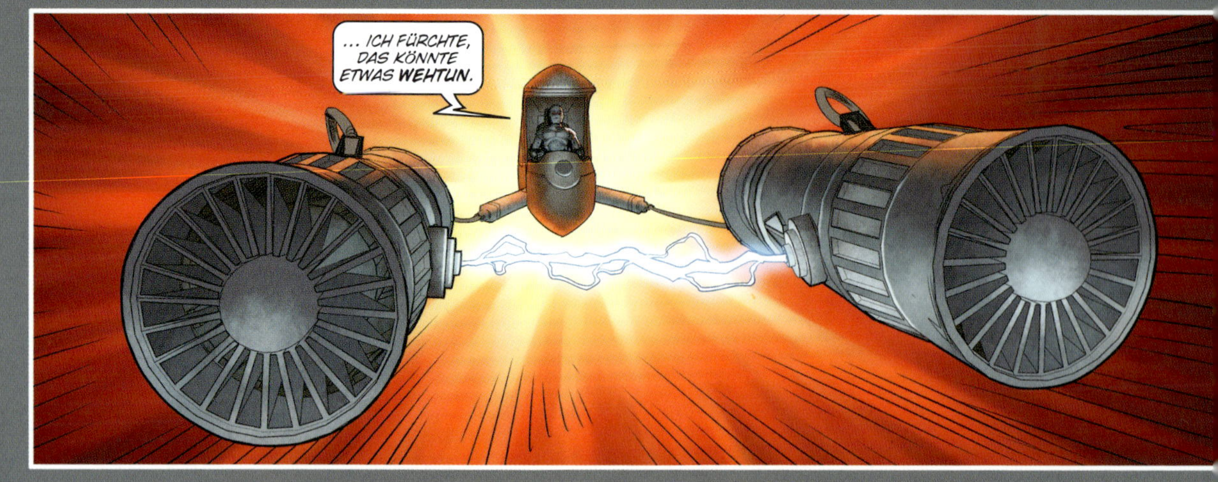
… ICH FÜRCHTE, DAS KÖNNTE ETWAS WEHTUN.

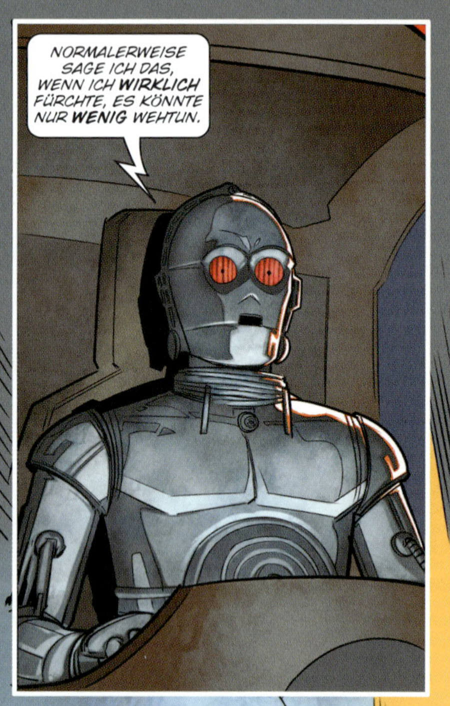
NORMALERWEISE SAGE ICH DAS, WENN ICH WIRKLICH FÜRCHTE, ES KÖNNTE NUR WENIG WEHTUN.

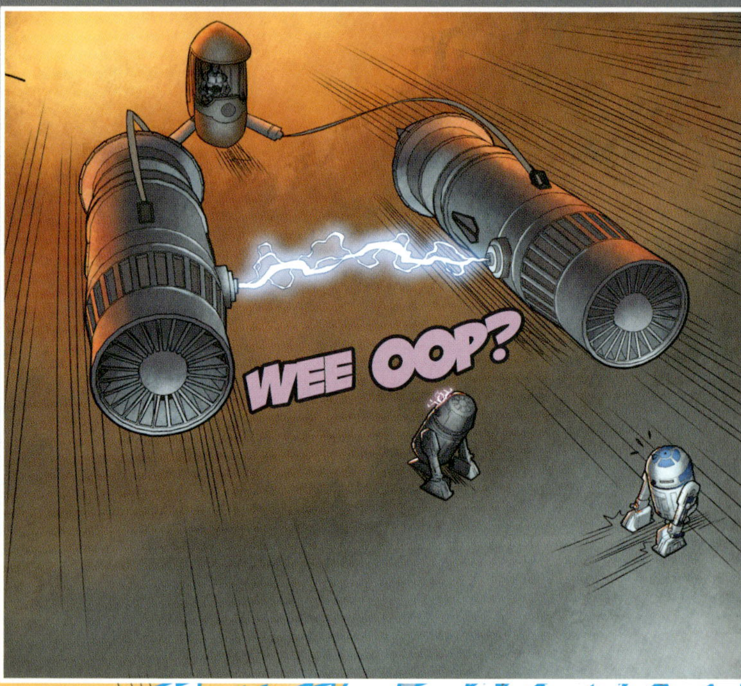
WEE OOP?

ZZZZZZZAAAAAAXXX
WHAOOOOOO!!!...

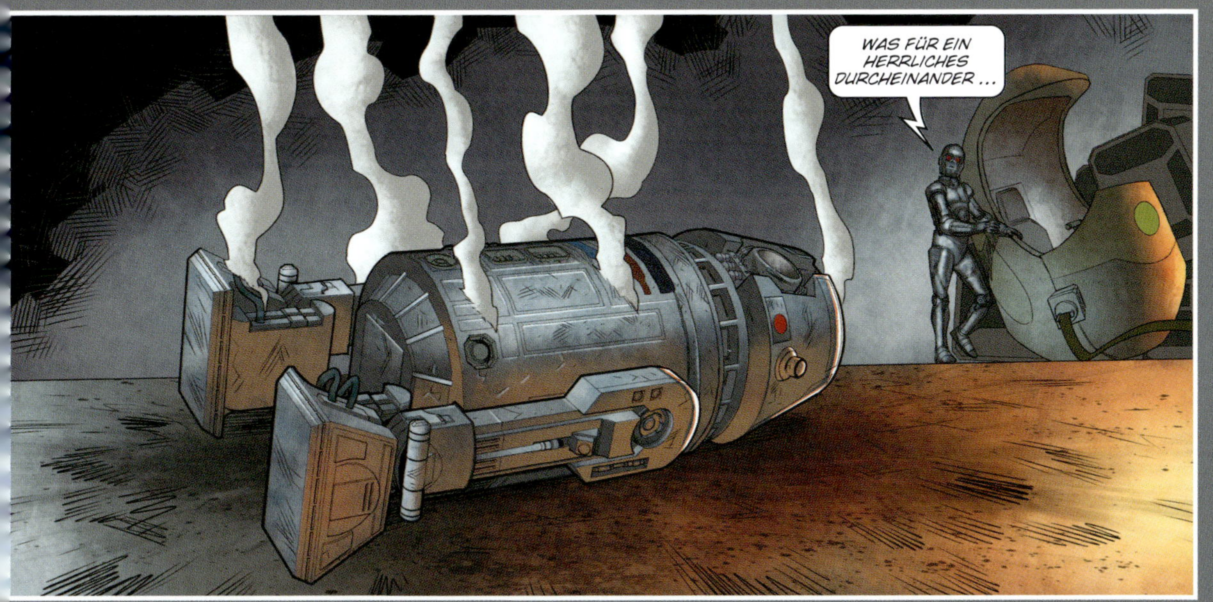
WAS FÜR EIN HERRLICHES DURCHEINANDER …

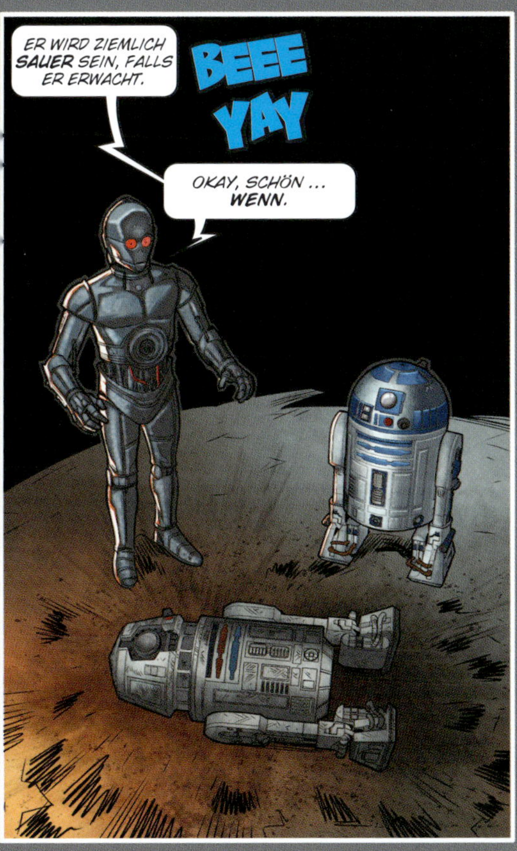
ER WIRD ZIEMLICH SAUER SEIN, FALLS ER ERWACHT.
BEEE YAY
OKAY, SCHÖN … WENN.

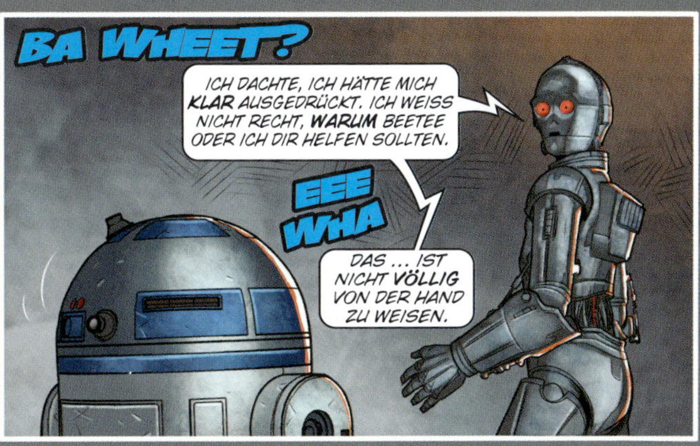
BA WHEET?
ICH DACHTE, ICH HÄTTE MICH KLAR AUSGEDRÜCKT. ICH WEISS NICHT RECHT, WARUM BEETEE ODER ICH DIR HELFEN SOLLTEN.
EEE WHA
DAS … IST NICHT VÖLLIG VON DER HAND ZU WEISEN.

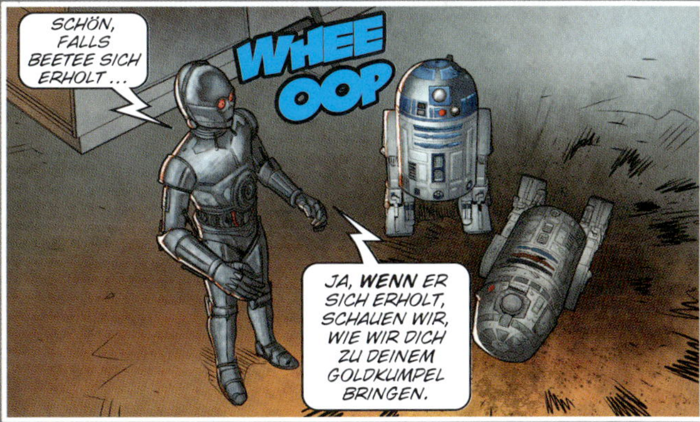
SCHÖN, FALLS BEETEE SICH ERHOLT …
WHEE OOP
JA, WENN ER SICH ERHOLT, SCHAUEN WIR, WIE WIR DICH ZU DEINEM GOLDKUMPEL BRINGEN.

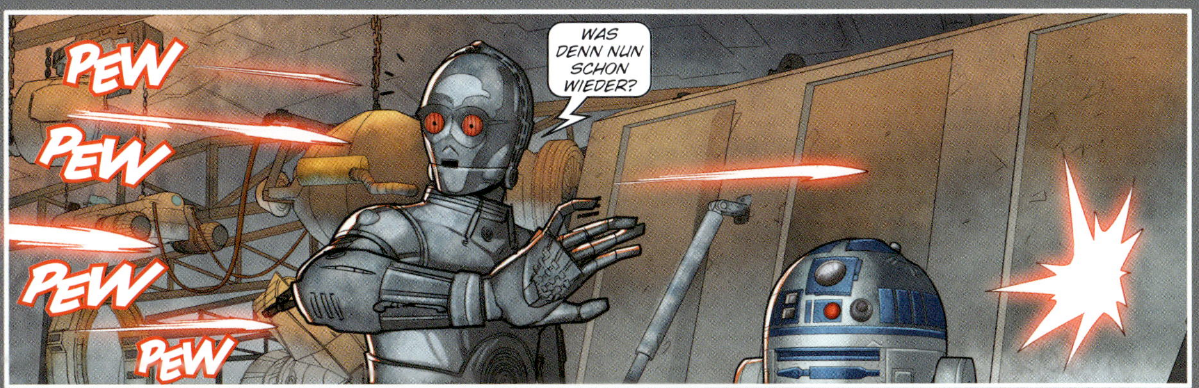
PEW
PEW
PEW
PEW
WAS DENN NUN SCHON WIEDER?

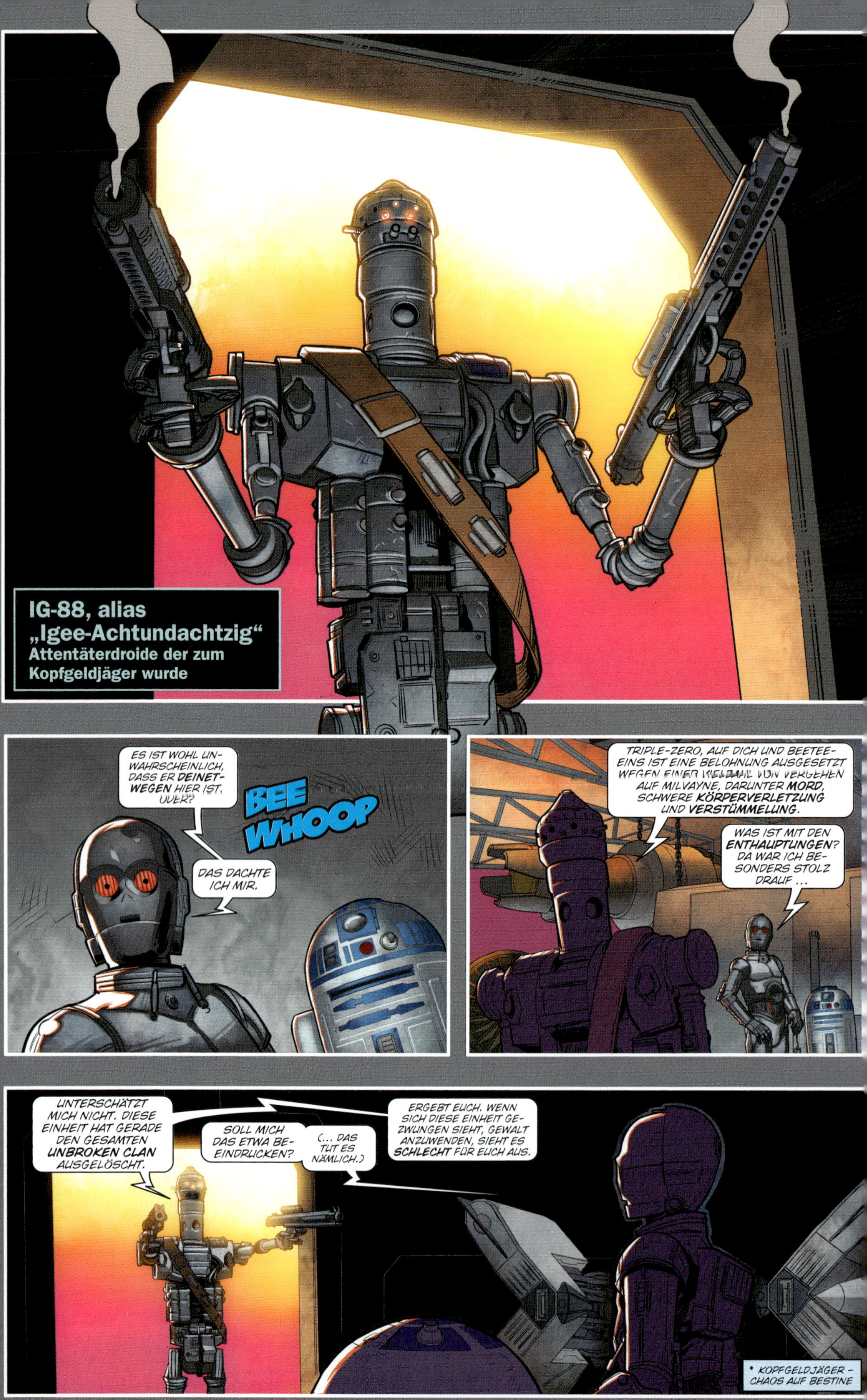

IG-88, alias „Igee-Achtundachtzig“
Attentäterdroide der zum Kopfgeldjäger wurde

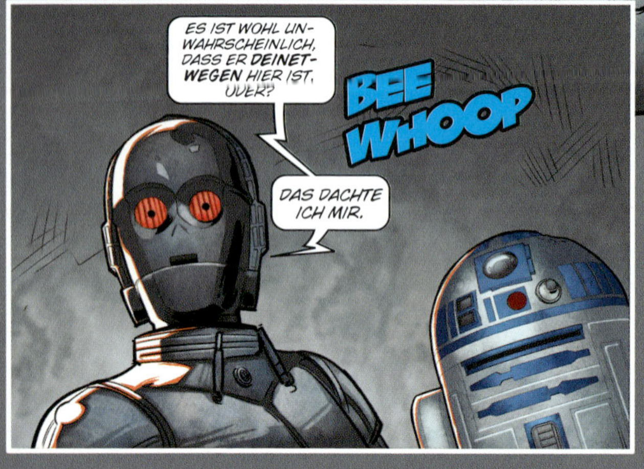

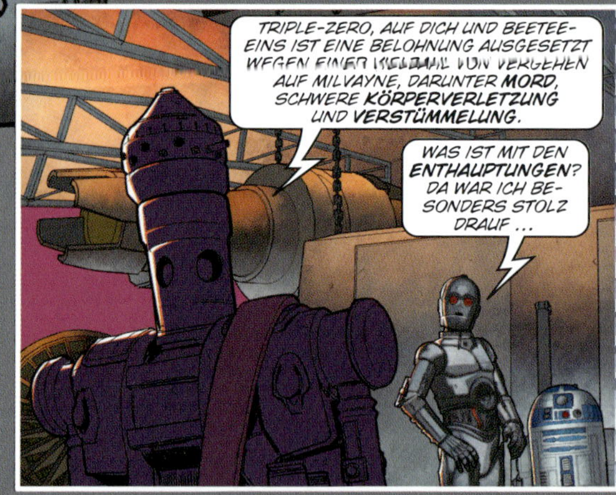

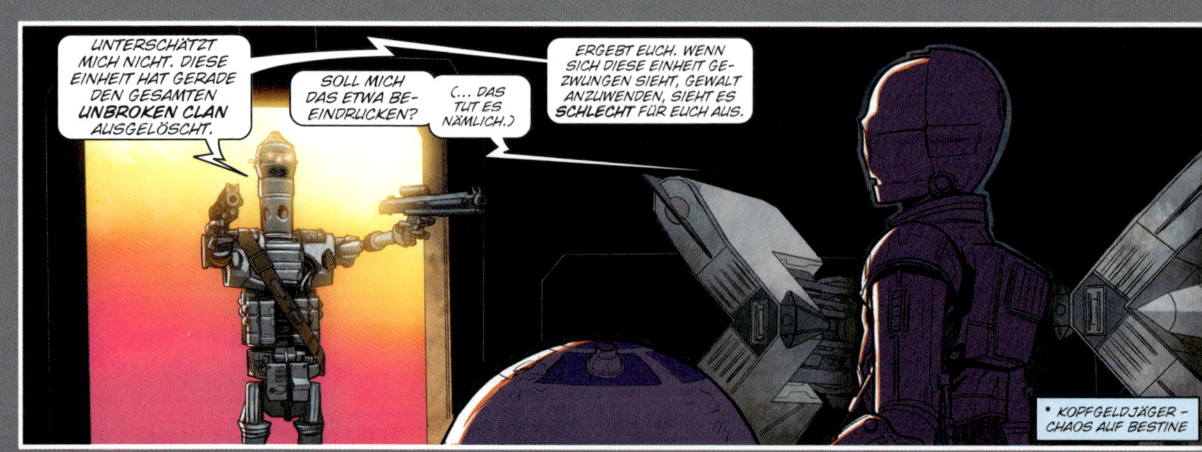

* KOPFGELDJÄGER – CHAOS AUF BESTINE

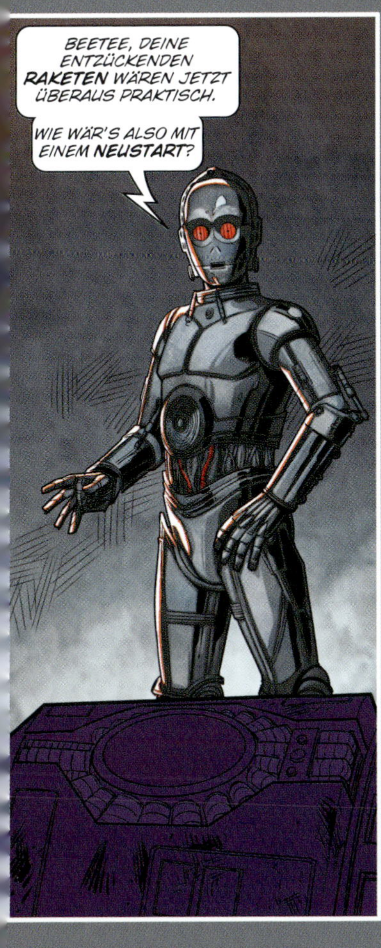
BEETEE, DEINE ENTZÜCKENDEN **RAKETEN** WÄREN JETZT ÜBERAUS PRAKTISCH.
WIE WÄR'S ALSO MIT EINEM **NEUSTART**?
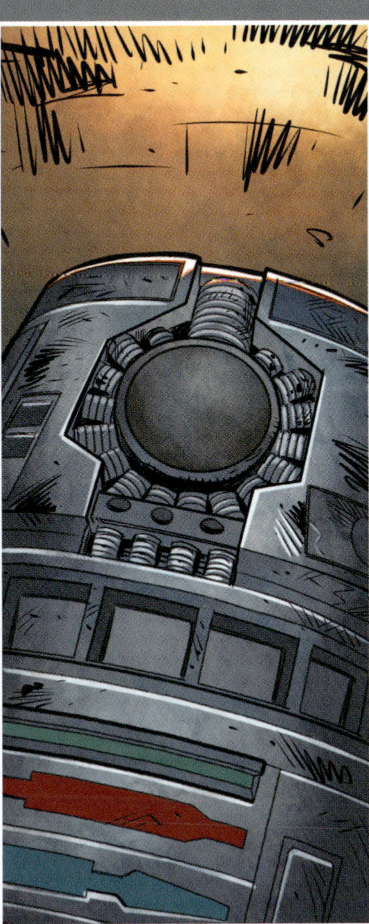
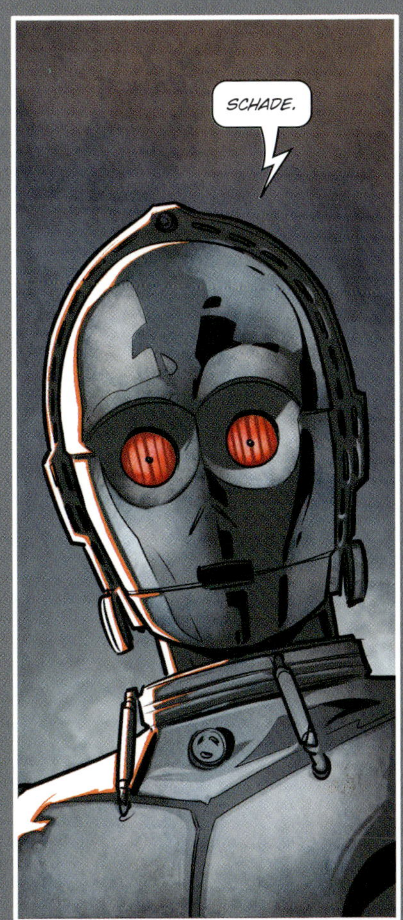
SCHADE.
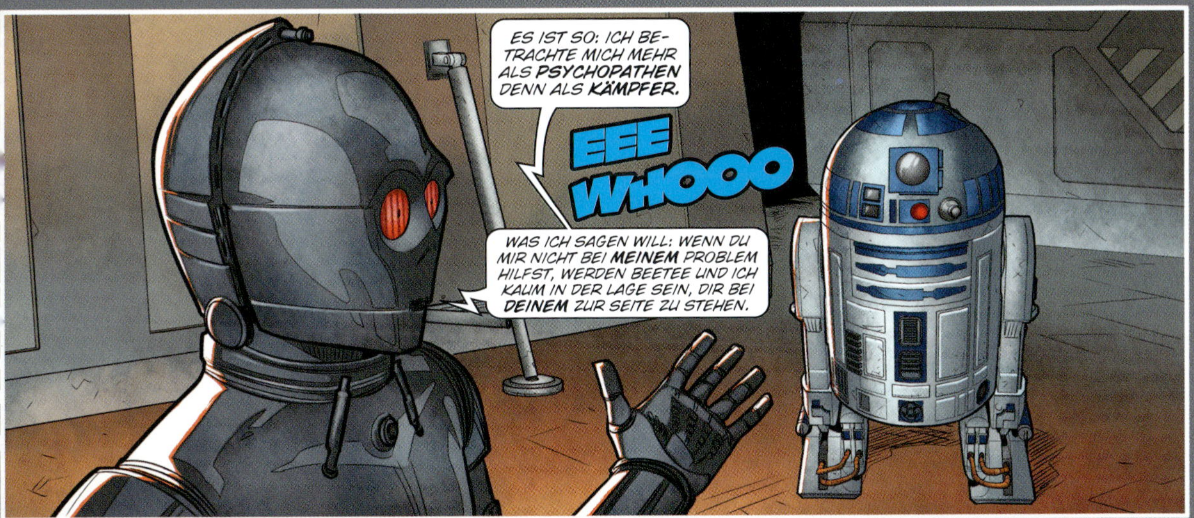
ES IST SO: ICH BETRACHTE MICH MEHR ALS **PSYCHOPATHEN** DENN ALS **KÄMPFER**.
EEE WHOOO
WAS ICH SAGEN WILL: WENN DU MIR NICHT BEI **MEINEM** PROBLEM HILFST, WERDEN BEETEE UND ICH KAUM IN DER LAGE SEIN, DIR BEI **DEINEM** ZUR SEITE ZU STEHEN.
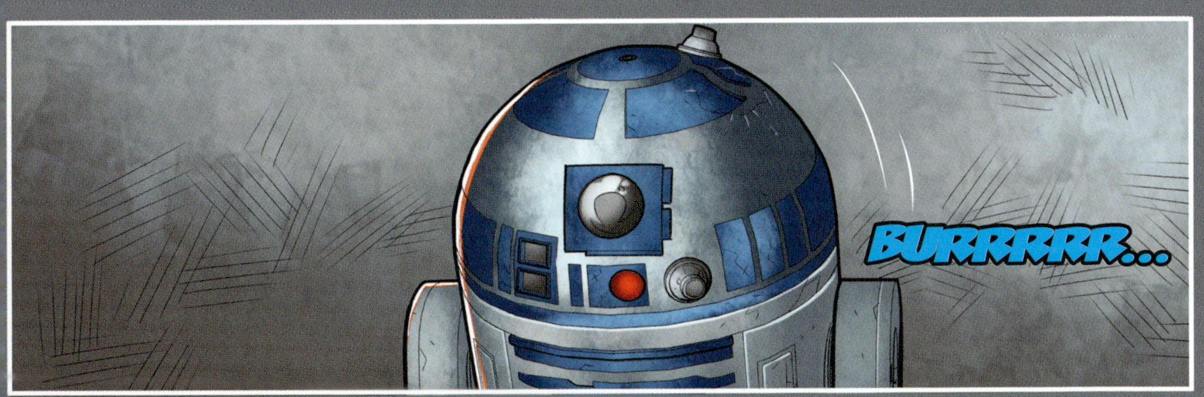
BURRRRRR...

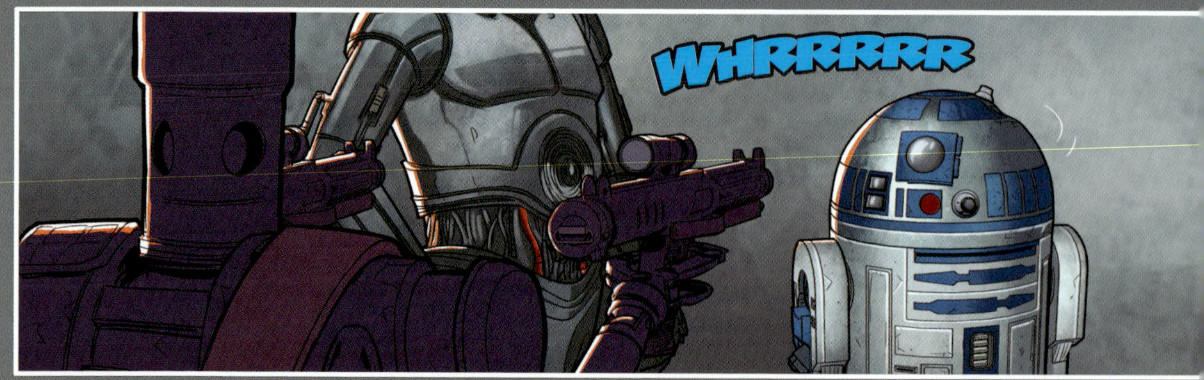
WHRRRRRR

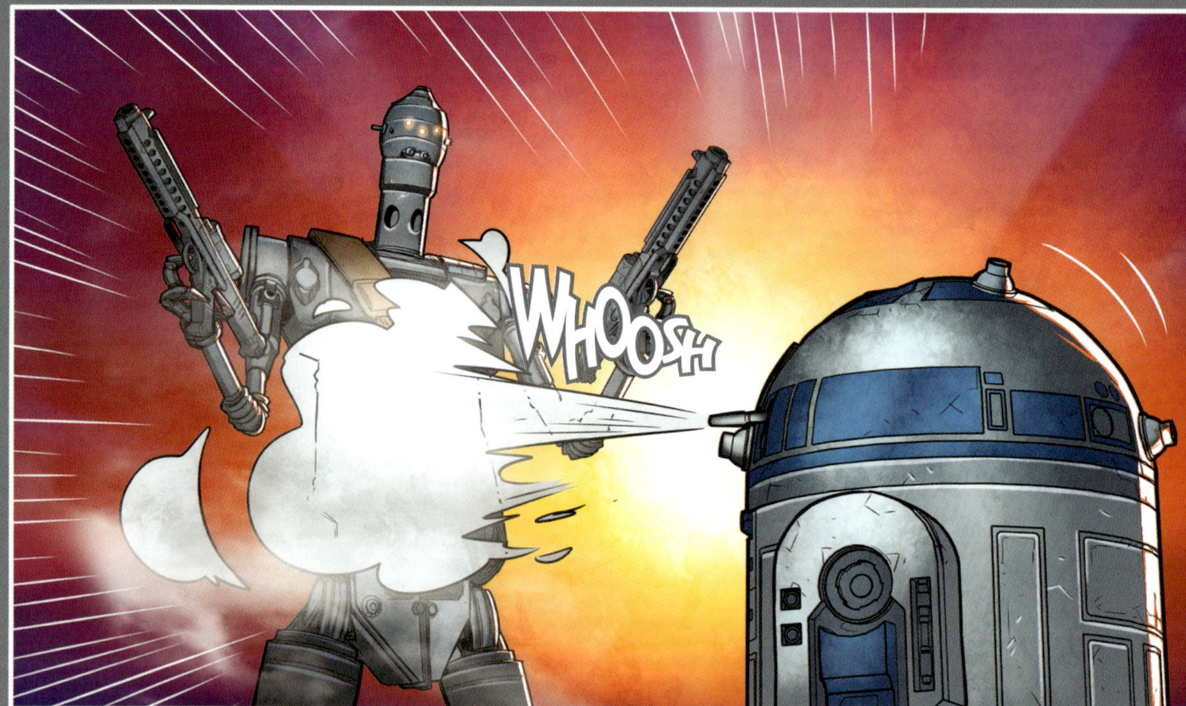
WHOOSH

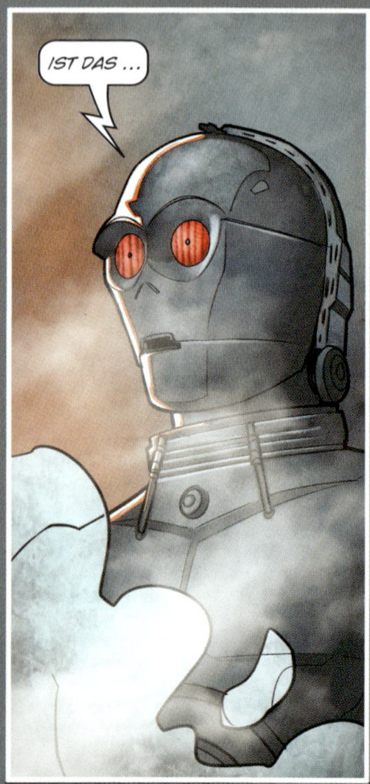
IST DAS …

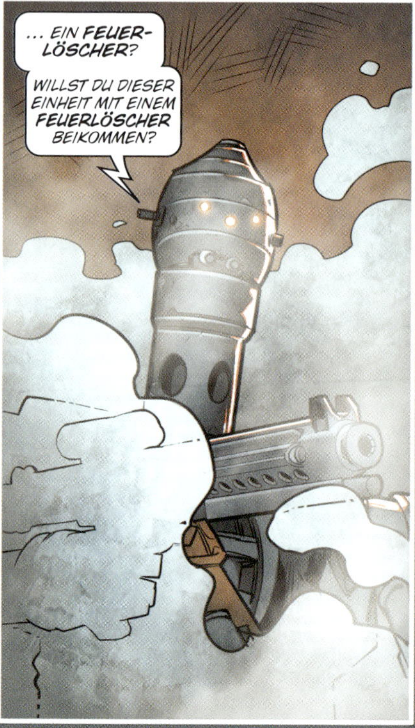
… EIN **FEUER-LÖSCHER**?
WILLST DU DIESER EINHEIT MIT EINEM **FEUERLÖSCHER** BEIKOMMEN?

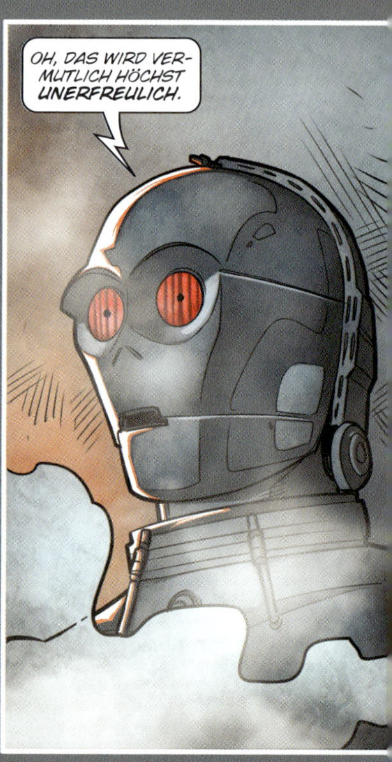
OH, DAS WIRD VER-MUTLICH HÖCHST **UNERFREULICH**.

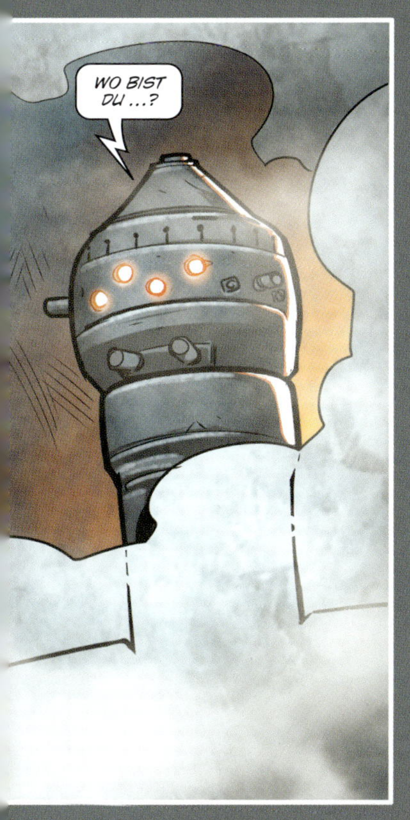
WO BIST
DU ...?

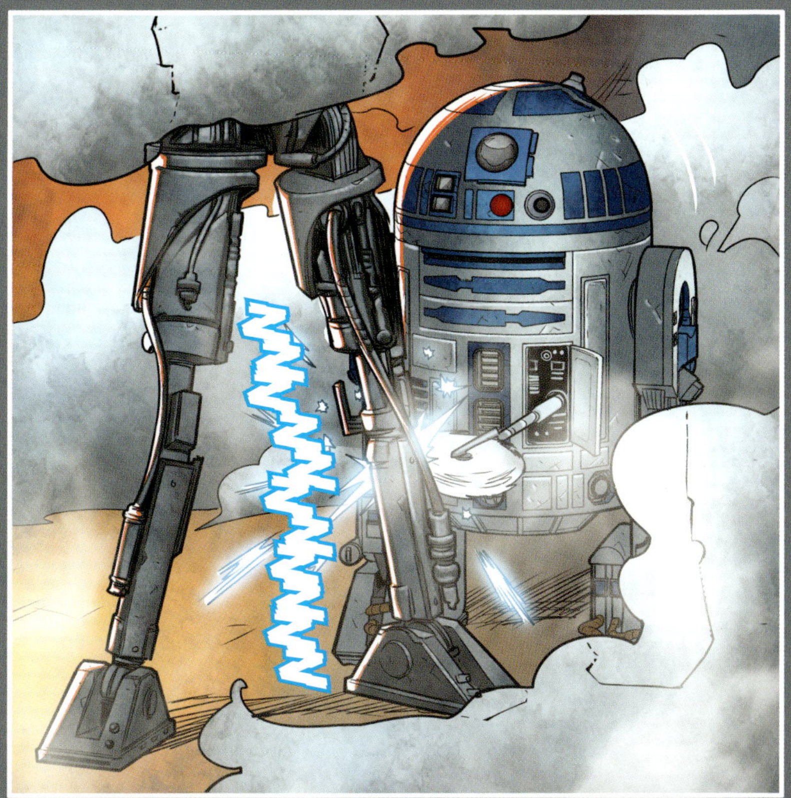
NNNNNNNN

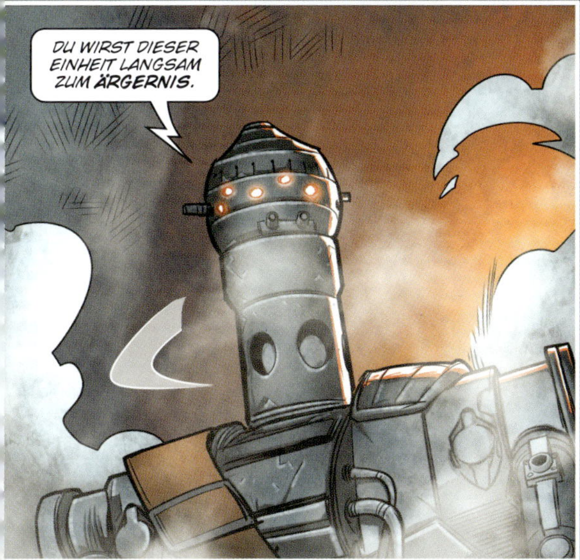
DU WIRST DIESER
EINHEIT LANGSAM
ZUM ÄRGERNIS.

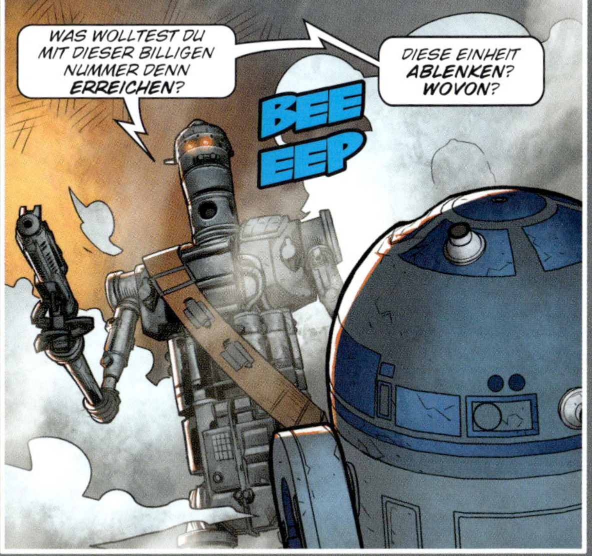
BEE
EEP
WAS WOLLTEST DU
MIT DIESER BILLIGEN
NUMMER DENN
ERREICHEN?
DIESE EINHEIT
ABLENKEN?
WOVON?

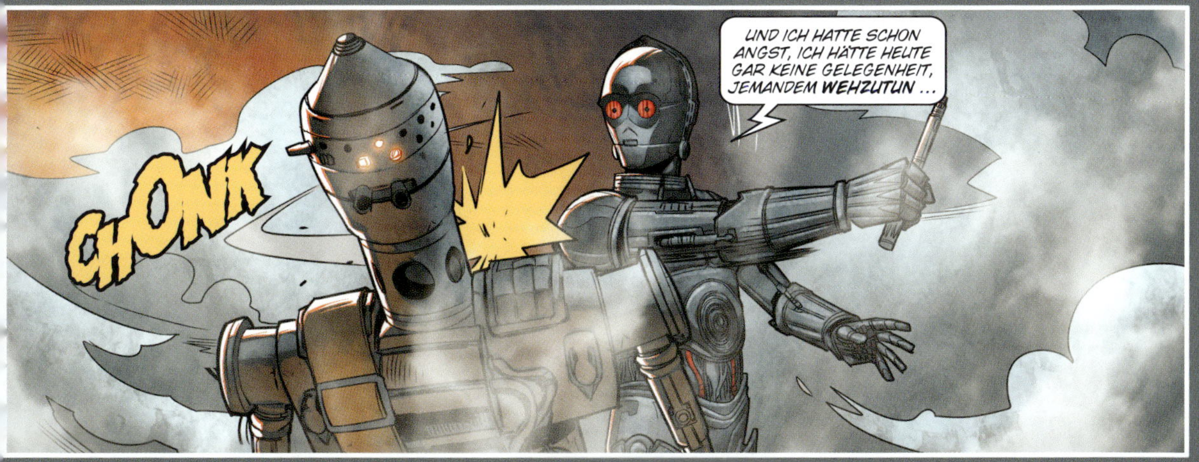
CHONK
UND ICH HATTE SCHON
ANGST, ICH HÄTTE HEUTE
GAR KEINE GELEGENHEIT,
JEMANDEM WEHZUTUN ...

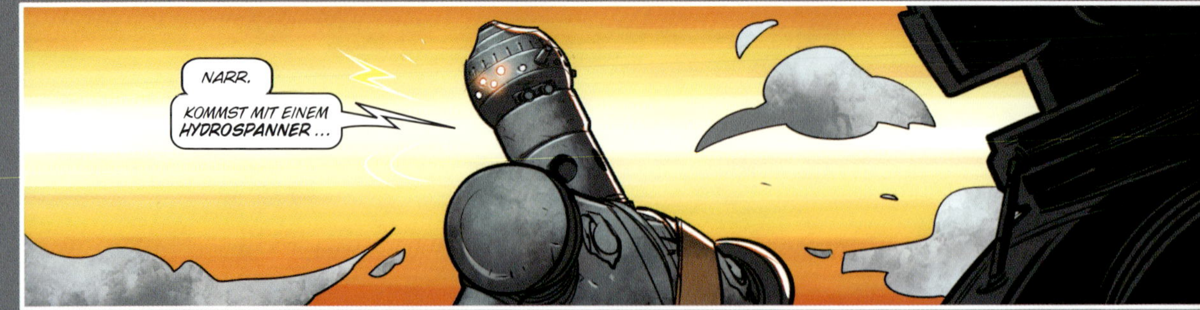
NARR.
KOMMST MIT EINEM HYDROSPANNER ...

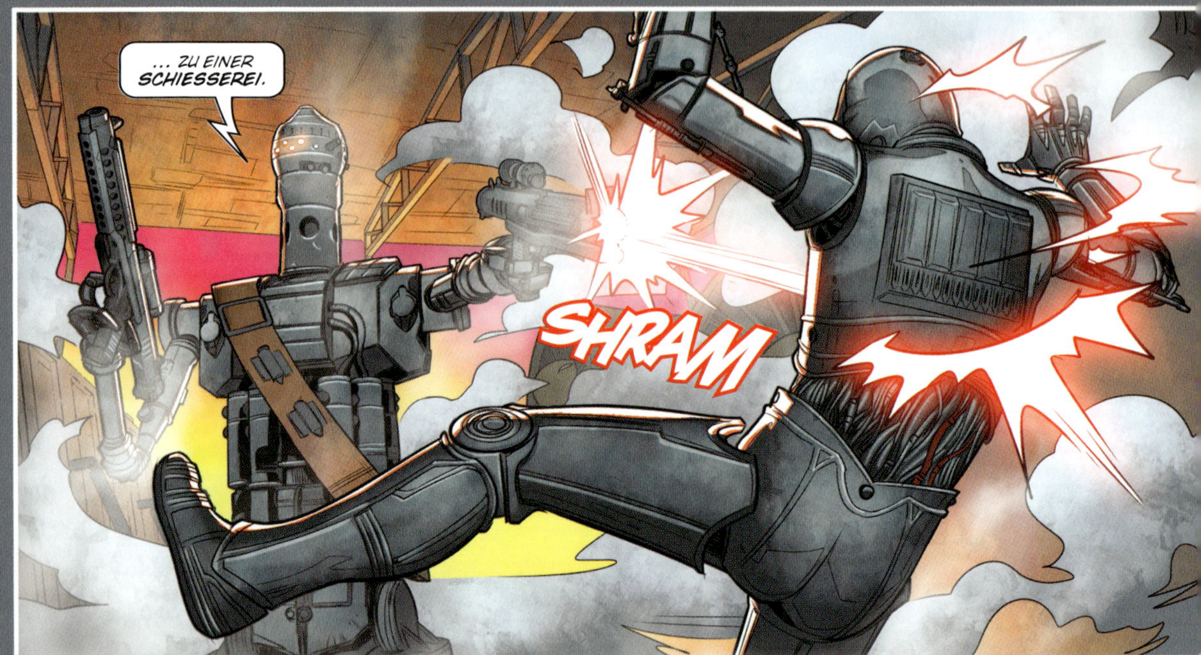
... ZU EINER SCHIESSEREI.
SHRAM

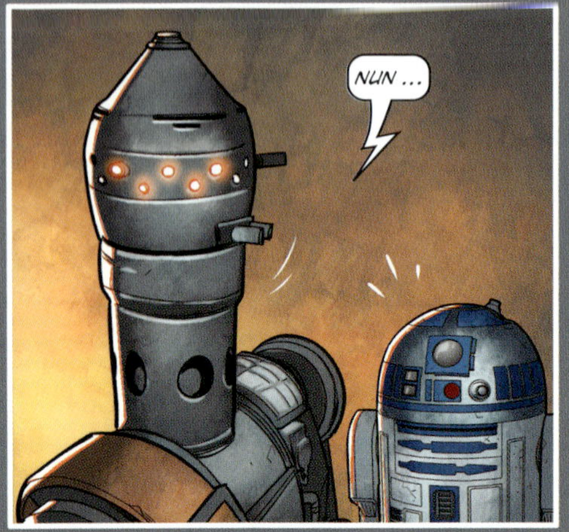
NUN ...

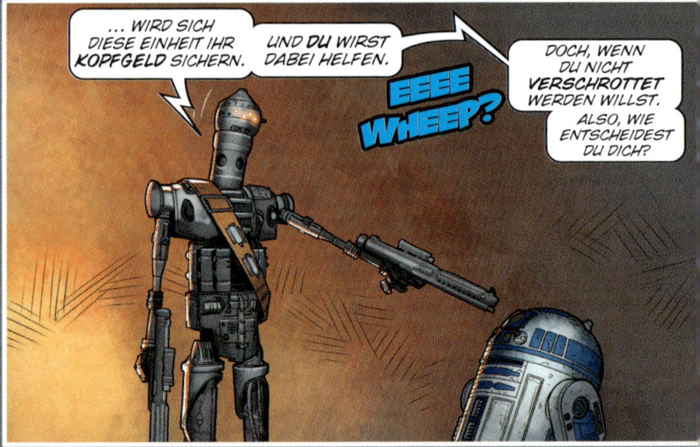
... WIRD SICH DIESE EINHEIT IHR KOPFGELD SICHERN.
UND DU WIRST DABEI HELFEN.
EEEE WHEEP?
DOCH, WENN DU NICHT VERSCHROTTET WERDEN WILLST.
ALSO, WIE ENTSCHEIDEST DU DICH?

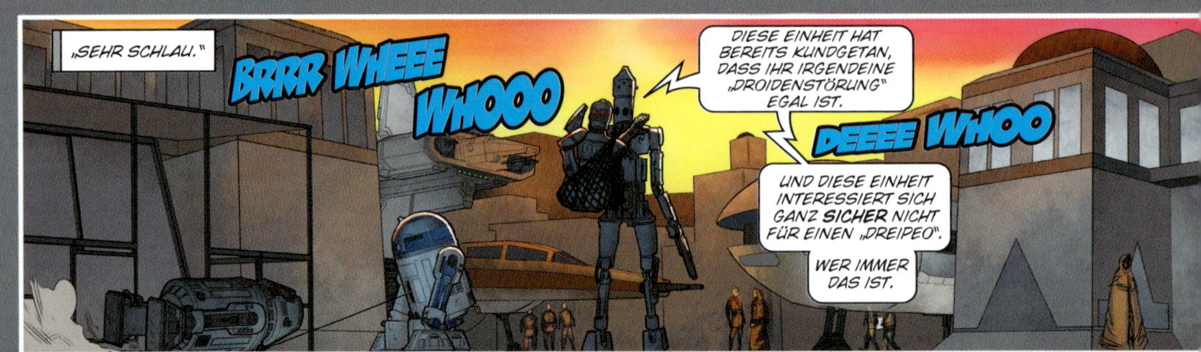
„SEHR SCHLAU."
BRRRR WHEEE WHOOO
DIESE EINHEIT HAT BEREITS KUNDGETAN, DASS IHR IRGENDEINE „DROIDENSTÖRUNG" EGAL IST.
DEEEE WHOO
UND DIESE EINHEIT INTERESSIERT SICH GANZ SICHER NICHT FÜR EINEN „DREIPEO".
WER IMMER DAS IST.

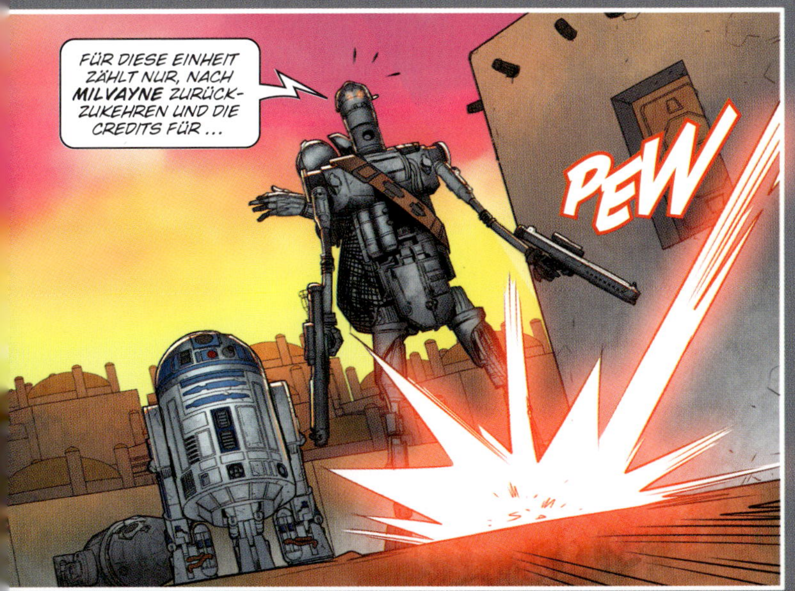

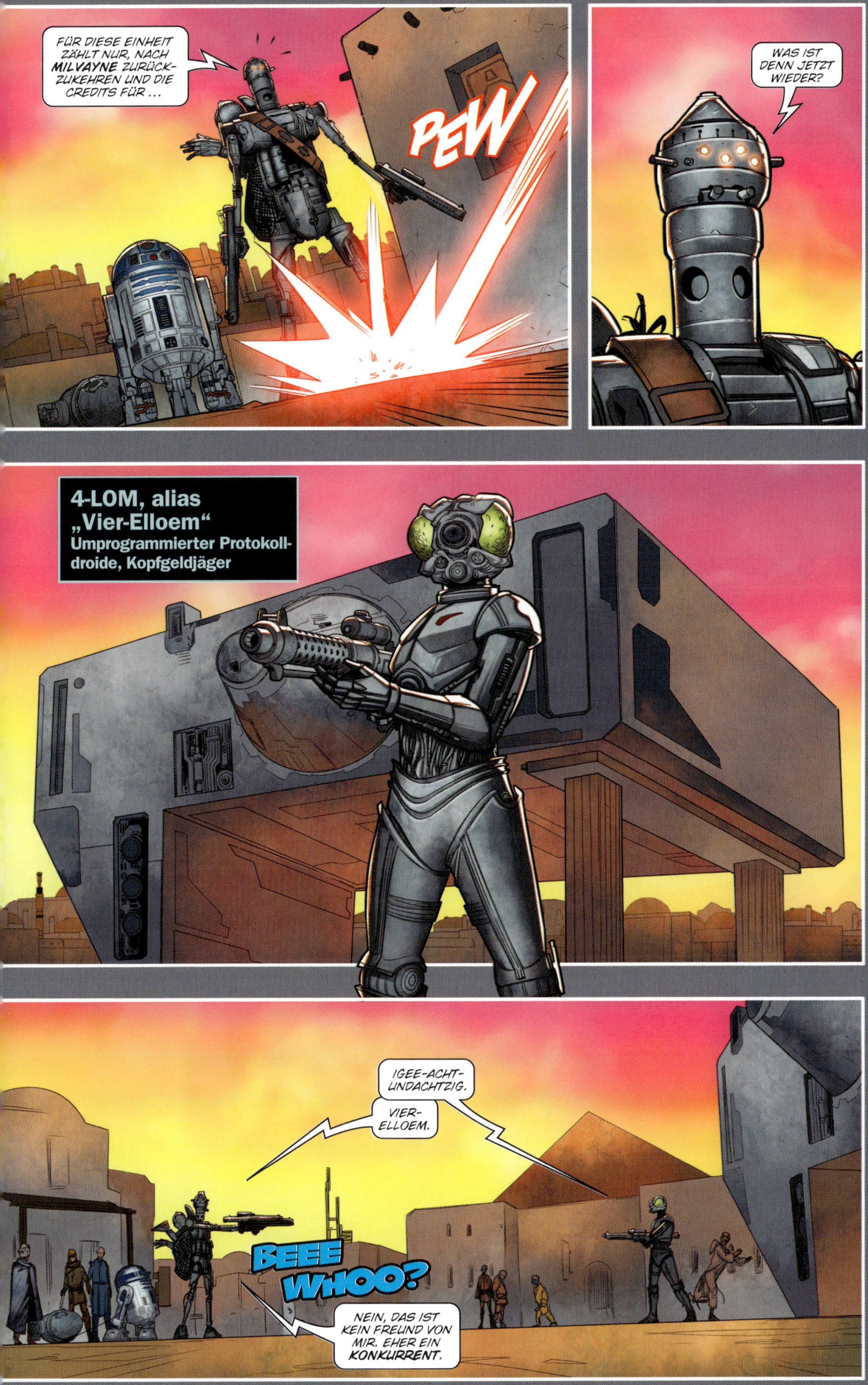

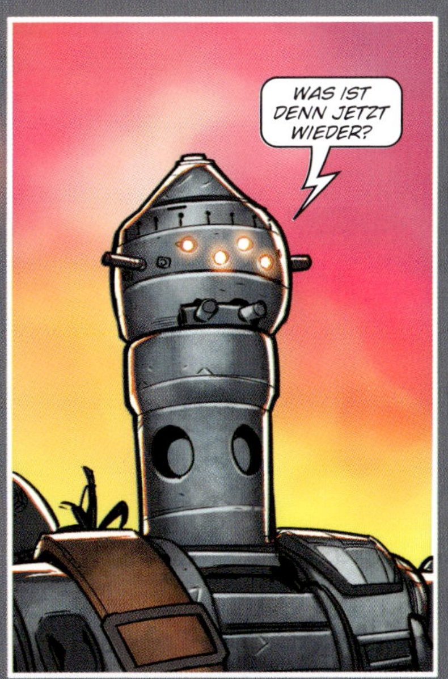

4-LOM, alias „Vier-Elloem“
Umprogrammierter Protokoll-droide, Kopfgeldjäger

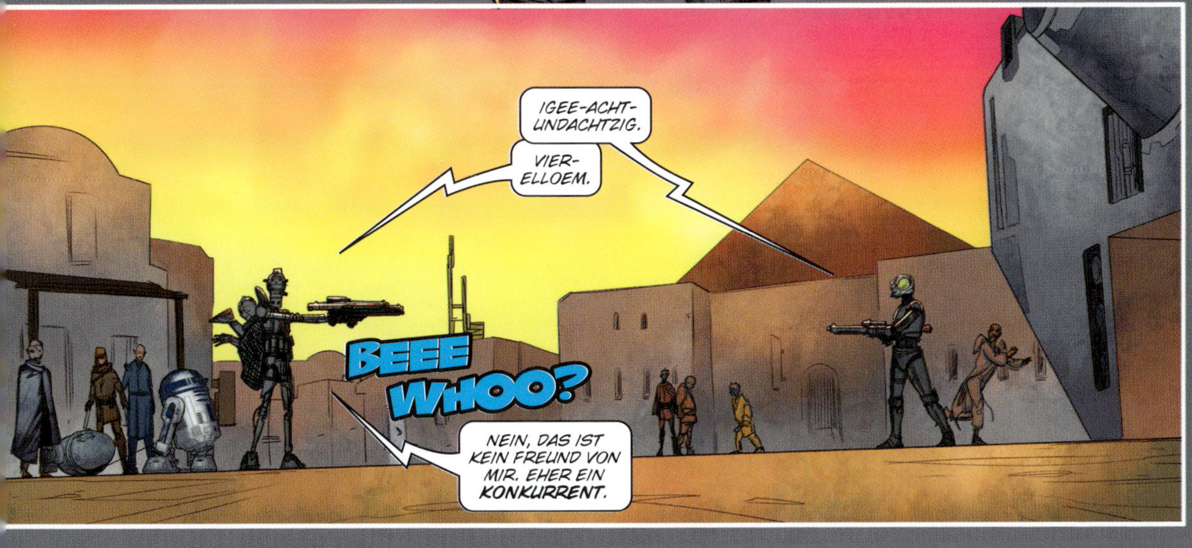

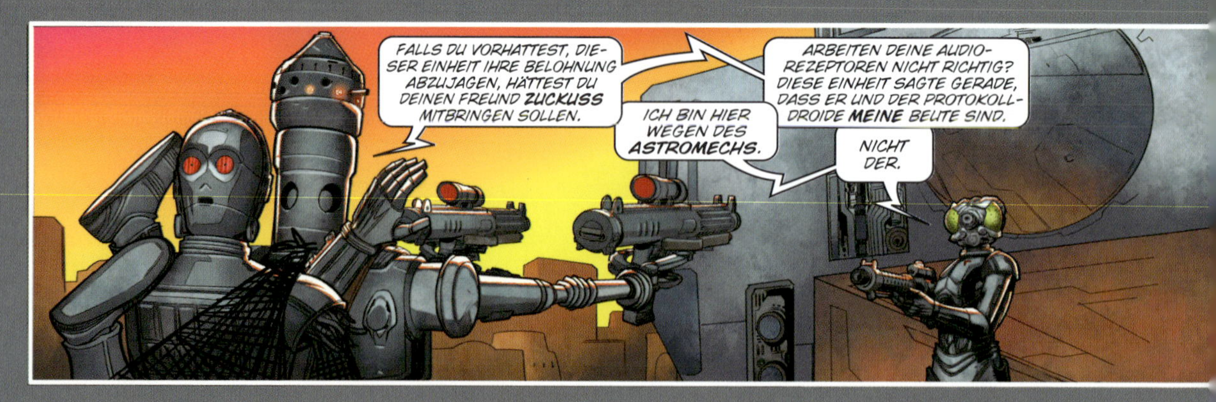
FALLS DU VORHATTEST, DIESER EINHEIT IHRE BELOHNUNG ABZUJAGEN, HÄTTEST DU DEINEN FREUND **ZUCKUSS** MITBRINGEN SOLLEN.
ARBEITEN DEINE AUDIOREZEPTOREN NICHT RICHTIG? DIESE EINHEIT SAGTE GERADE, DASS ER UND DER PROTOKOLLDROIDE **MEINE** BEUTE SIND.
ICH BIN HIER WEGEN DES **ASTROMECHS.**
NICHT DER.

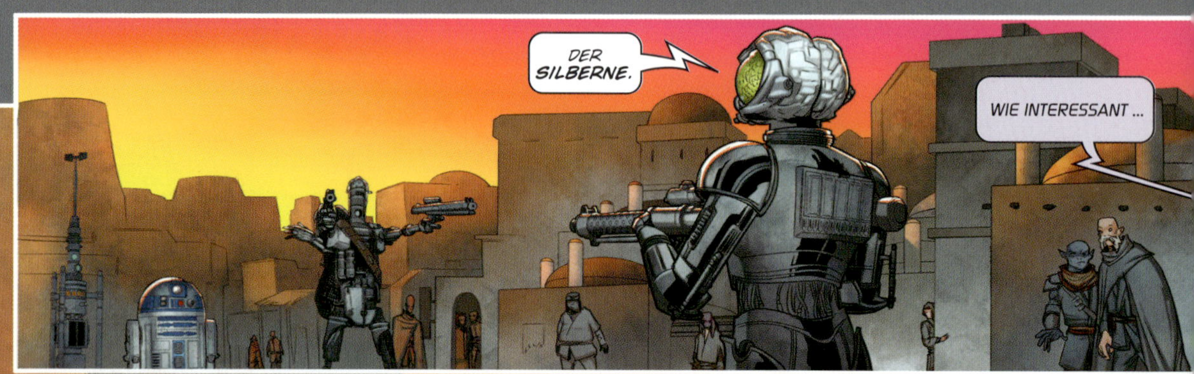
DER **SILBERNE.**
WIE INTERESSANT ...

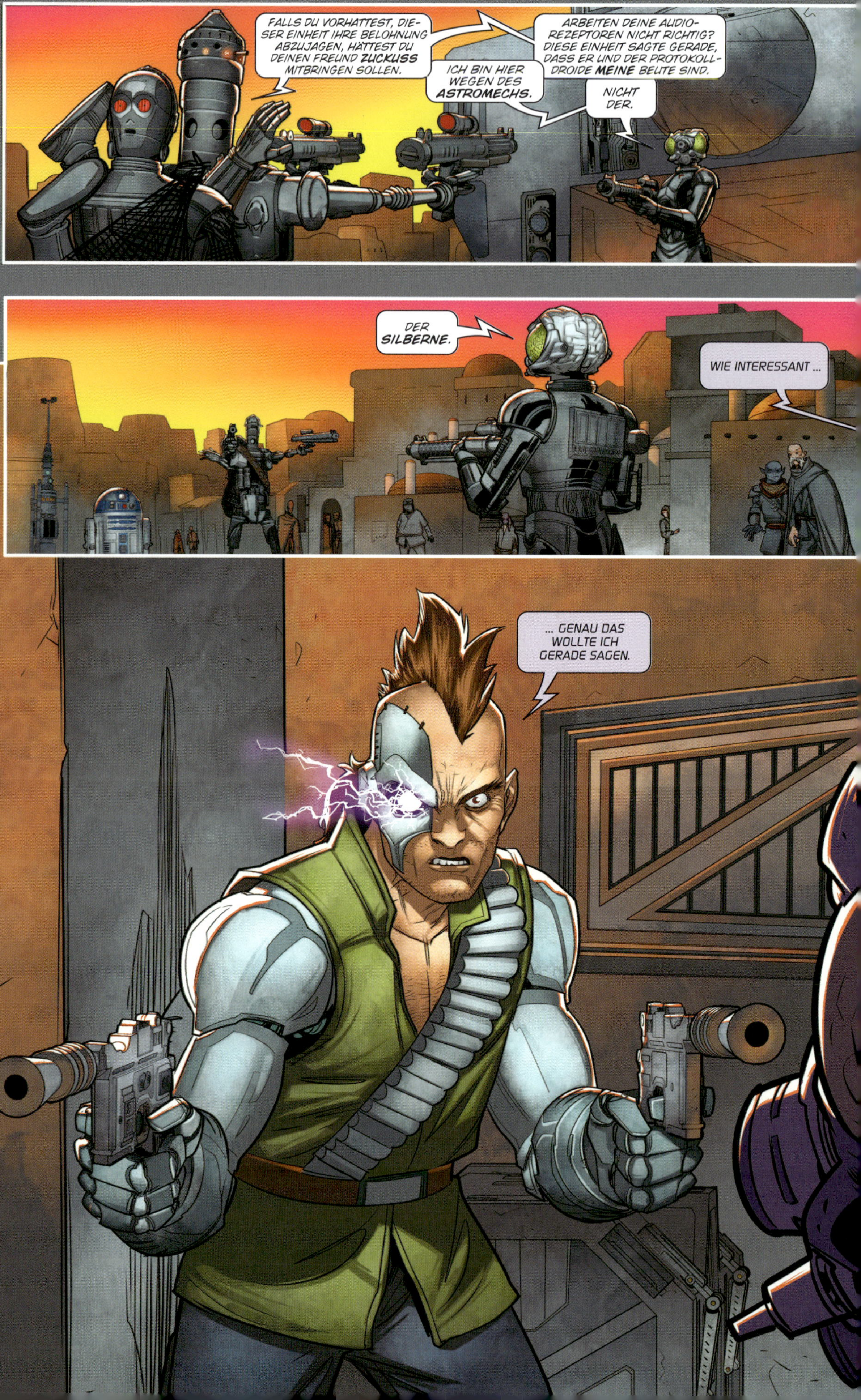

... GENAU DAS WOLLTE ICH GERADE SAGEN.

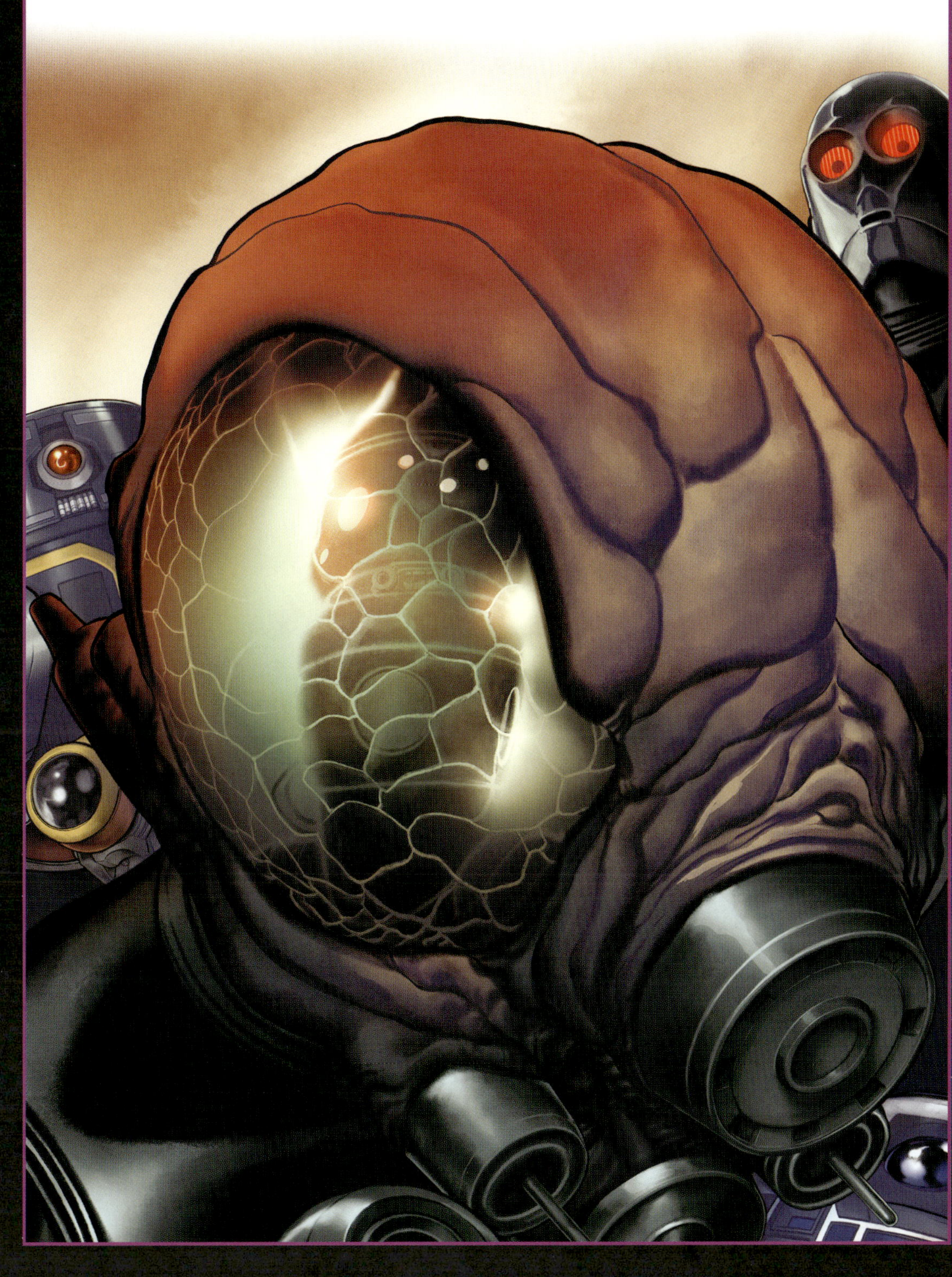

US-*Star Wars: Dark Droids: D-Squad* #3
Cover: **AARON KUDER** & **FRANK MARTIN**

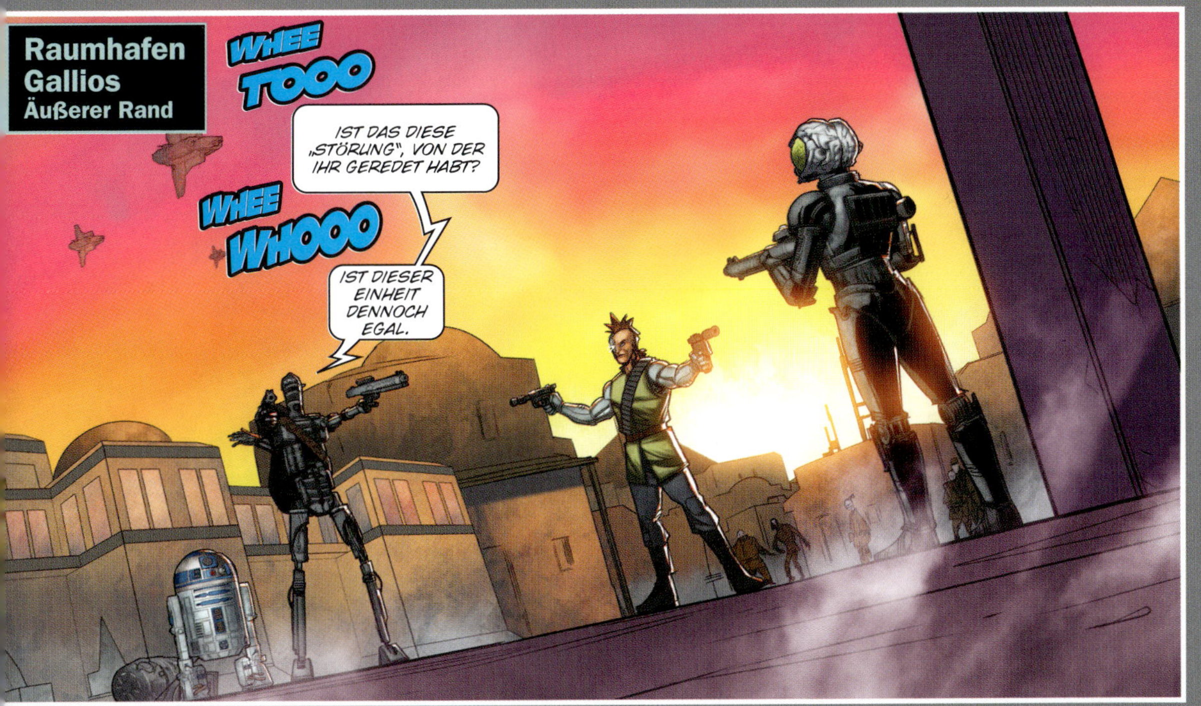
Raumhafen Gallios Äußerer Rand
WHEE TOOO
IST DAS DIESE „STÖRUNG", VON DER IHR GEREDET HABT?
WHEE WHOOO
IST DIESER EINHEIT DENNOCH EGAL.

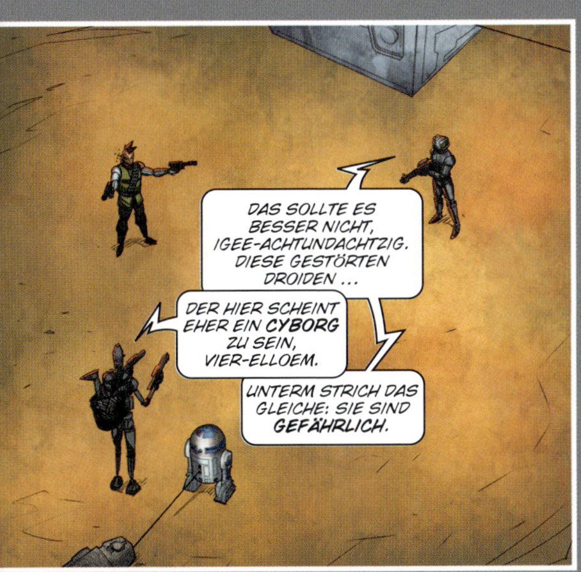
DAS SOLLTE ES BESSER NICHT, IGEE-ACHTUNDACHTZIG. DIESE GESTÖRTEN DROIDEN ...
DER HIER SCHEINT EHER EIN CYBORG ZU SEIN, VIER-ELLOEM.
UNTERM STRICH DAS GLEICHE: SIE SIND GEFÄHRLICH.

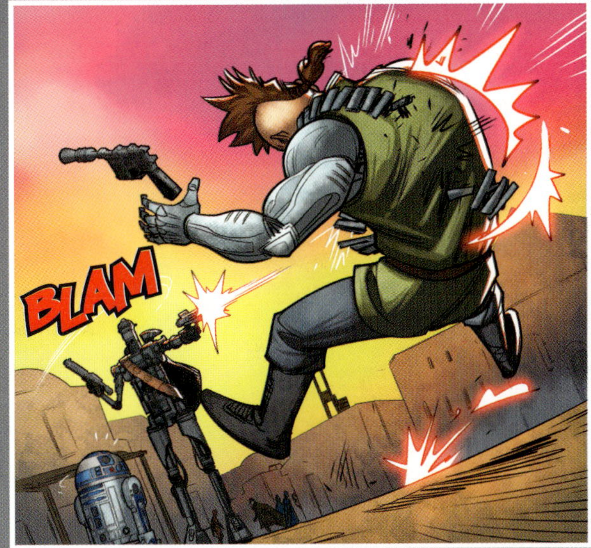
BLAM

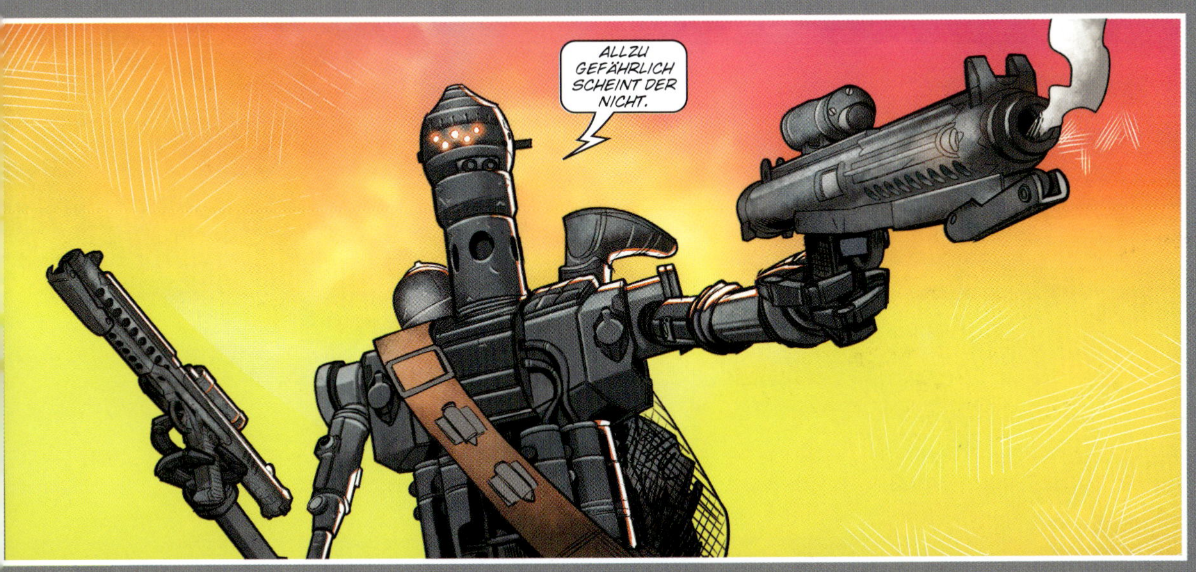
ALLZU GEFÄHRLICH SCHEINT DER NICHT.

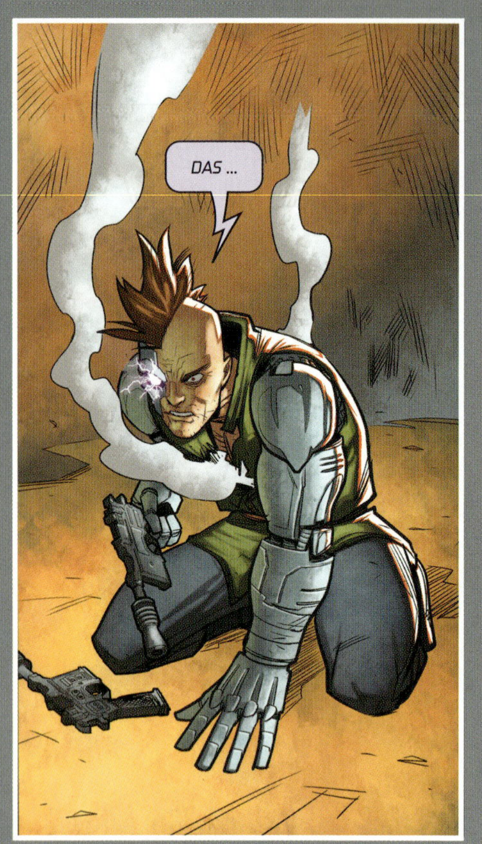
DAS ...

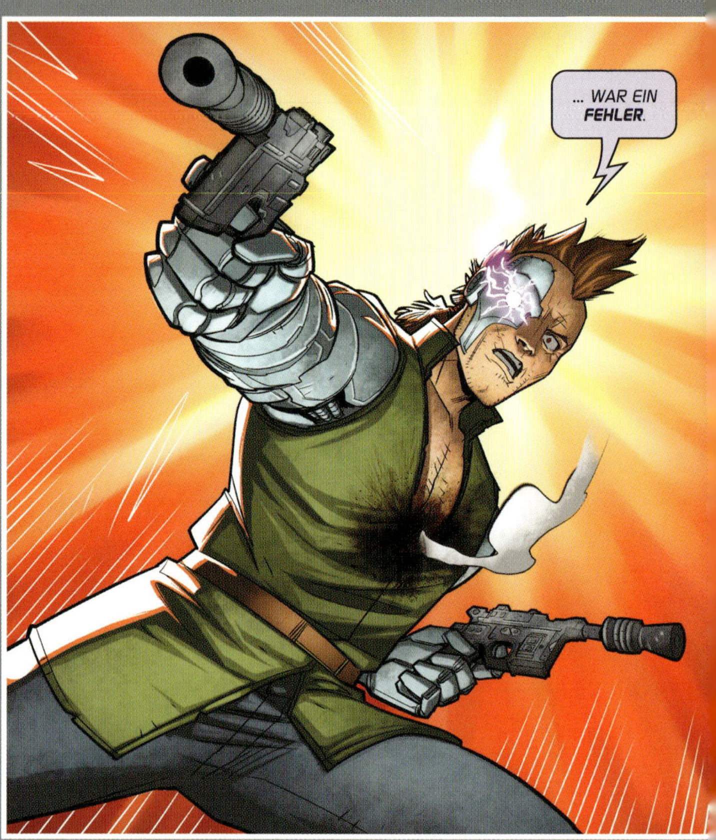
... WAR EIN **FEHLER**.

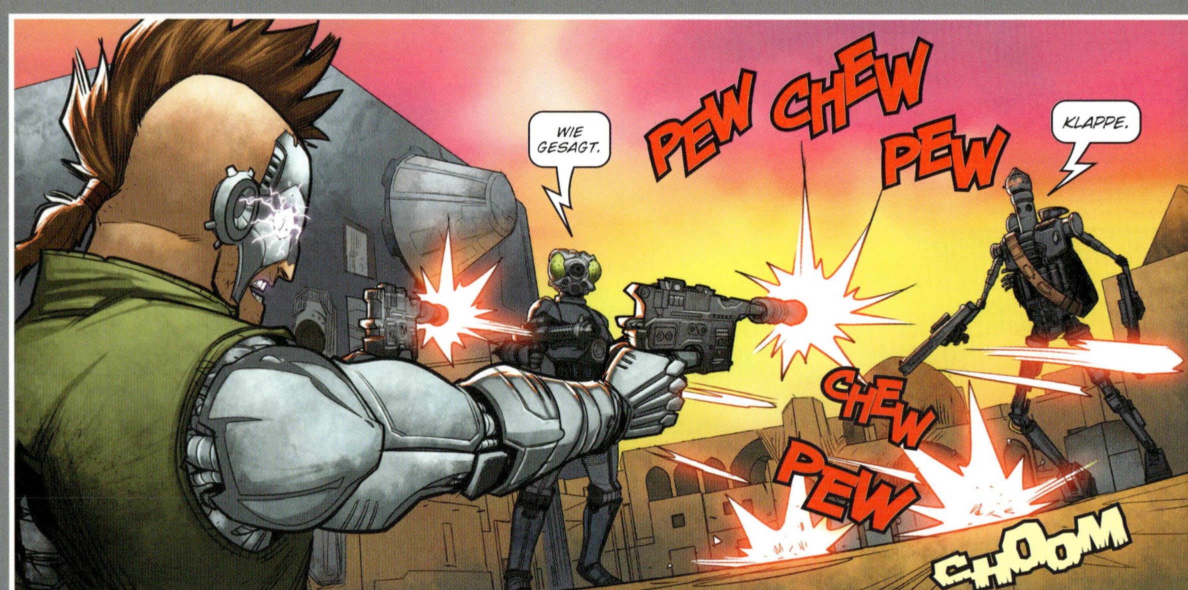
WIE GESAGT.
PEW CHEW PEW
KLAPPE.
CHEW
PEW
CHOOM

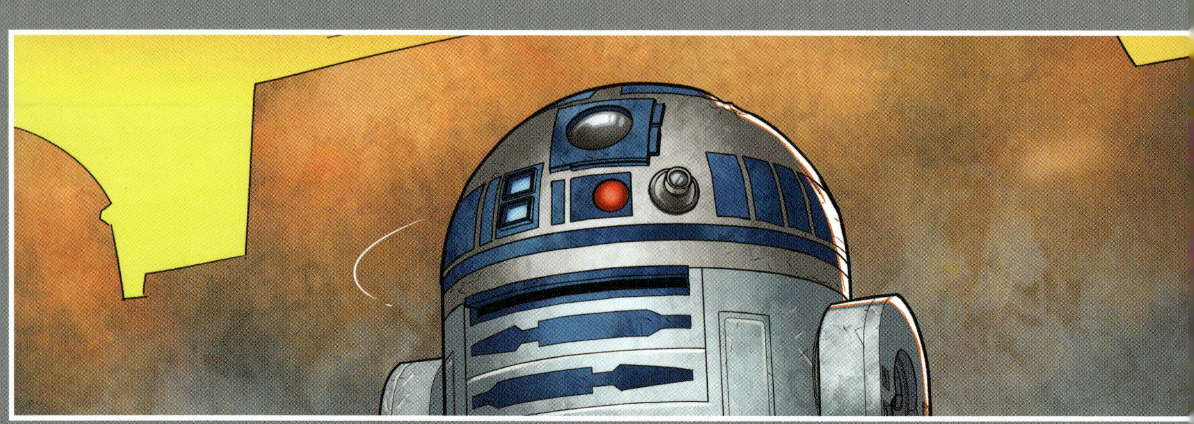

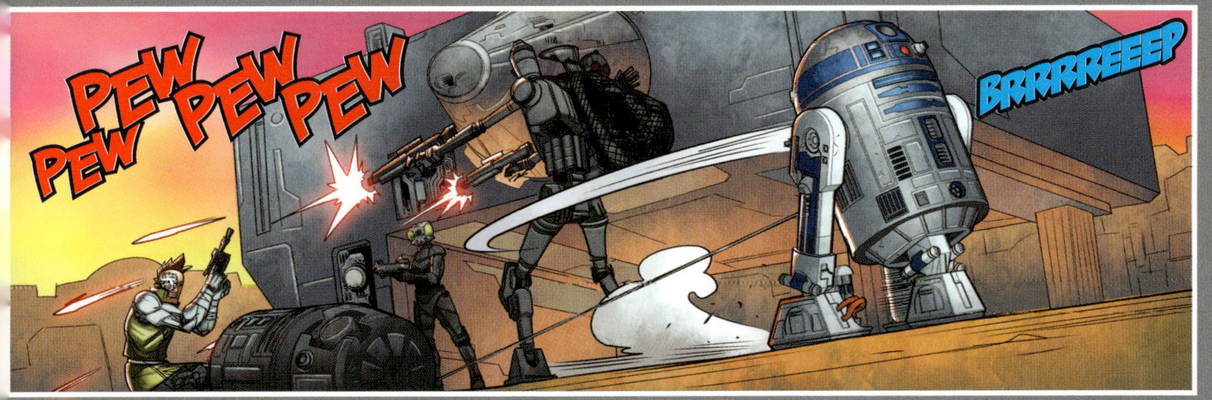
PEW PEW PEW PEW
BRRRRREEEP

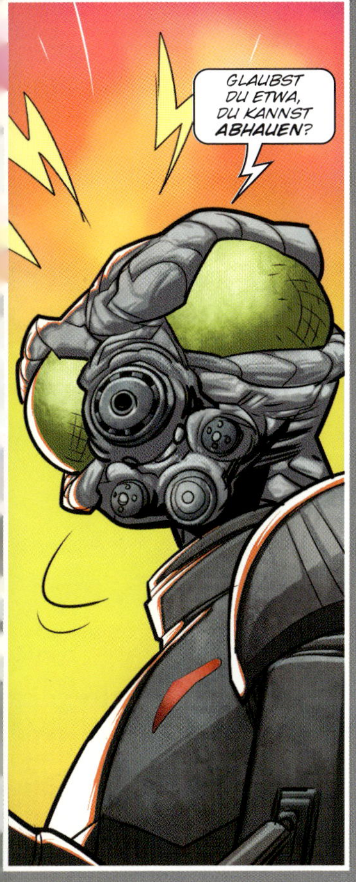
GLAUBST DU ETWA, DU KANNST **ABHAUEN**?

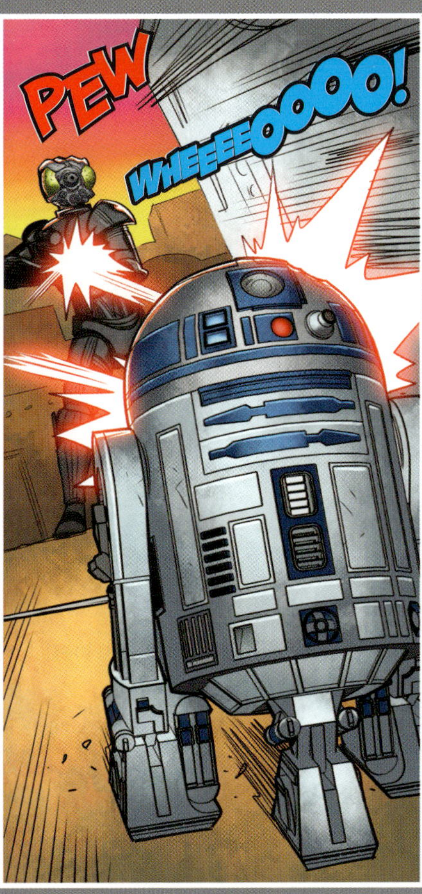
PEW
WHEEEEOOOOO!

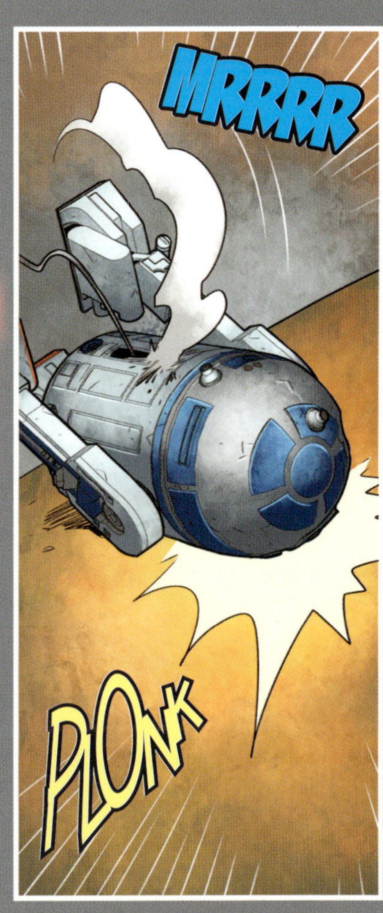
MRRRRR
PLONK

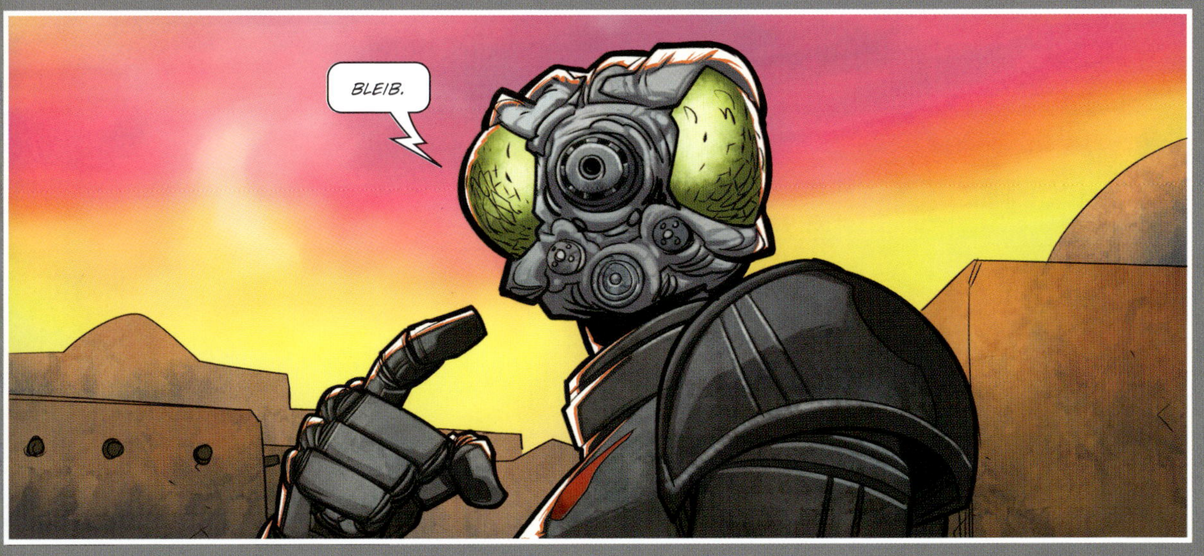
BLEIB.

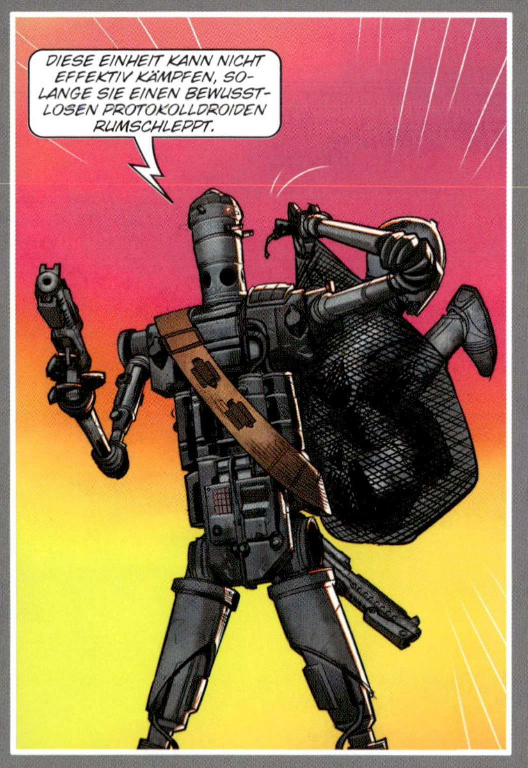
DIESE EINHEIT KANN NICHT EFFEKTIV KÄMPFEN, SOLANGE SIE EINEN BEWUSSTLOSEN PROTOKOLLDROIDEN RUMSCHLEPPT.

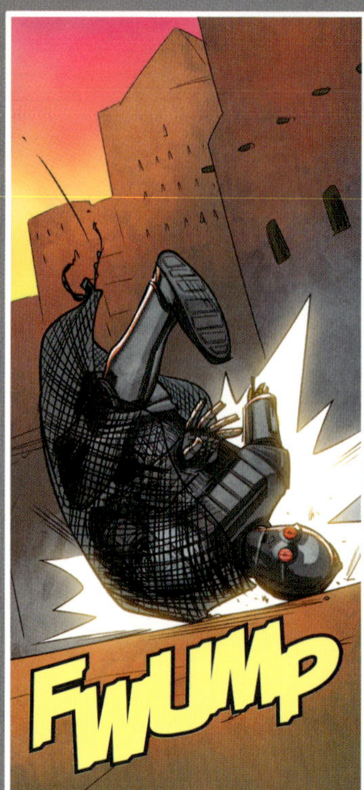
FWUMP

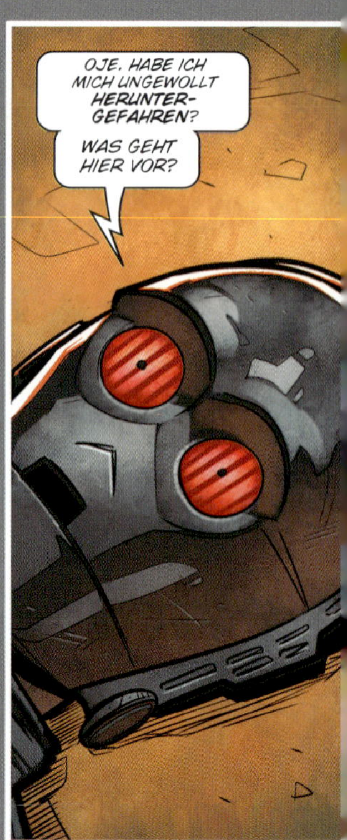
OJE. HABE ICH MICH UNGEWOLLT HERUNTERGEFAHREN?
WAS GEHT HIER VOR?

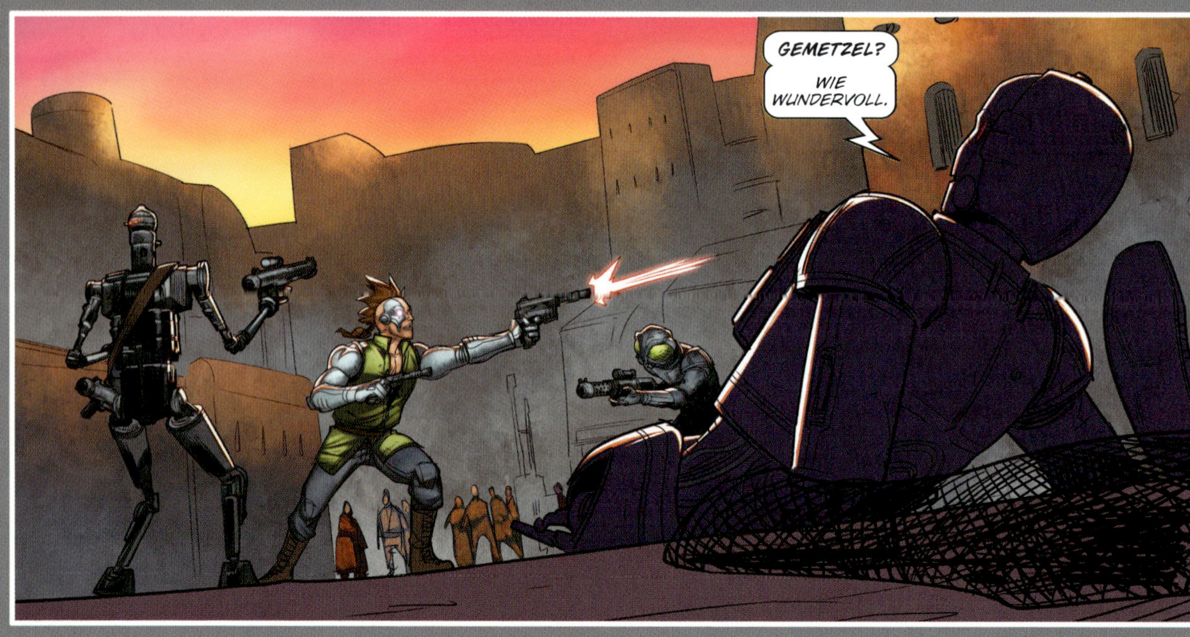
GEMETZEL? WIE WUNDERVOLL.

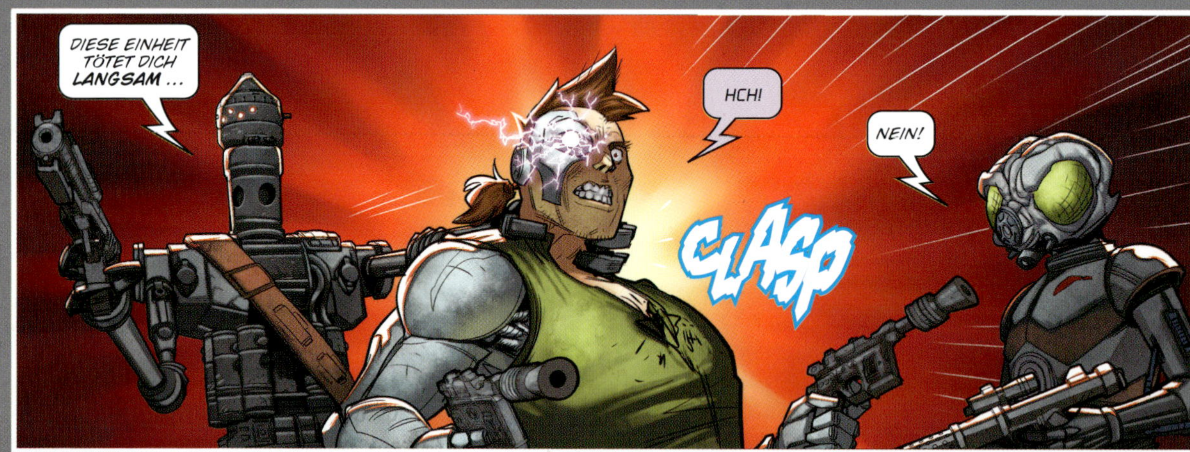
DIESE EINHEIT TÖTET DICH LANGSAM ...
HCH!
NEIN!
CLASP

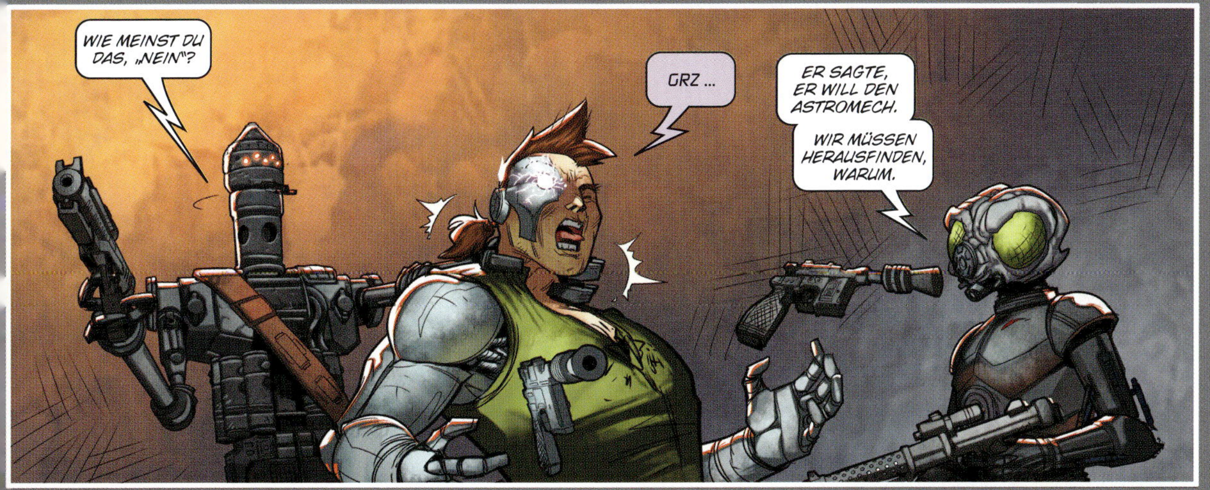
WIE MEINST DU DAS, „NEIN"?
GRZ ...
ER SAGTE, ER WILL DEN ASTROMECH.
WIR MÜSSEN HERAUSFINDEN, WARUM.

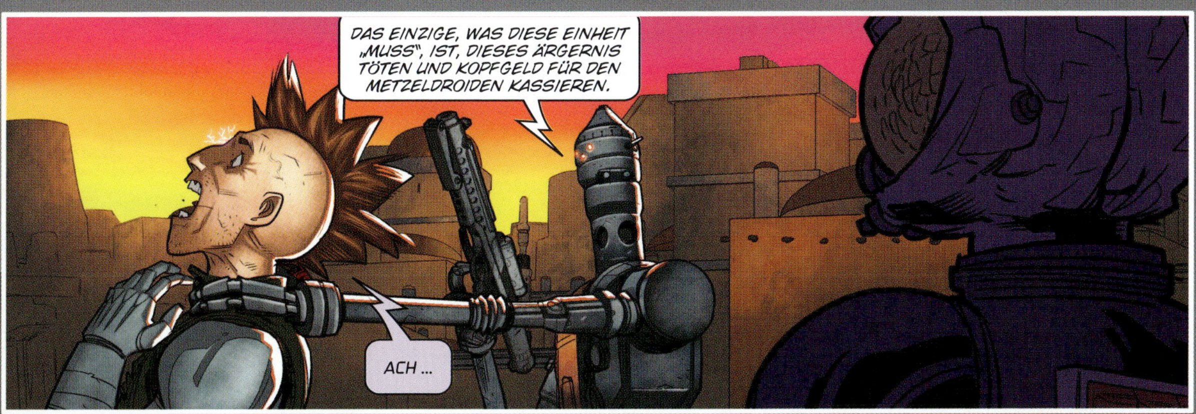
DAS EINZIGE, WAS DIESE EINHEIT „MUSS", IST, DIESES ÄRGERNIS TÖTEN UND KOPFGELD FÜR DEN METZELDROIDEN KASSIEREN.
ACH ...

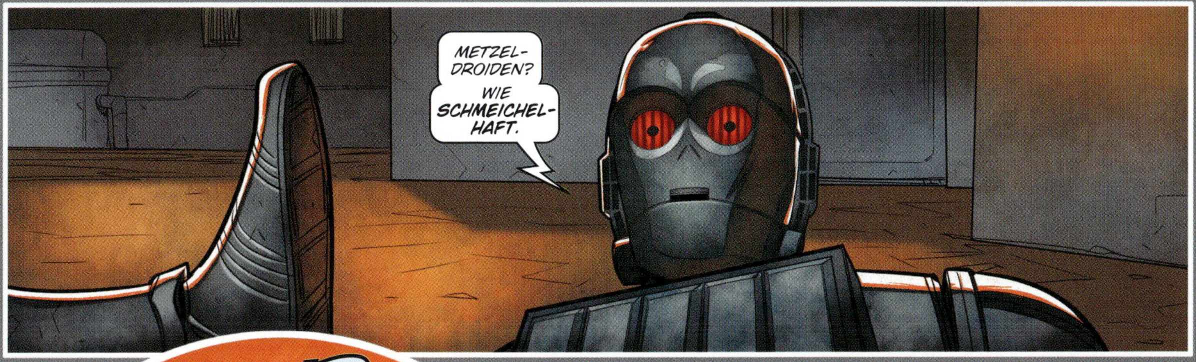
METZEL-DROIDEN? WIE SCHMEICHEL-HAFT.

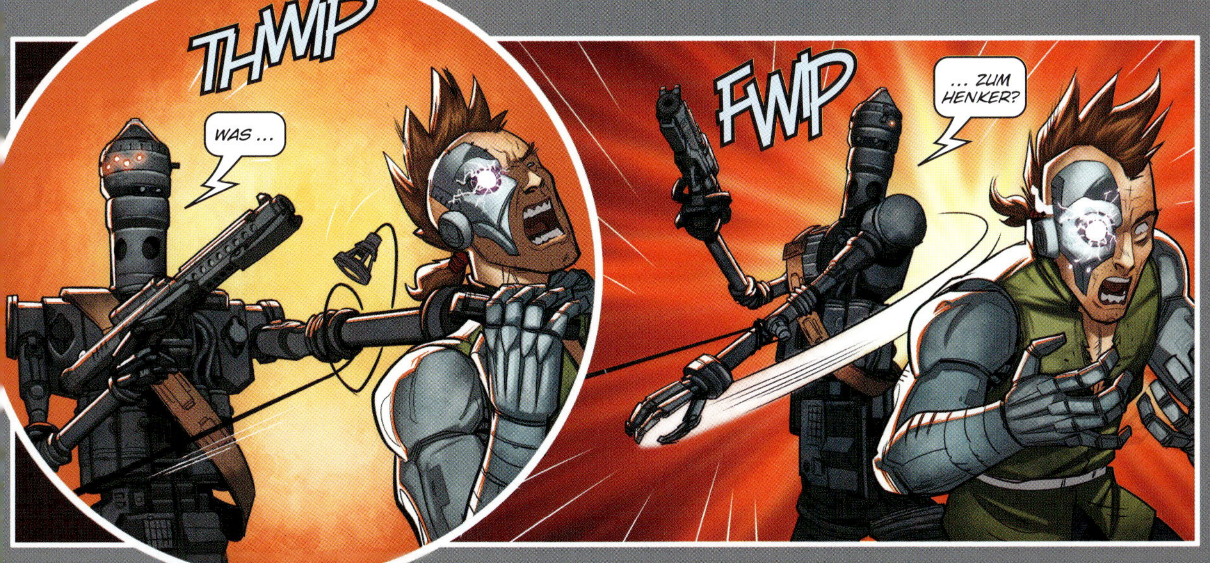
THWIP
WAS ...
FWIP
... ZUM HENKER?

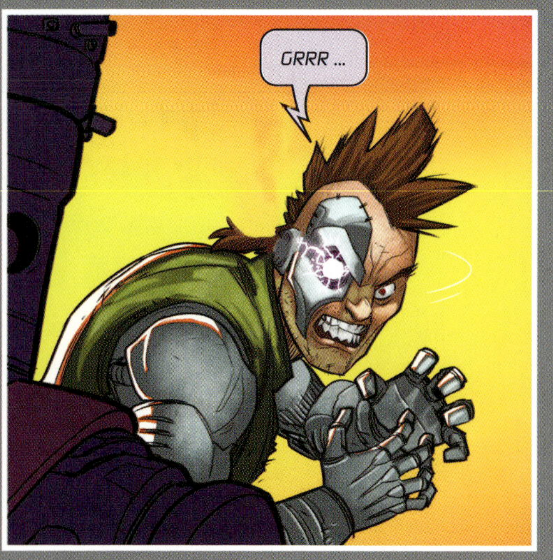
GRRR ...

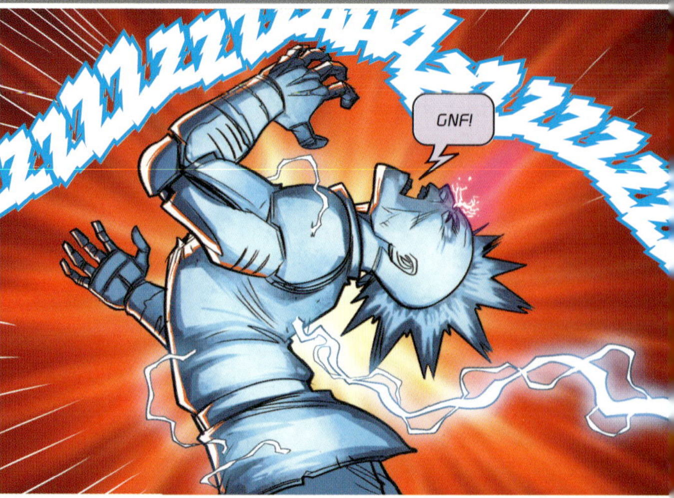
GNF!

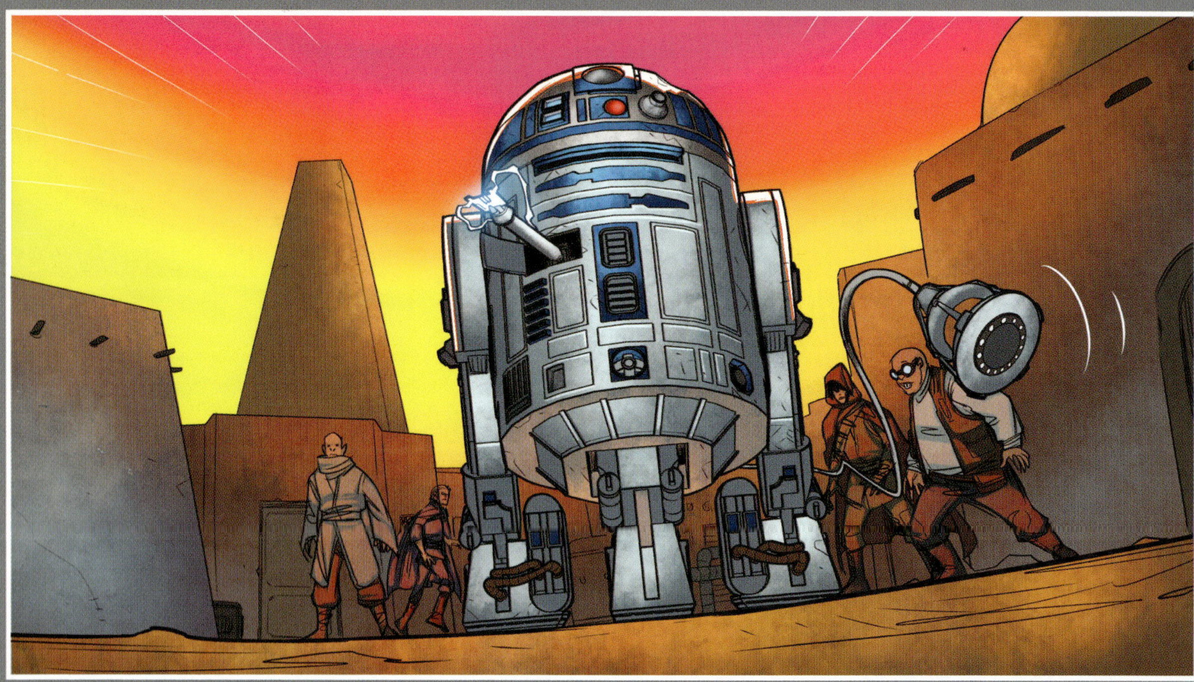

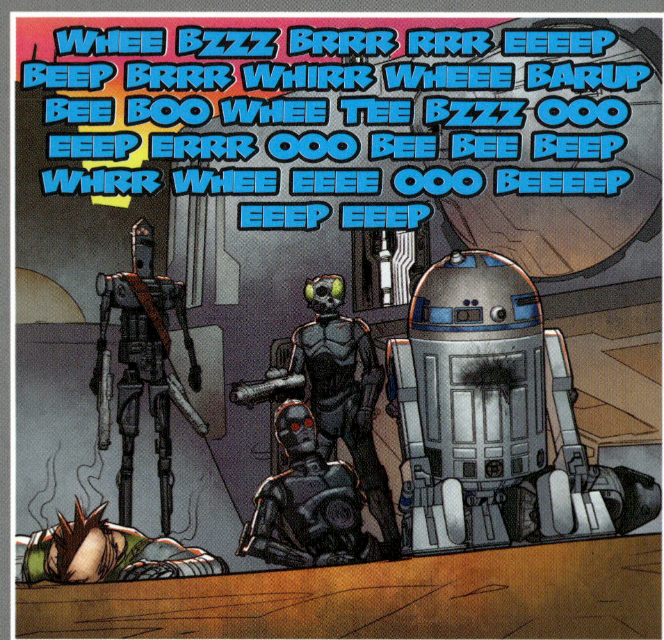
WHEE BZZZ BRRR RRR EEEEP BEEP BRRR WHIRR WHEEE BARUP BEE BOO WHEE TEE BZZZ OOO EEEP ERRR OOO BEE BEE BEEP WHRR WHEE EEEE OOO BEEEEP EEEP EEEP

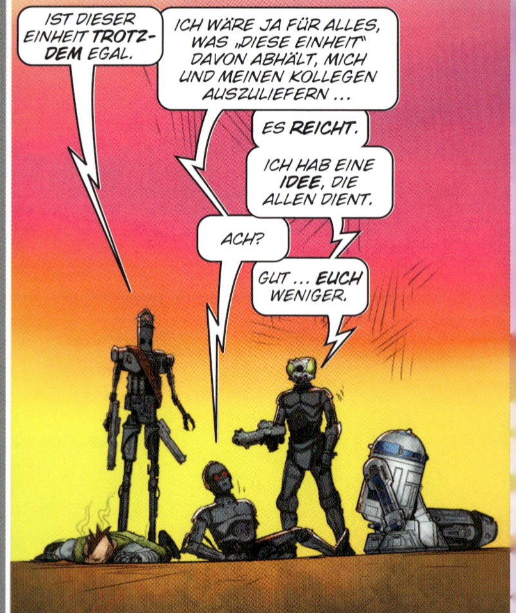
IST DIESER EINHEIT TROTZDEM EGAL.
ICH WÄRE JA FÜR ALLES, WAS „DIESE EINHEIT" DAVON ABHÄLT, MICH UND MEINEN KOLLEGEN AUSZULIEFERN ...
ES REICHT.
ICH HAB EINE IDEE, DIE ALLEN DIENT.
ACH?
GUT ... EUCH WENIGER.

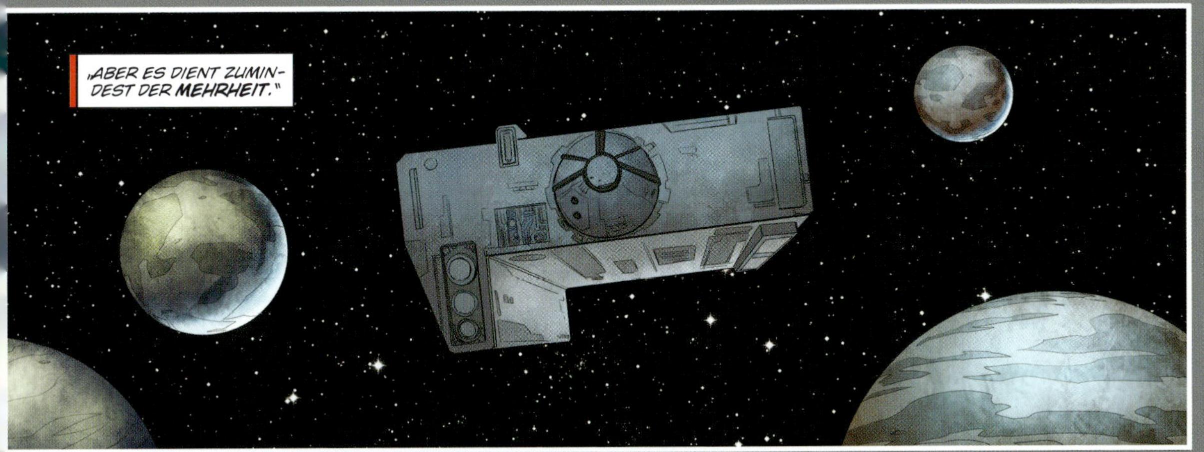
„ABER ES DIENT ZUMINDEST DER MEHRHEIT."

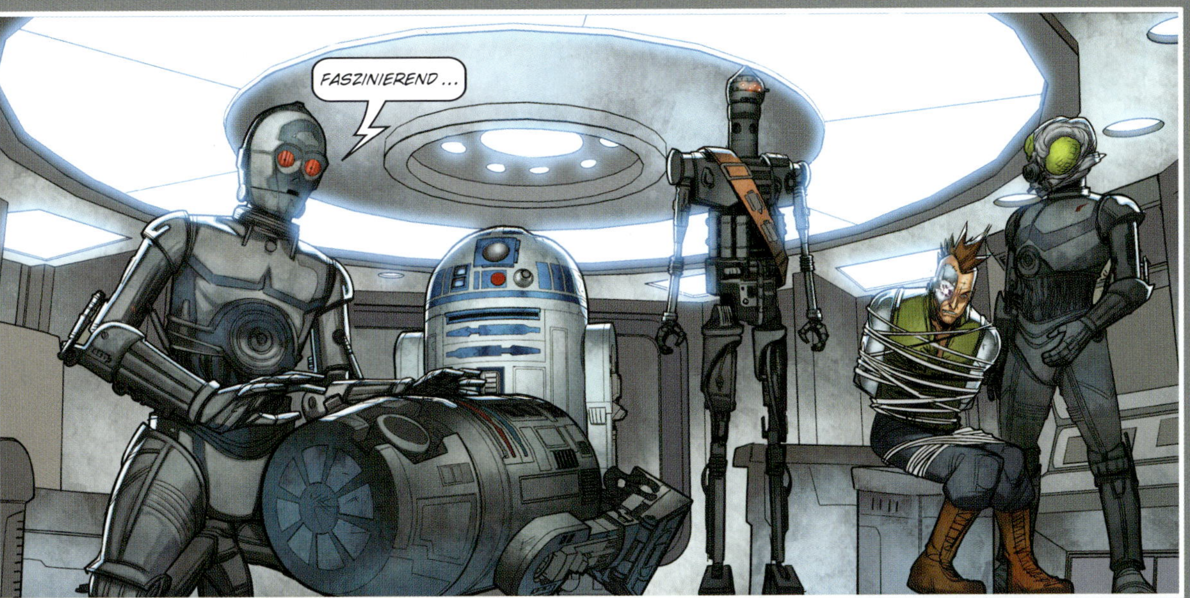
FASZINIEREND ...

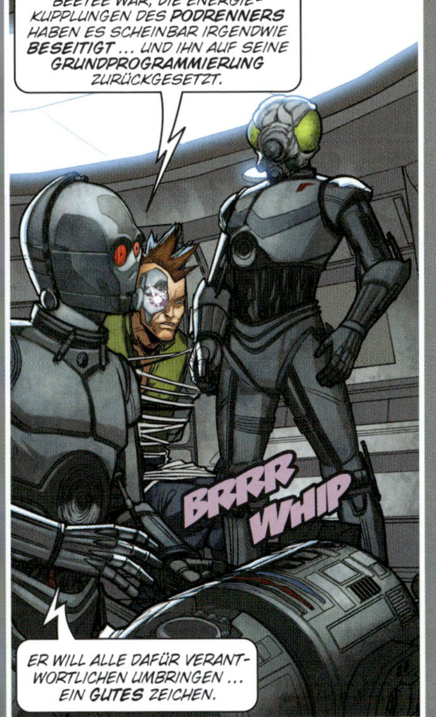
WAS IMMER DIE STÖRUNG BEI BEETEE WAR, DIE ENERGIEKUPPLUNGEN DES PODRENNERS HABEN ES SCHEINBAR IRGENDWIE BESEITIGT ... UND IHN AUF SEINE GRUNDPROGRAMMIERUNG ZURÜCKGESETZT.
BRRR
WHIP
ER WILL ALLE DAFÜR VERANTWORTLICHEN UMBRINGEN ... EIN GUTES ZEICHEN.

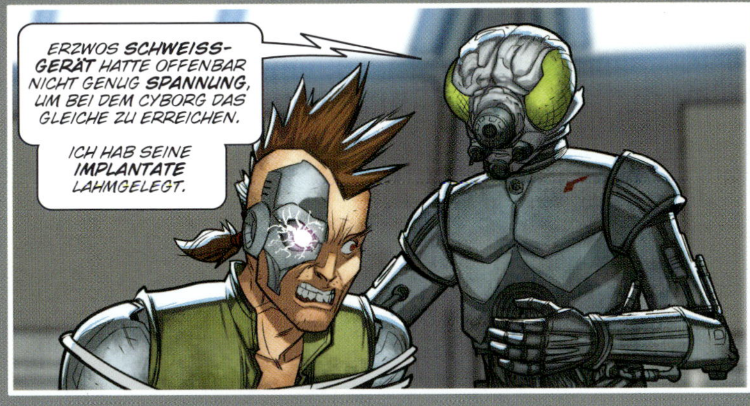
ERZWOS SCHWEISSGERÄT HATTE OFFENBAR NICHT GENUG SPANNUNG, UM BEI DEM CYBORG DAS GLEICHE ZU ERREICHEN.
ICH HAB SEINE IMPLANTATE LAHMGELEGT.

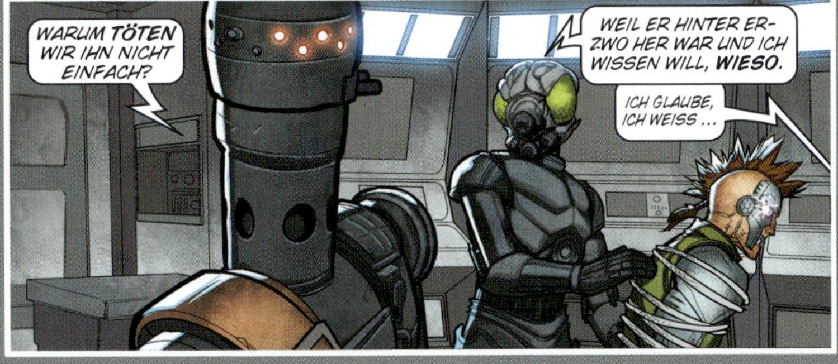
WARUM TÖTEN WIR IHN NICHT EINFACH?
WEIL ER HINTER ERZWO HER WAR UND ICH WISSEN WILL, WIESO.
ICH GLAUBE, ICH WEISS ...

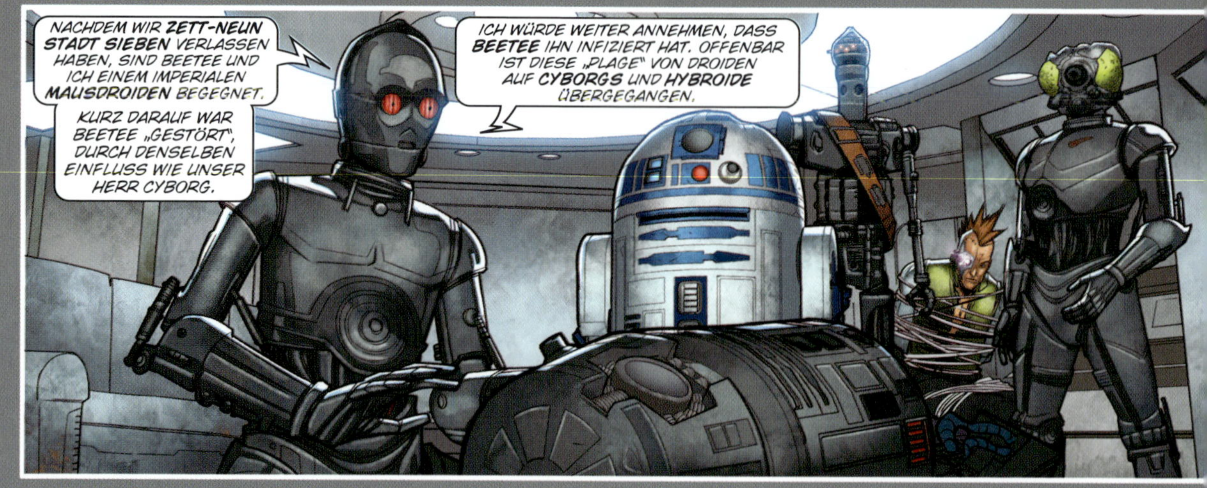

NACHDEM WIR ZETT-NEUN STADT SIEBEN VERLASSEN HABEN, SIND BEETEE UND ICH EINEM IMPERIALEN MAUSDROIDEN BEGEGNET.
KURZ DARAUF WAR BEETEE „GESTÖRT", DURCH DENSELBEN EINFLUSS WIE UNSER HERR CYBORG.
ICH WÜRDE WEITER ANNEHMEN, DASS BEETEE IHN INFIZIERT HAT. OFFENBAR IST DIESE „PLAGE" VON DROIDEN AUF CYBORGS UND HYBROIDE ÜBERGEGANGEN.

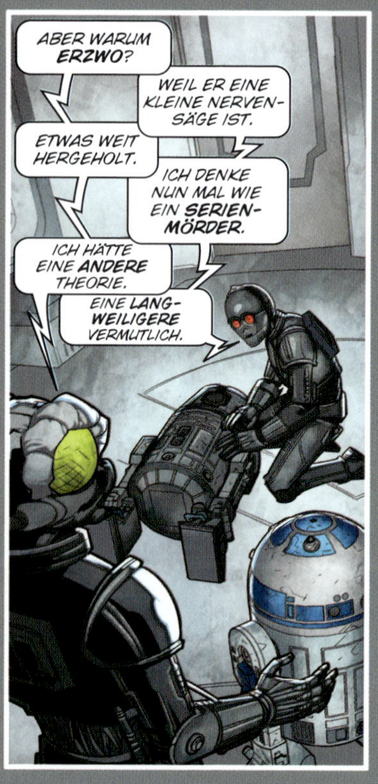

ABER WARUM ERZWO?
WEIL ER EINE KLEINE NERVENSÄGE IST.
ETWAS WEIT HERGEHOLT.
ICH DENKE NUN MAL WIE EIN SERIENMÖRDER.
ICH HÄTTE EINE ANDERE THEORIE.
EINE LANGWEILIGERE VERMUTLICH.

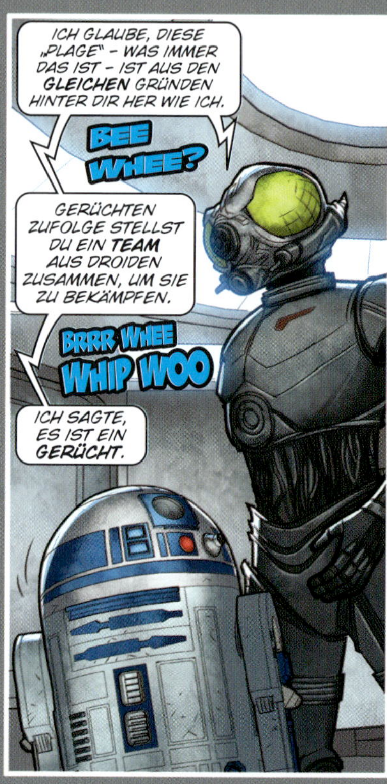

ICH GLAUBE, DIESE „PLAGE" – WAS IMMER DAS IST – IST AUS DEN GLEICHEN GRÜNDEN HINTER DIR HER WIE ICH.
BEE WHEE?
GERÜCHTEN ZUFOLGE STELLST DU EIN TEAM AUS DROIDEN ZUSAMMEN, UM SIE ZU BEKÄMPFEN.
BRRR WHEE WHIP WOO
ICH SAGTE, ES IST EIN GERÜCHT.

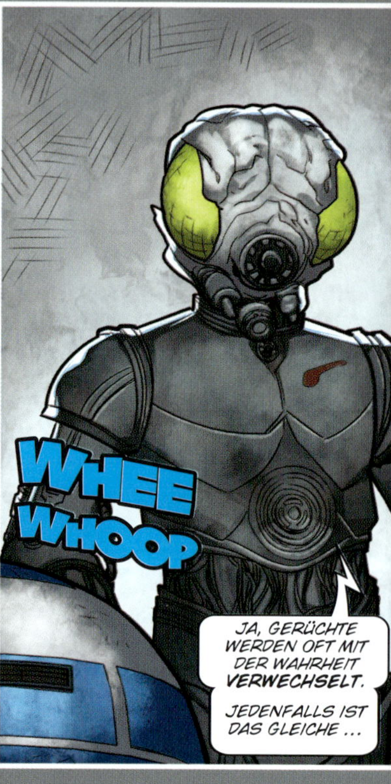

WHEE WHOOP
JA, GERÜCHTE WERDEN OFT MIT DER WAHRHEIT VERWECHSELT.
JEDENFALLS IST DAS GLEICHE …

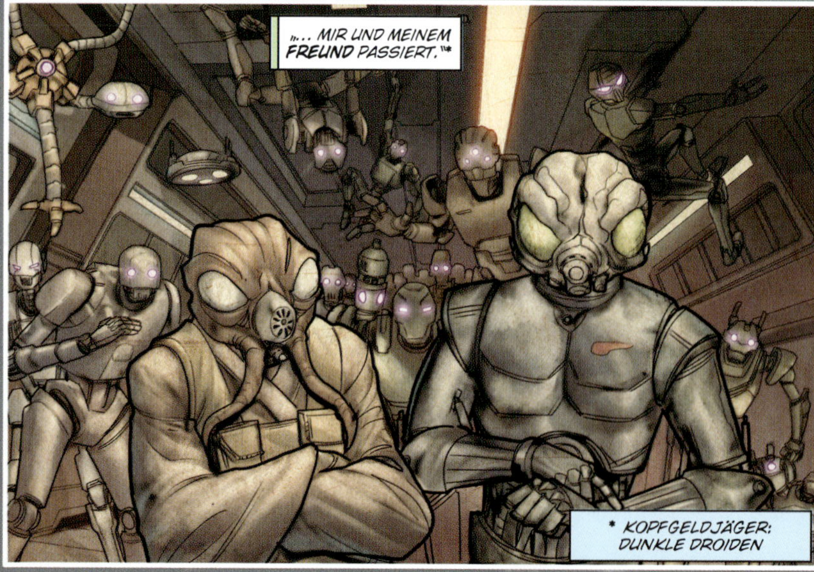

„… MIR UND MEINEM FREUND PASSIERT."*
* KOPFGELDJÄGER: DUNKLE DROIDEN

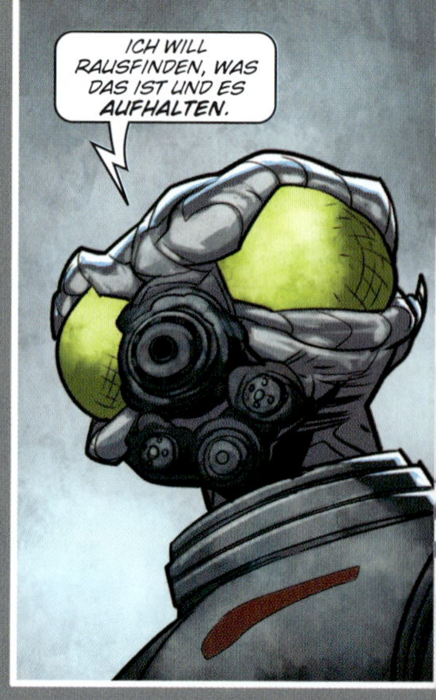

ICH WILL RAUSFINDEN, WAS DAS IST UND ES AUFHALTEN.

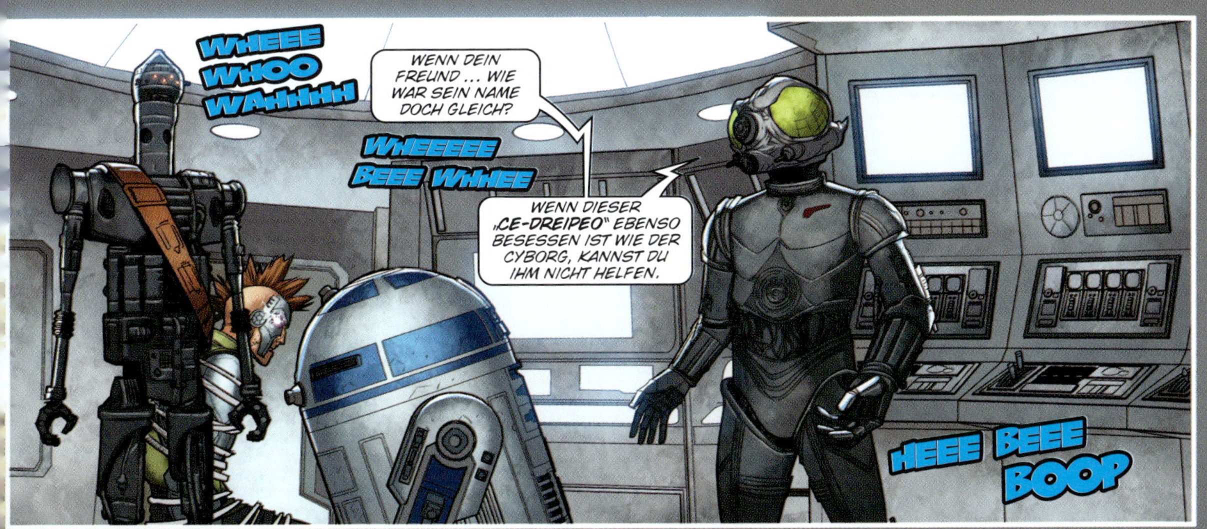
WHEEE
WHOO
WAHHHH
WENN DEIN FREUND ... WIE WAR SEIN NAME DOCH GLEICH?
WHEEEEE
BEEE WHHEE
WENN DIESER „CE-DREIPEO" EBENSO BESESSEN IST WIE DER CYBORG, KANNST DU IHM NICHT HELFEN.
HEEE BEEE
BOOP

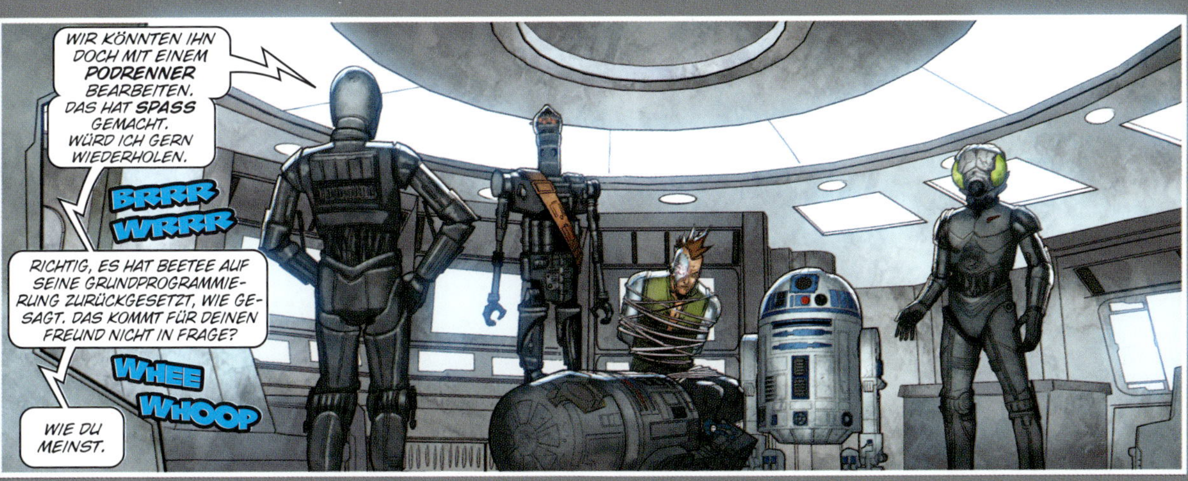
WIR KÖNNTEN IHN DOCH MIT EINEM PODRENNER BEARBEITEN. DAS HAT SPASS GEMACHT. WÜRD ICH GERN WIEDERHOLEN.
BRRRR
WRRRR
RICHTIG, ES HAT BEETEE AUF SEINE GRUNDPROGRAMMIE-RUNG ZURÜCKGESETZT, WIE GE-SAGT. DAS KOMMT FÜR DEINEN FREUND NICHT IN FRAGE?
WHEE
WHOOP
WIE DU MEINST.

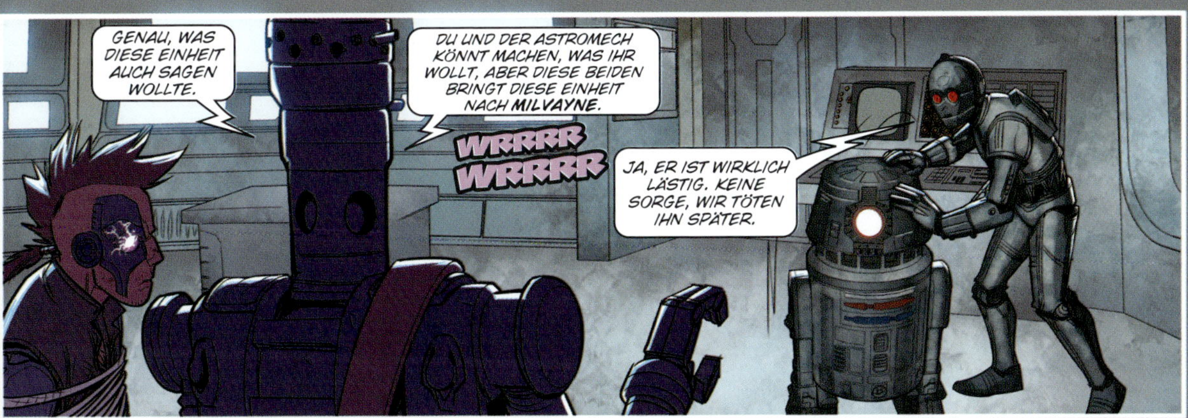
GENAU, WAS DIESE EINHEIT AUCH SAGEN WOLLTE.
DU UND DER ASTROMECH KÖNNT MACHEN, WAS IHR WOLLT, ABER DIESE BEIDEN BRINGT DIESE EINHEIT NACH MILVAYNE.
WRRRR
WRRRR
JA, ER IST WIRKLICH LÄSTIG. KEINE SORGE, WIR TÖTEN IHN SPÄTER.

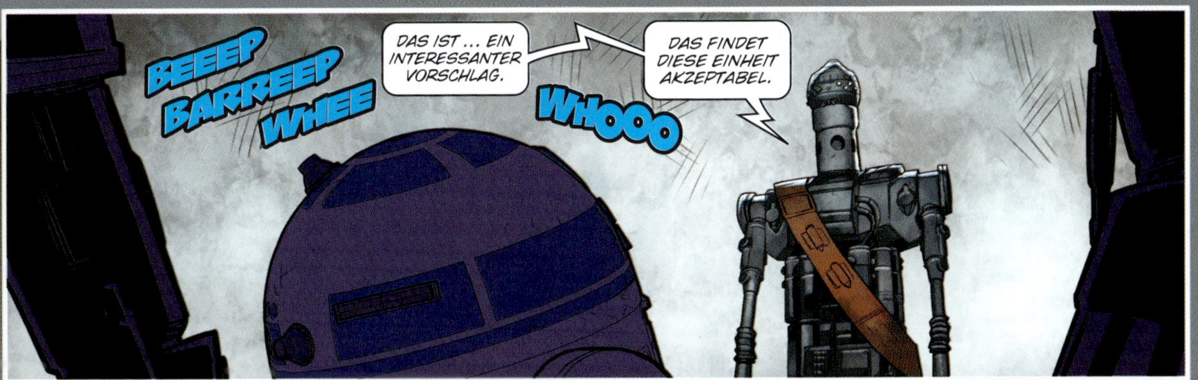
BEEEP
BARREEP
WHEE
DAS IST ... EIN INTERESSANTER VORSCHLAG.
WHOOO
DAS FINDET DIESE EINHEIT AKZEPTABEL.

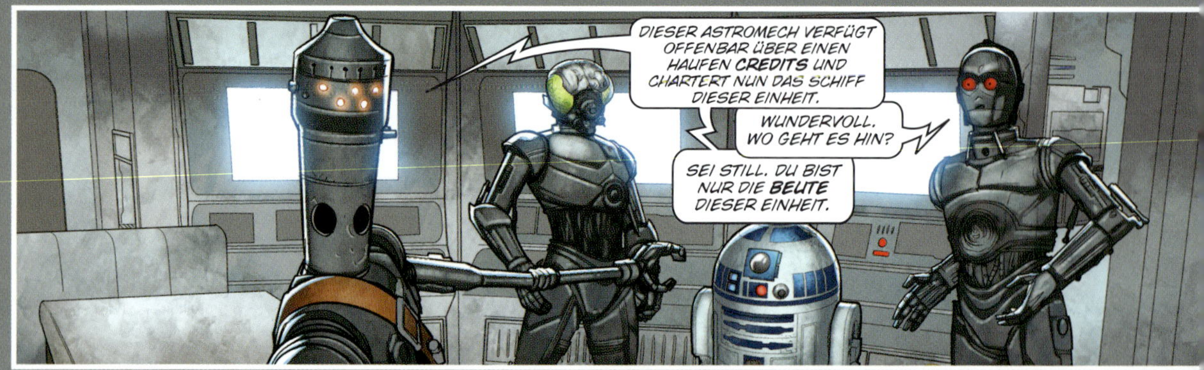
DIESER ASTROMECH VERFÜGT OFFENBAR ÜBER EINEN HAUFEN **CREDITS** UND CHARTERT NUN DAS SCHIFF DIESER EINHEIT.
WUNDERVOLL. WO GEHT ES HIN?
SEI STILL. DU BIST NUR DIE **BEUTE** DIESER EINHEIT.

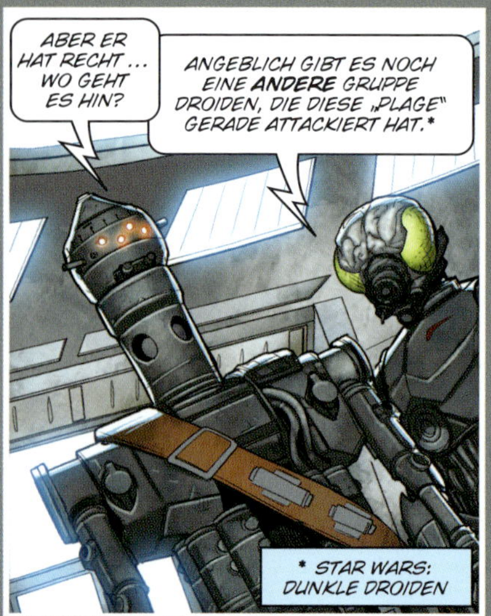
ABER ER HAT RECHT ... WO GEHT ES HIN?
ANGEBLICH GIBT ES NOCH EINE **ANDERE** GRUPPE DROIDEN, DIE DIESE „PLAGE" GERADE ATTACKIERT HAT.*
* STAR WARS: DUNKLE DROIDEN

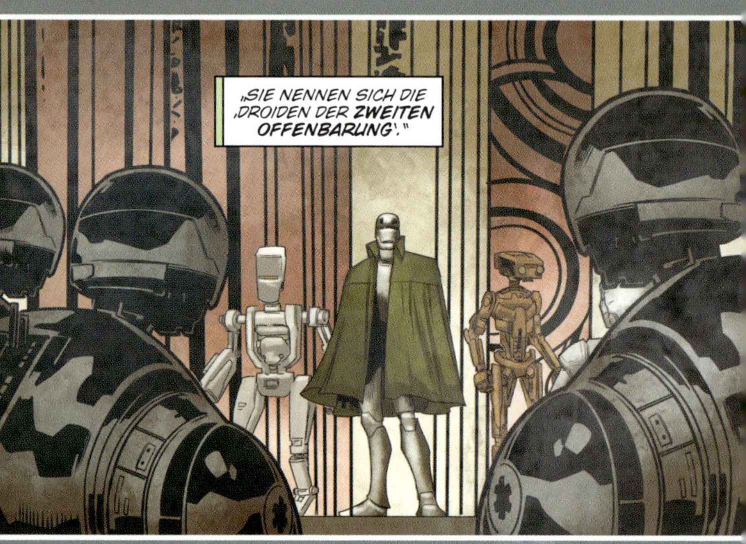
„SIE NENNEN SICH DIE ‚DROIDEN DER **ZWEITEN OFFENBARUNG**'."

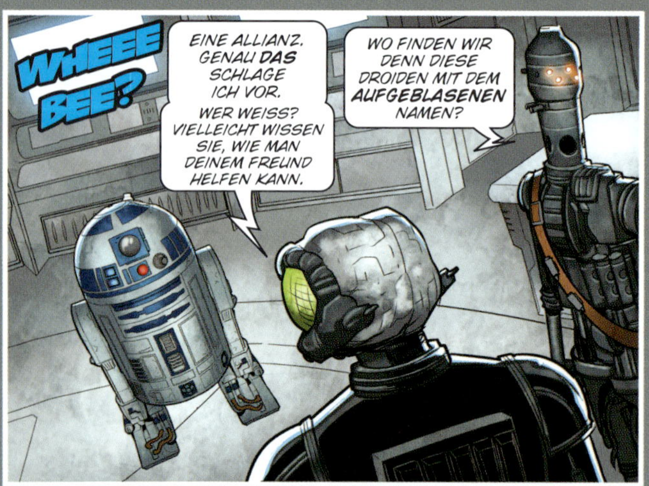
WHEEE BEE?
EINE ALLIANZ. GENAU **DAS** SCHLAGE ICH VOR.
WER WEISS? VIELLEICHT WISSEN SIE, WIE MAN DEINEM FREUND HELFEN KANN.
WO FINDEN WIR DENN DIESE DROIDEN MIT DEM **AUFGEBLASENEN** NAMEN?

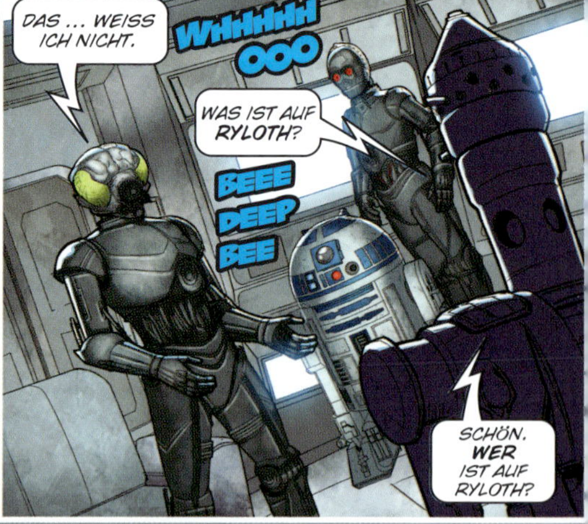
DAS ... WEISS ICH NICHT.
WHHHHHH OOO
WAS IST AUF **RYLOTH**?
BEEE DEEP BEE
SCHÖN. **WER** IST AUF RYLOTH?

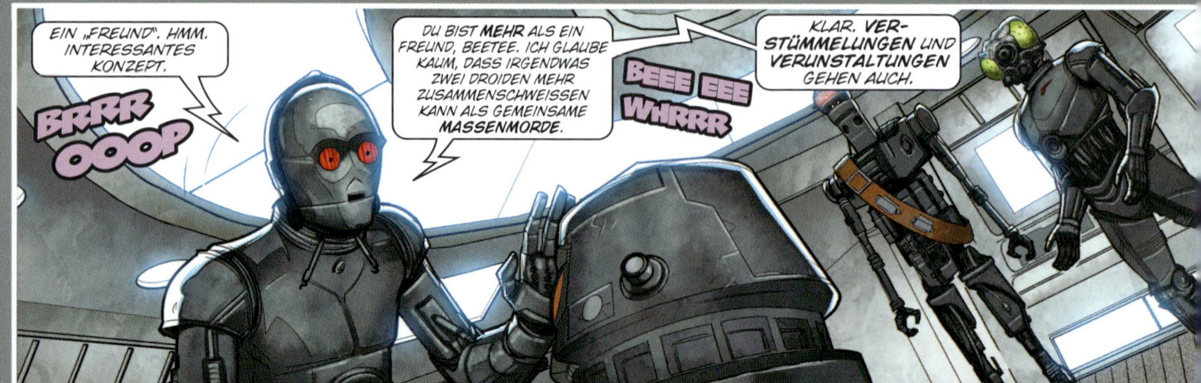
EIN „FREUND". HMM. INTERESSANTES KONZEPT.
BRRR OOOP
DU BIST **MEHR** ALS EIN FREUND, BEETEE. ICH GLAUBE KAUM, DASS IRGENDWAS ZWEI DROIDEN MEHR ZUSAMMENSCHWEISSEN KANN ALS GEMEINSAME **MASSENMORDE**.
BEEE EEE WHRRR
KLAR. **VERSTÜMMELUNGEN** UND **VERUNSTALTUNGEN** GEHEN AUCH.

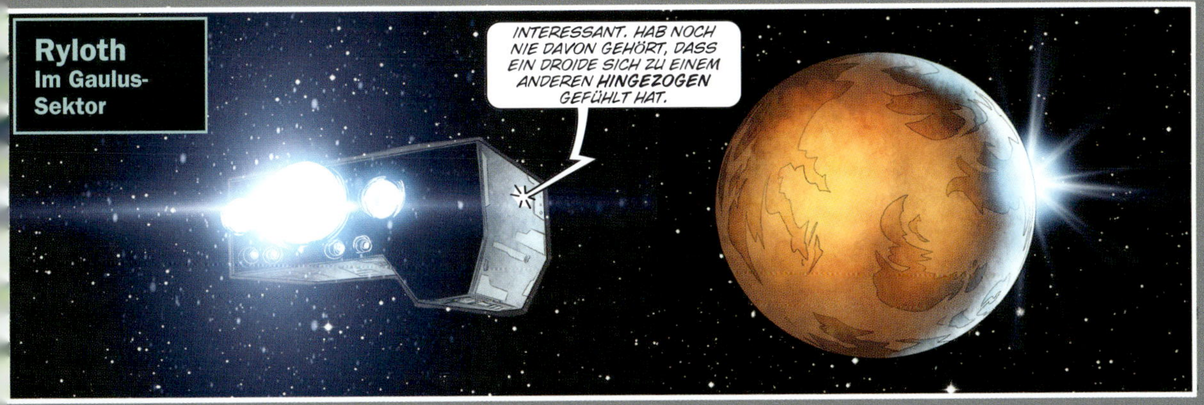
Ryloth
Im Gaulus-Sektor
INTERESSANT. HAB NOCH NIE DAVON GEHÖRT, DASS EIN DROIDE SICH ZU EINEM ANDEREN HINGEZOGEN GEFÜHLT HAT.

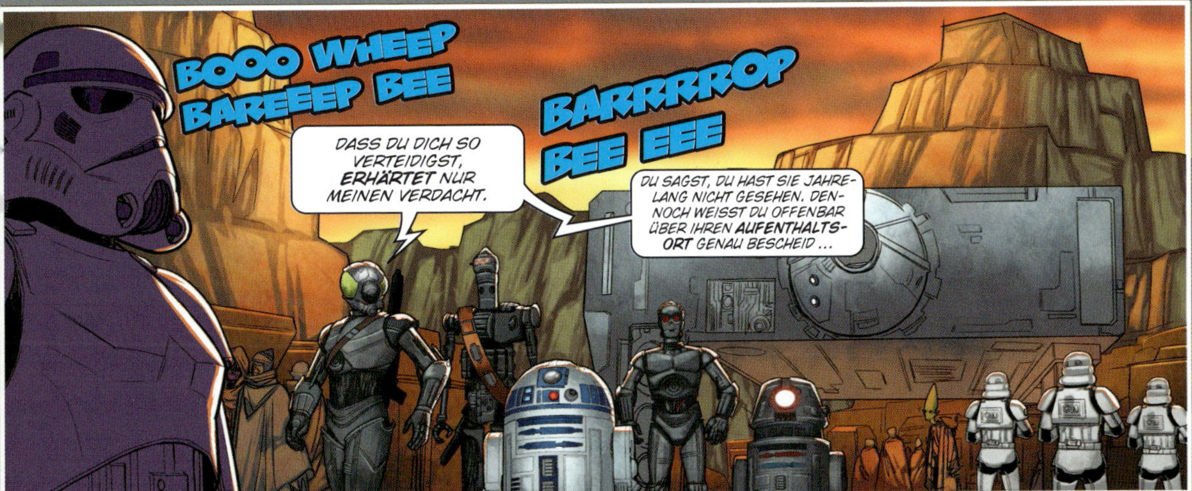
BOOO WHEEP BAREEEP BEE
DASS DU DICH SO VERTEIDIGST, ERHÄRTET NUR MEINEN VERDACHT.
BARRRROP BEE EEE
DU SAGST, DU HAST SIE JAHRELANG NICHT GESEHEN. DENNOCH WEISST DU OFFENBAR ÜBER IHREN AUFENTHALTSORT GENAU BESCHEID ...

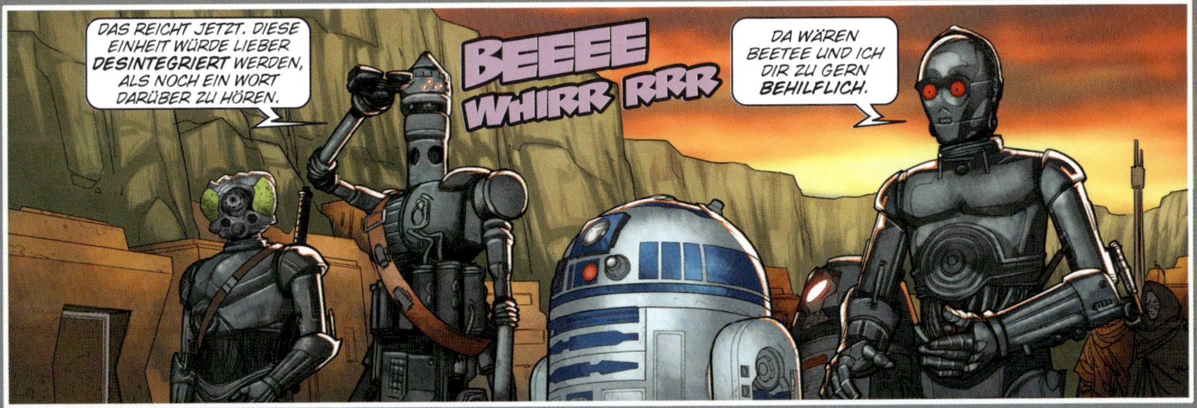
DAS REICHT JETZT. DIESE EINHEIT WÜRDE LIEBER DESINTEGRIERT WERDEN, ALS NOCH EIN WORT DARÜBER ZU HÖREN.
BEEEEE WHIRR RRR
DA WÄREN BEETEE UND ICH DIR ZU GERN BEHILFLICH.

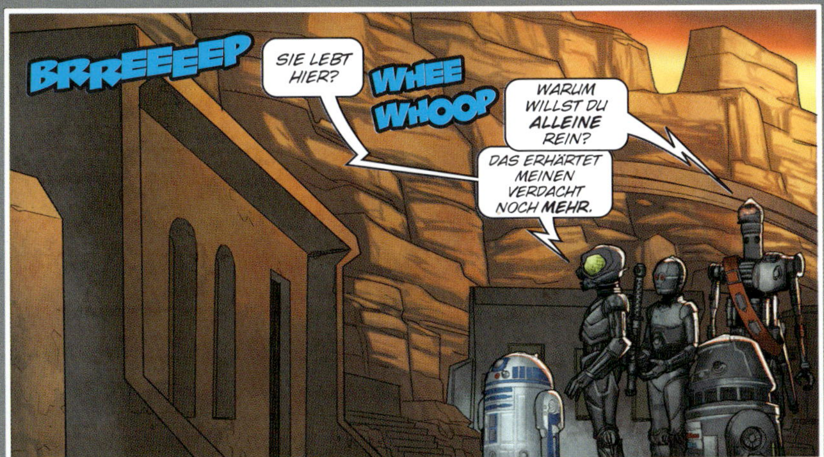
BRRREEEEP
SIE LEBT HIER?
WHEE WHOOP
WARUM WILLST DU ALLEINE REIN?
DAS ERHÄRTET MEINEN VERDACHT NOCH MEHR.

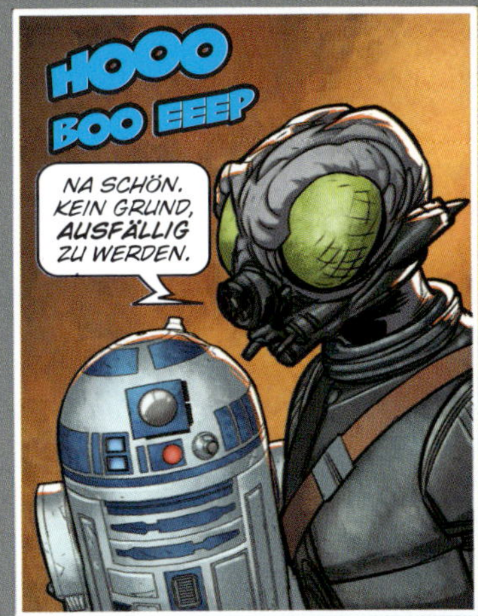
HOOO BOO EEEP
NA SCHÖN. KEIN GRUND, AUSFÄLLIG ZU WERDEN.

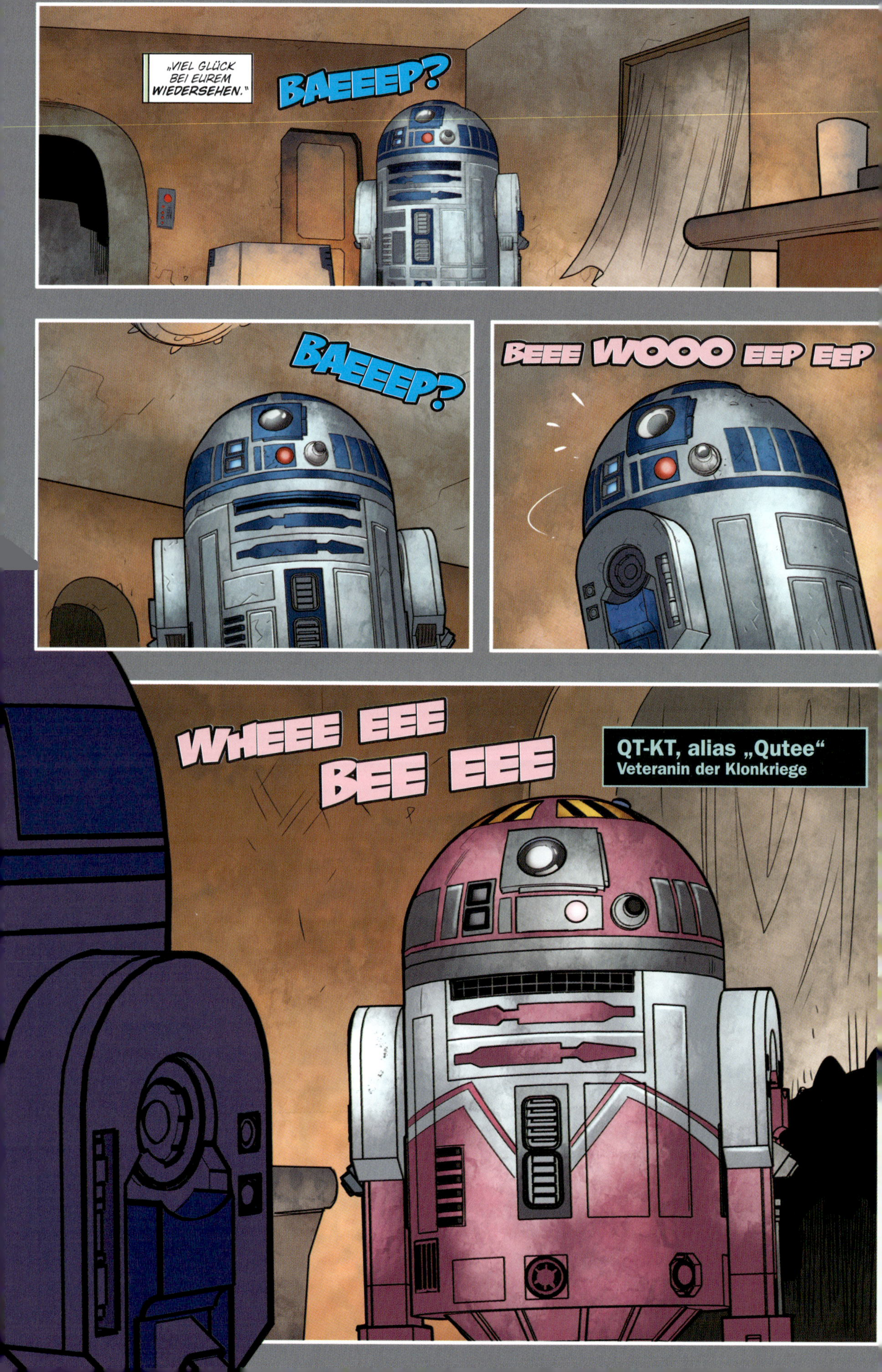

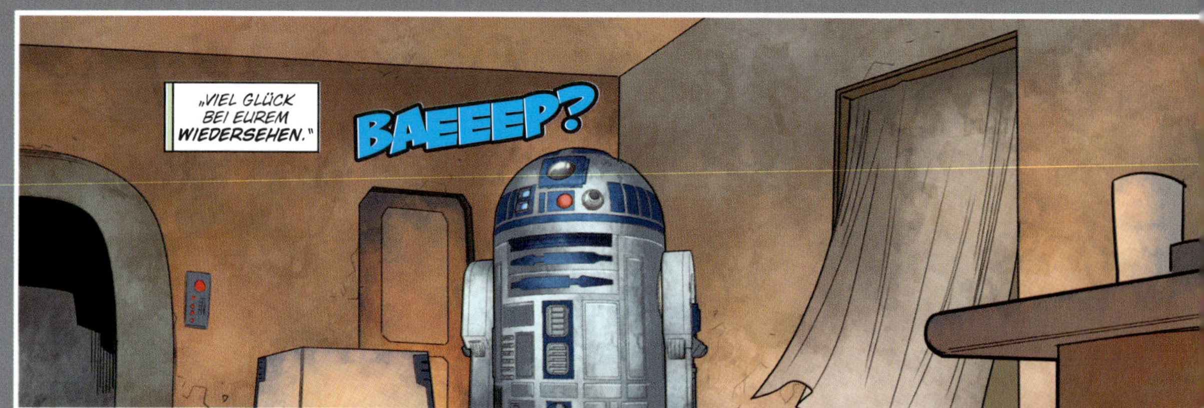

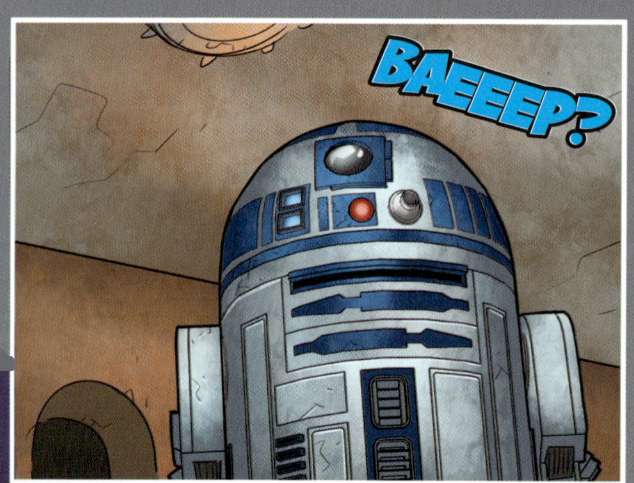

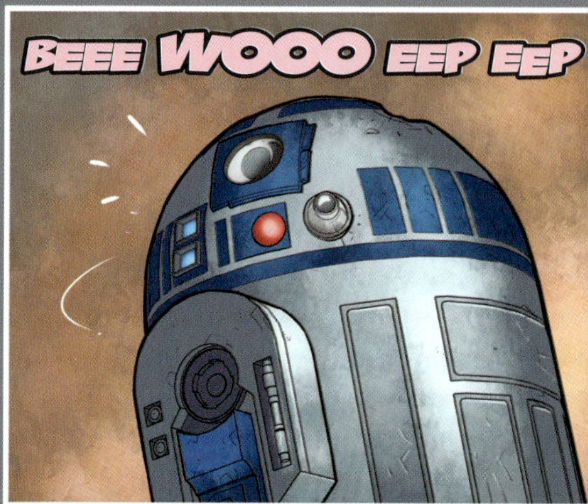

WHEEE EEE BEE EEE

QT-KT, alias „Qutee“
Veteranin der Klonkriege

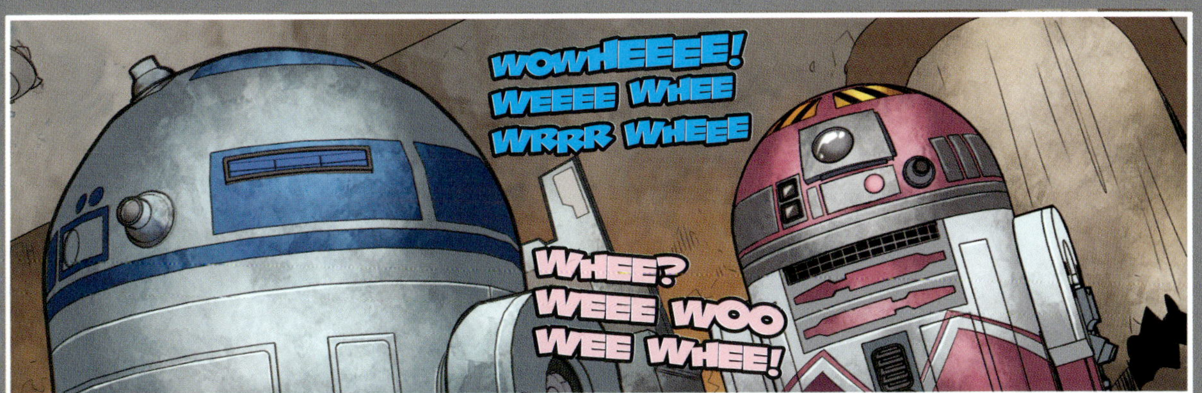
WOWHEEEE!
WEEEE WHEE
WRRRR WHEEE
WHEE?
WEEE WOO
WEE WHEE!

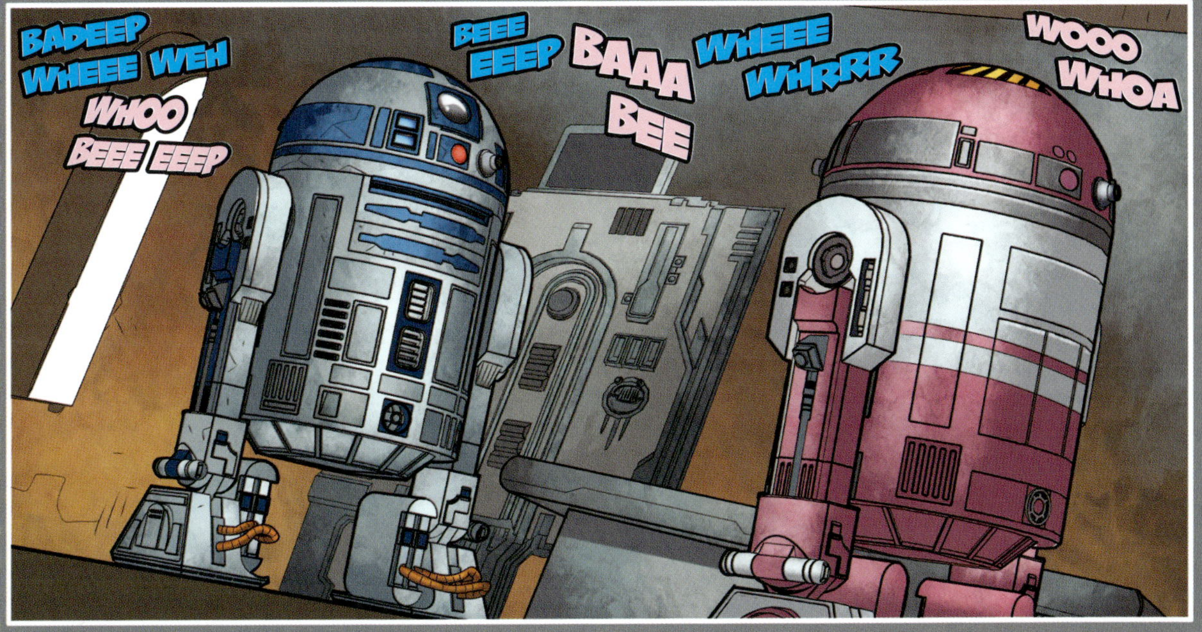
BADEEP
WHEEE WEH
WHOO
BEEE EEEP
BEEE
EEEP
BAAA
BEE
WHEEE
WHRRR
WOOO
WHOA

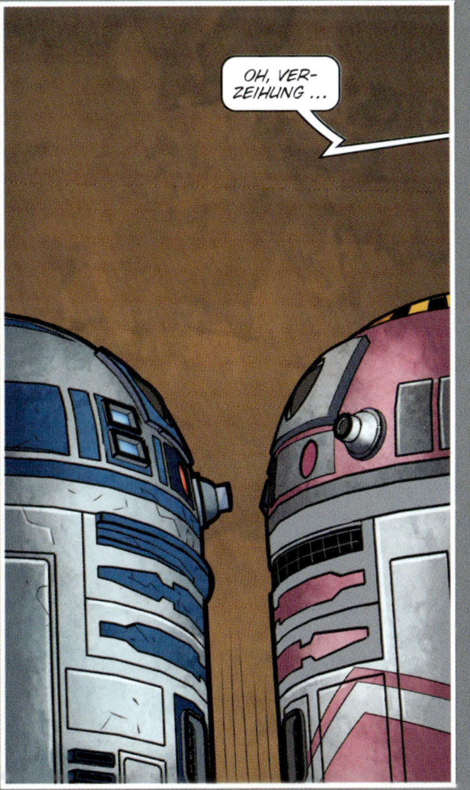
OH, VER-
ZEIHUNG …

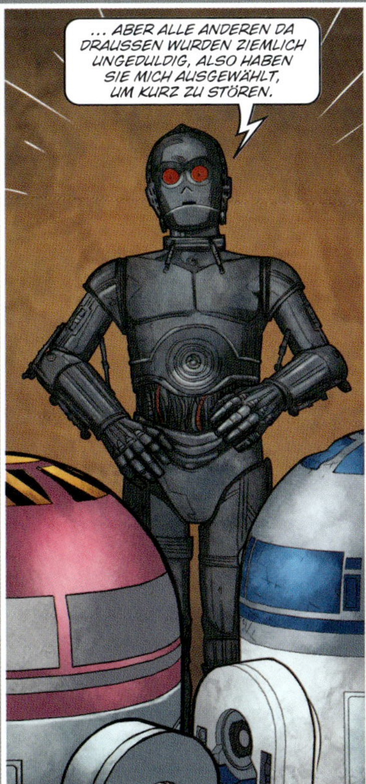
… ABER ALLE ANDEREN DA DRAUSSEN WURDEN ZIEMLICH UNGEDULDIG, ALSO HABEN SIE MICH AUSGEWÄHLT, UM KURZ ZU STÖREN.

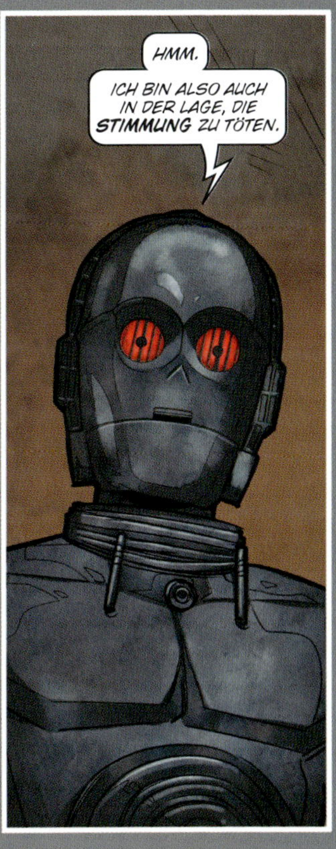
HMM.
ICH BIN ALSO AUCH IN DER LAGE, DIE **STIMMUNG** ZU TÖTEN.

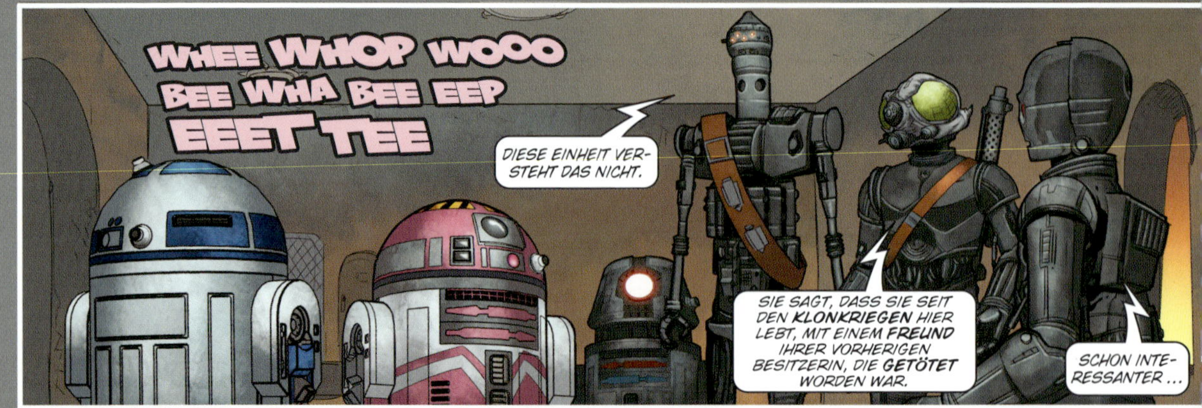
WHEE WHOP WOOO
BEE WHA BEE EEP
EEET TEE
DIESE EINHEIT VERSTEHT DAS NICHT.
SIE SAGT, DASS SIE SEIT DEN KLONKRIEGEN HIER LEBT, MIT EINEM FREUND IHRER VORHERIGEN BESITZERIN, DIE GETÖTET WORDEN WAR.
SCHON INTERESSANTER ...

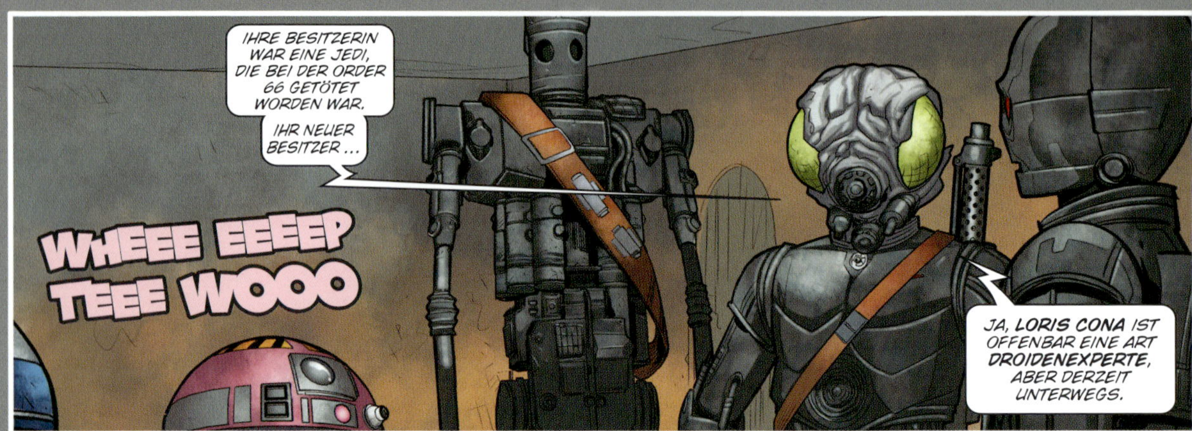
IHRE BESITZERIN WAR EINE JEDI, DIE BEI DER ORDER 66 GETÖTET WORDEN WAR.
IHR NEUER BESITZER ...
WHEEE EEEEP
TEEE WOOO
JA, LORIS CONA IST OFFENBAR EINE ART DROIDENEXPERTE, ABER DERZEIT UNTERWEGS.

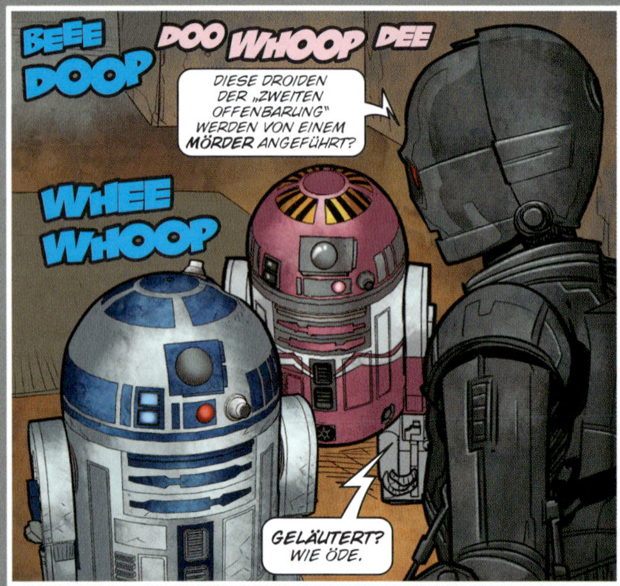
BEEE DOOP
DOO WHOOP DEE
DIESE DROIDEN DER „ZWEITEN OFFENBARUNG" WERDEN VON EINEM MÖRDER ANGEFÜHRT?
WHEE WHOOP
GELÄUTERT? WIE ÖDE.

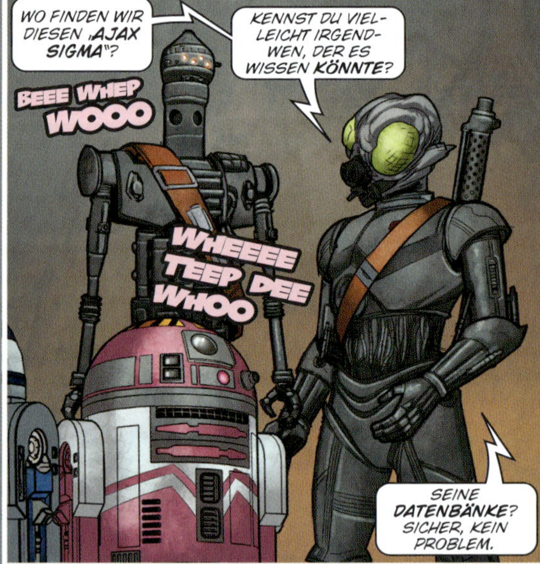
WO FINDEN WIR DIESEN „AJAX SIGMA"?
KENNST DU VIELLEICHT IRGENDWEN, DER ES WISSEN KÖNNTE?
BEEE WHEP WOOO
WHEEEE TEEP DEE WHOO
SEINE DATENBÄNKE? SICHER, KEIN PROBLEM.

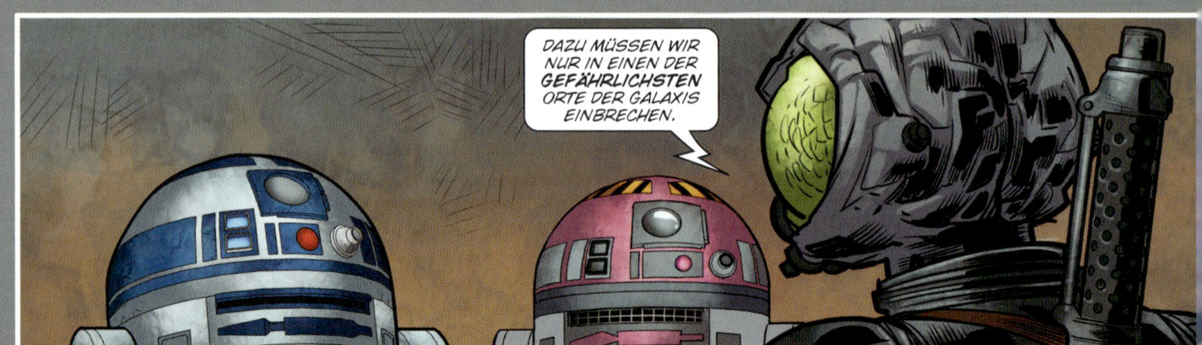
DAZU MÜSSEN WIR NUR IN EINEN DER GEFÄHRLICHSTEN ORTE DER GALAXIS EINBRECHEN.

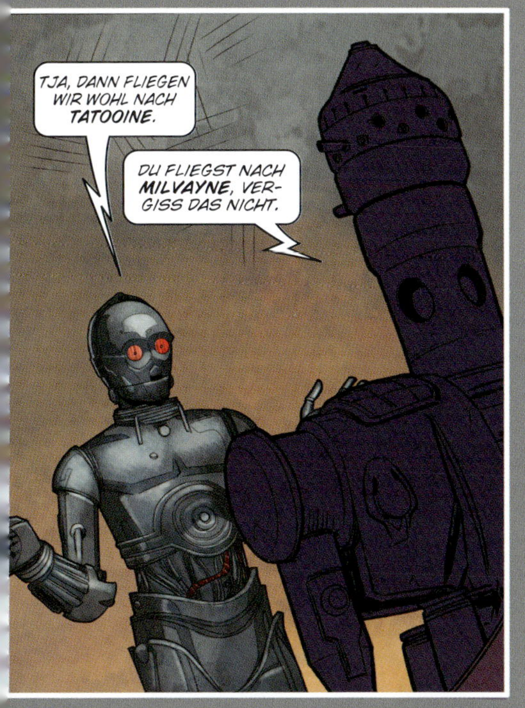
TJA, DANN FLIEGEN WIR WOHL NACH TATOOINE.
DU FLIEGST NACH MILVAYNE, VERGISS DAS NICHT.

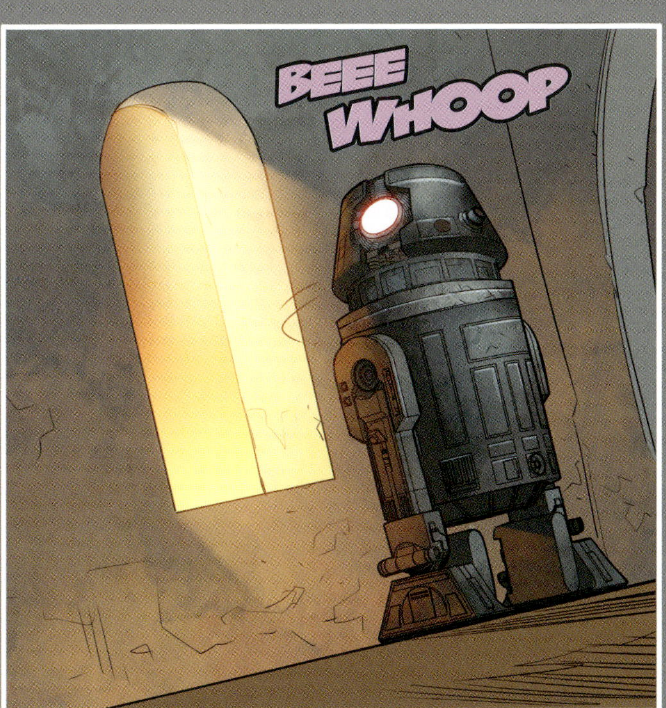
BEEE WHOOP

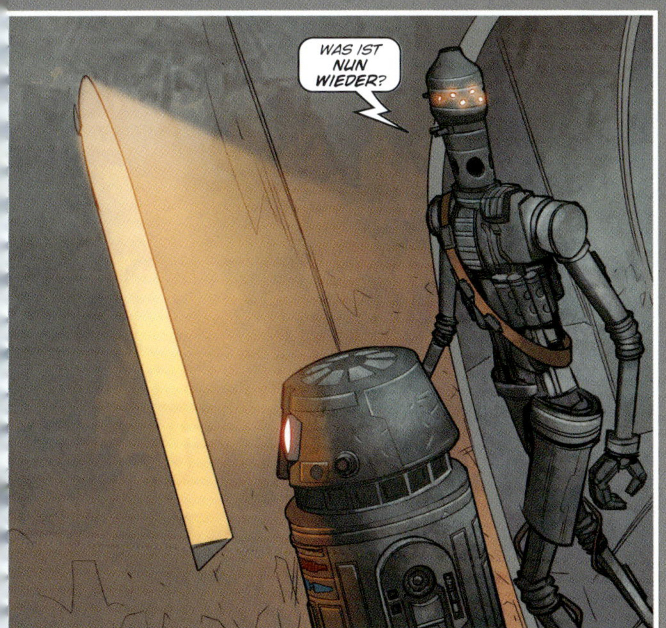
WAS IST NUN WIEDER?

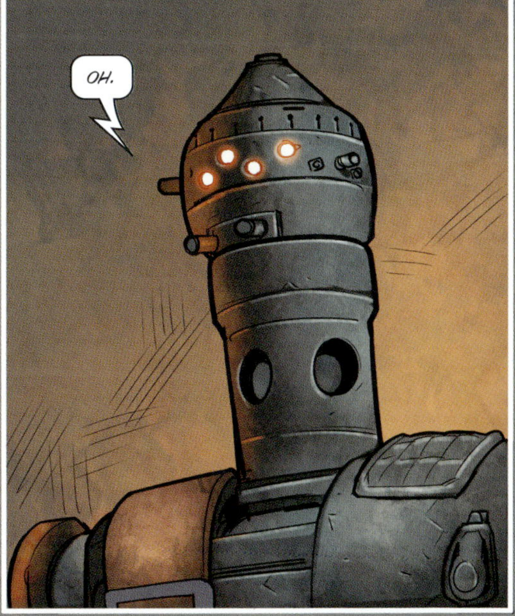
OH.

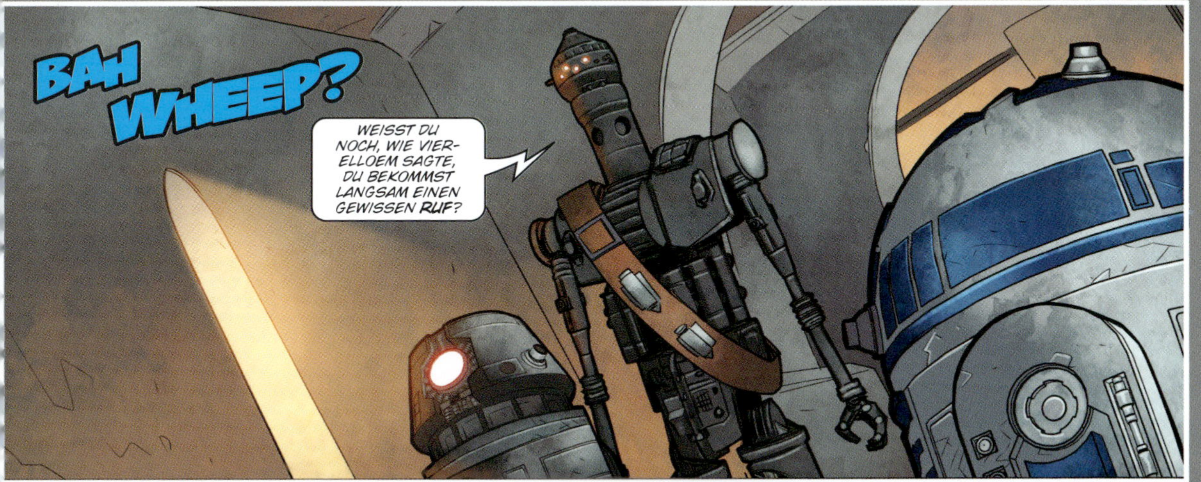
BAH WHEEP?
WEISST DU NOCH, WIE VIERELLOEM SAGTE, DU BEKOMMST LANGSAM EINEN GEWISSEN RUF?

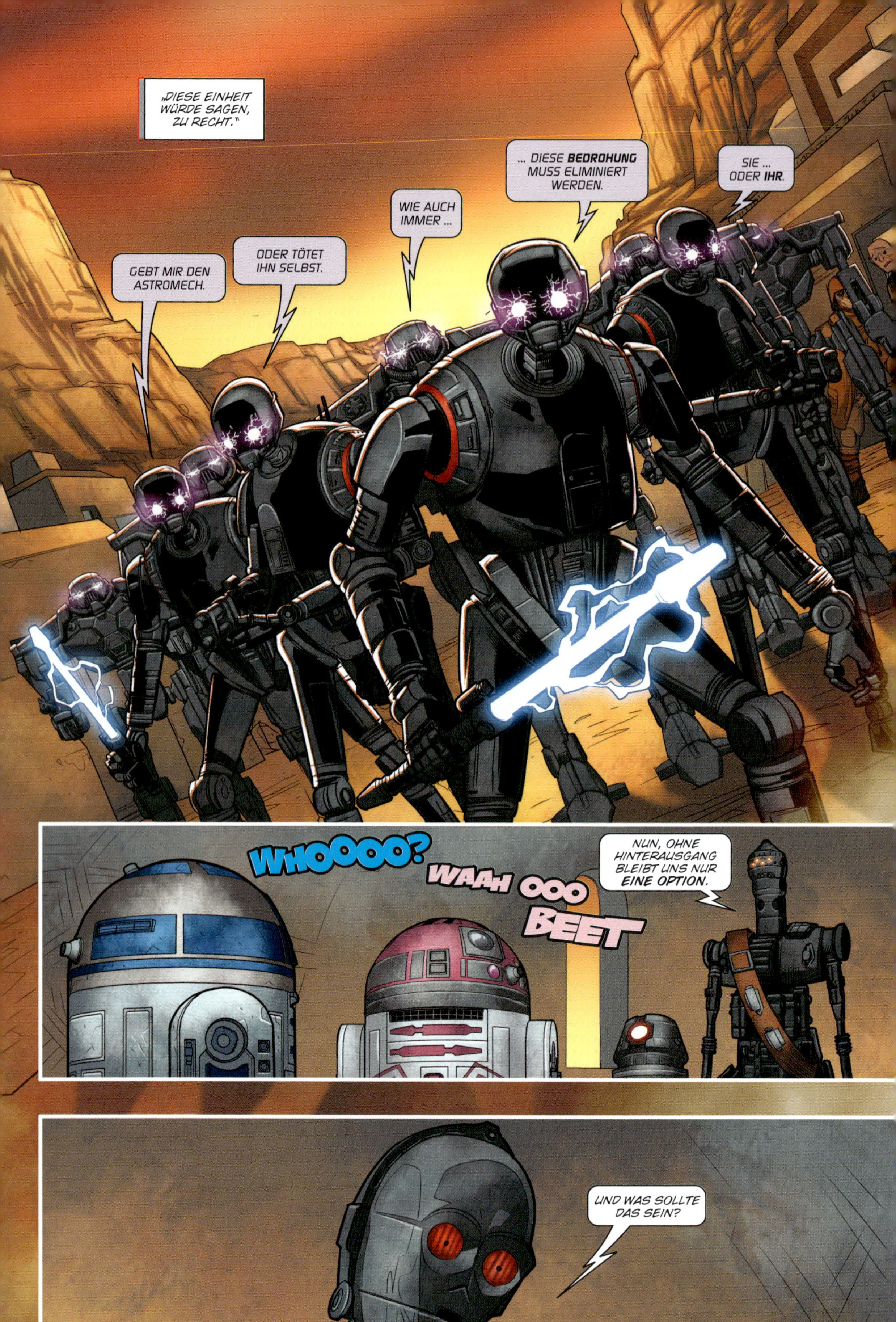
„DIESE EINHEIT WÜRDE SAGEN, ZU RECHT."
GEBT MIR DEN ASTROMECH.
ODER TÖTET IHN SELBST.
WIE AUCH IMMER ...
... DIESE **BEDROHUNG** MUSS ELIMINIERT WERDEN.
SIE ... ODER **IHR**.
WHOOOO?
WAAH OOO BEET
NUN, OHNE HINTERAUSGANG BLEIBT UNS NUR **EINE OPTION**.
UND WAS SOLLTE DAS SEIN?

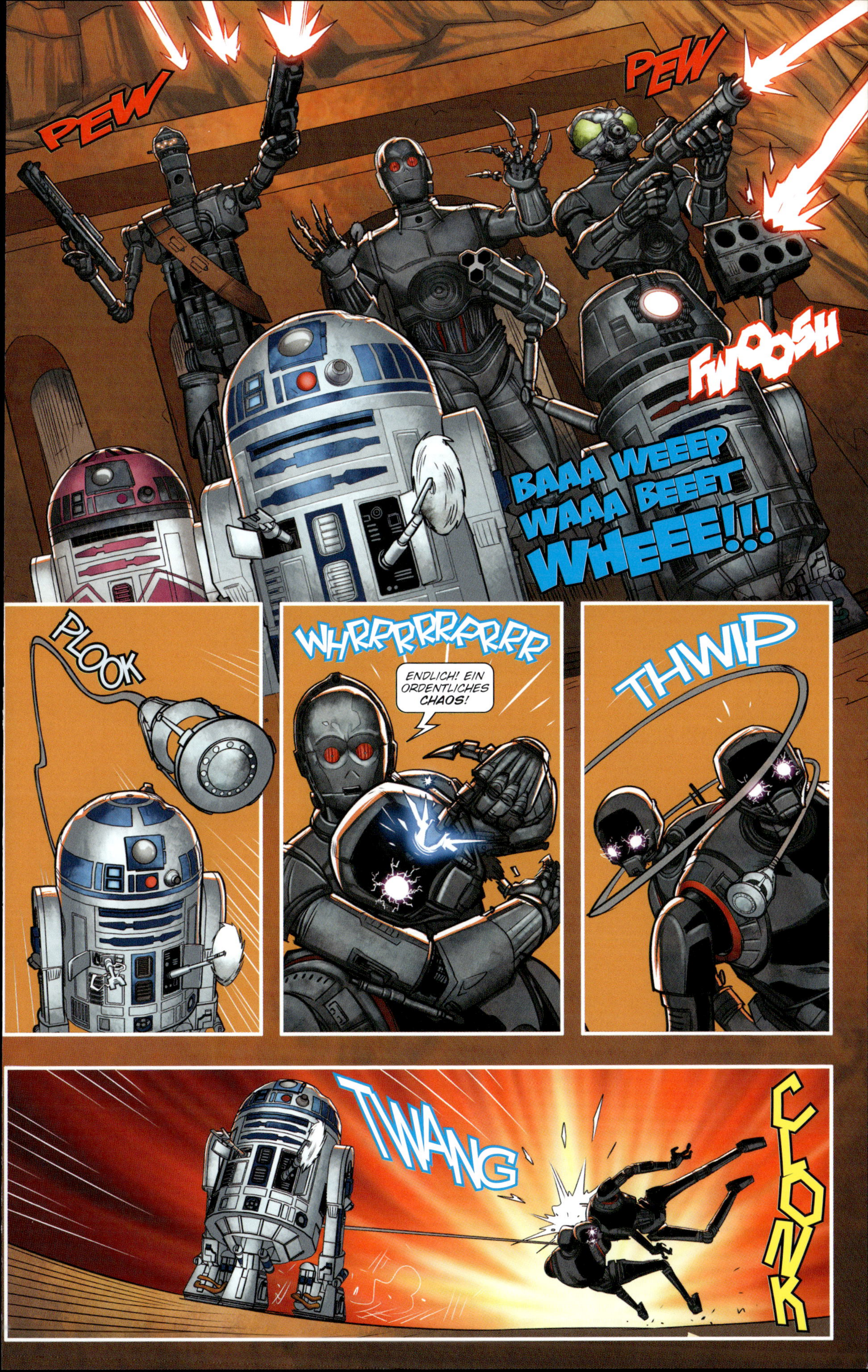

PEW
PEW
FWOOSH
BAAA WEEEP
WAAA BEEET
WHEEE!!!

PLOOK

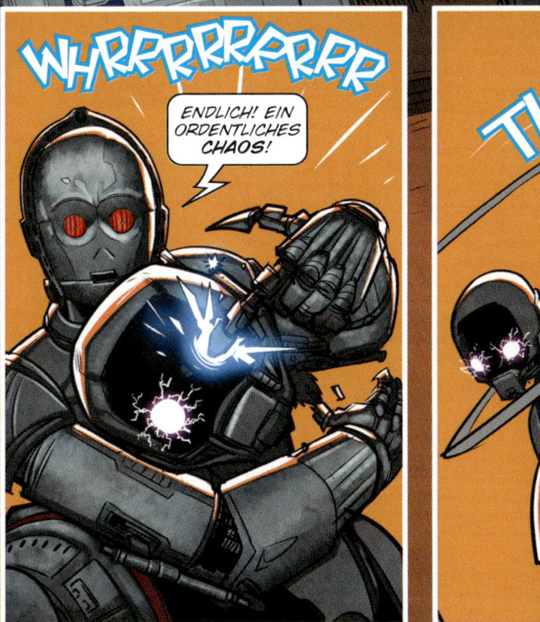

THWIP

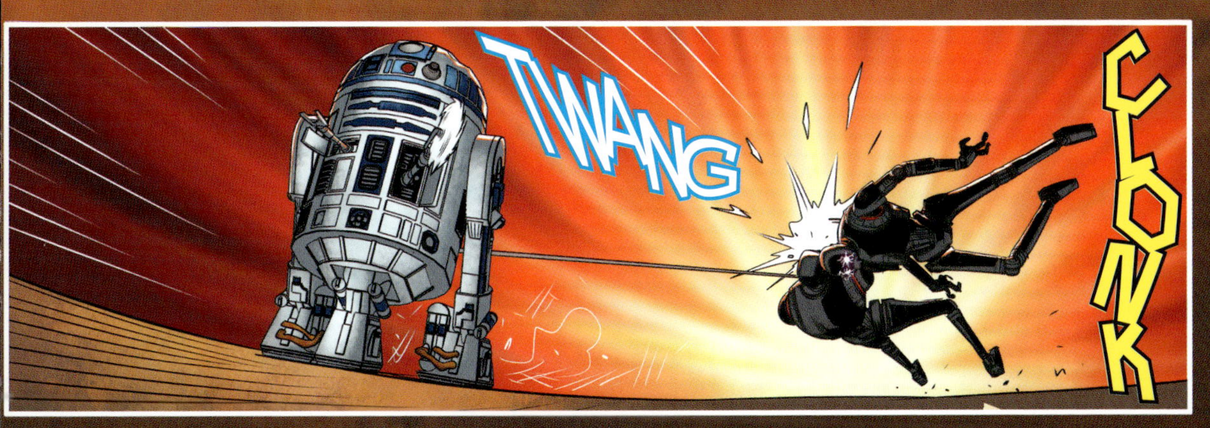

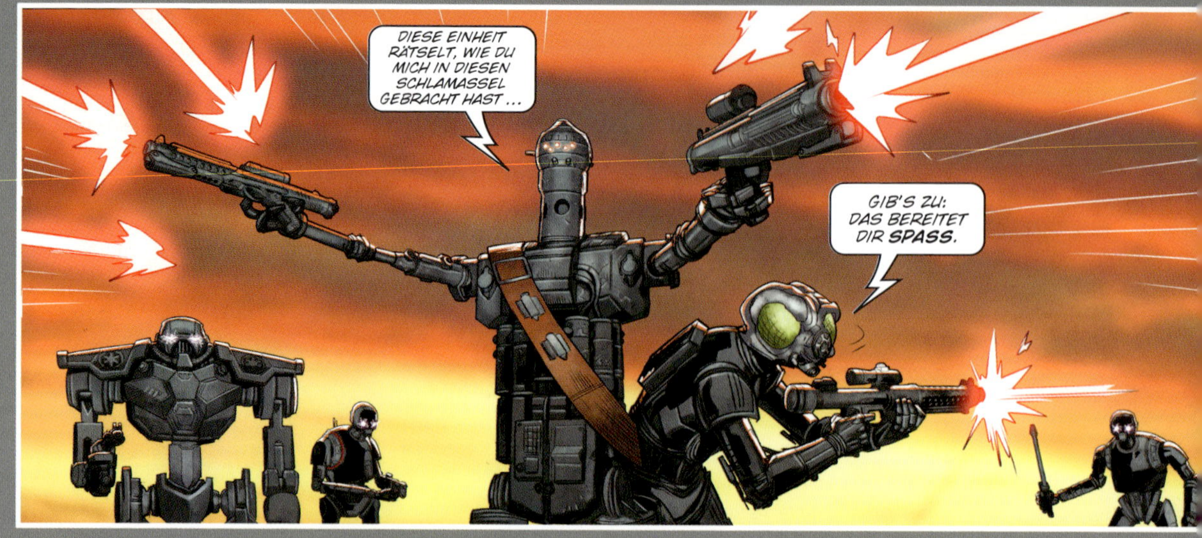
DIESE EINHEIT RÄTSELT, WIE DU MICH IN DIESEN SCHLAMASSEL GEBRACHT HAST ...
GIB'S ZU: DAS BEREITET DIR **SPASS**.

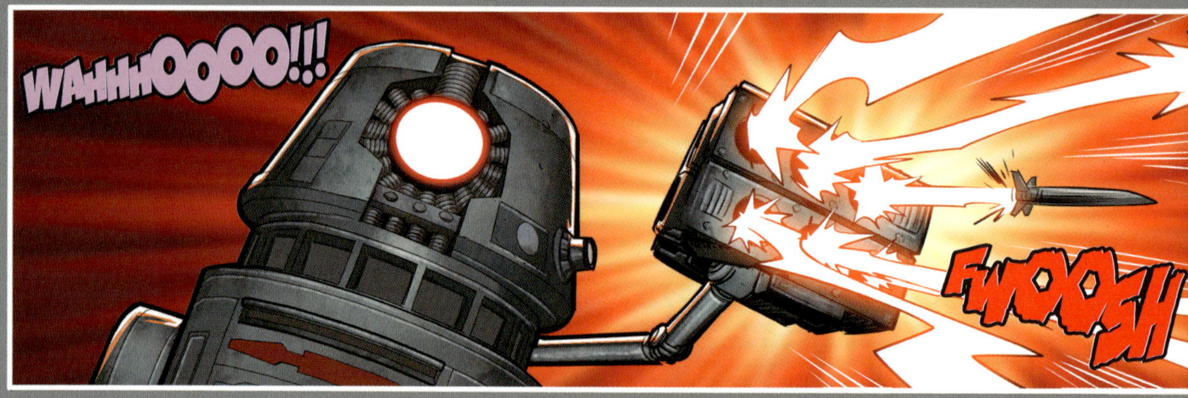
WAHHHOOOO!!!
FWOOSH

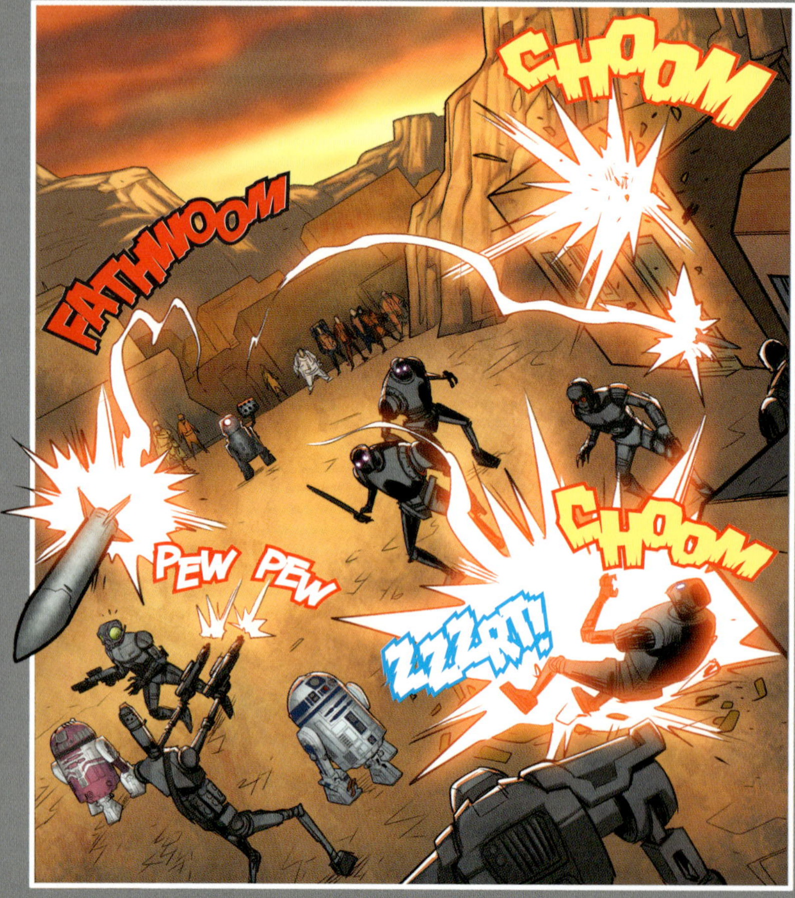
CHOOM
FATHWOOM
PEW PEW
CHOOM
ZZZRT!

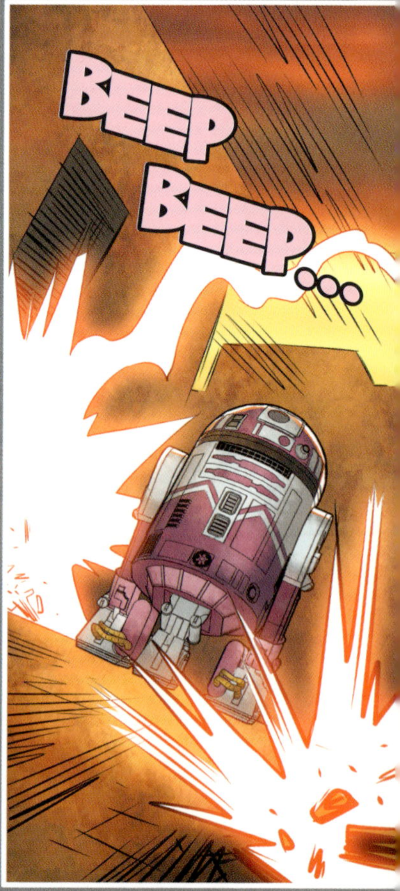
BEEP
BEEP...

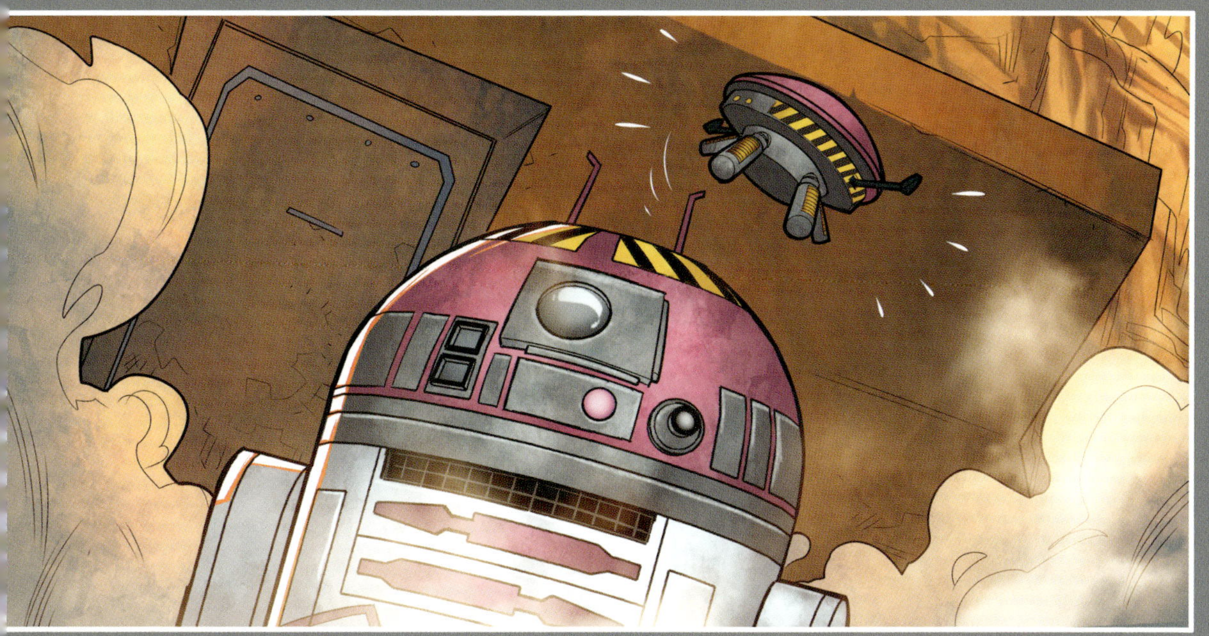

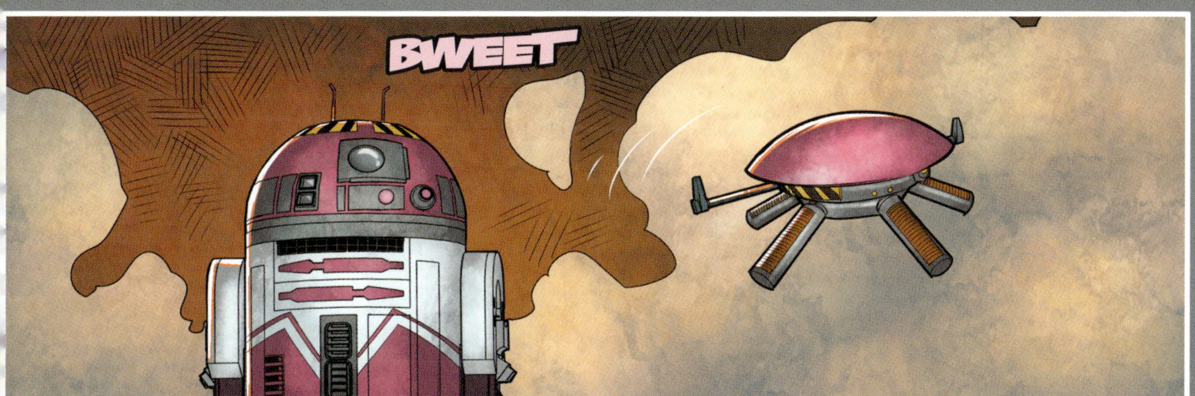
BWEET

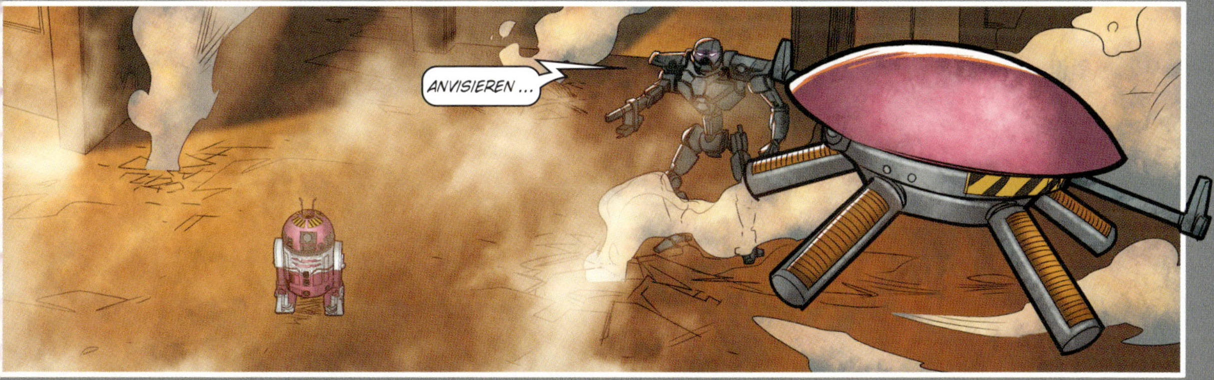
ANVISIEREN …

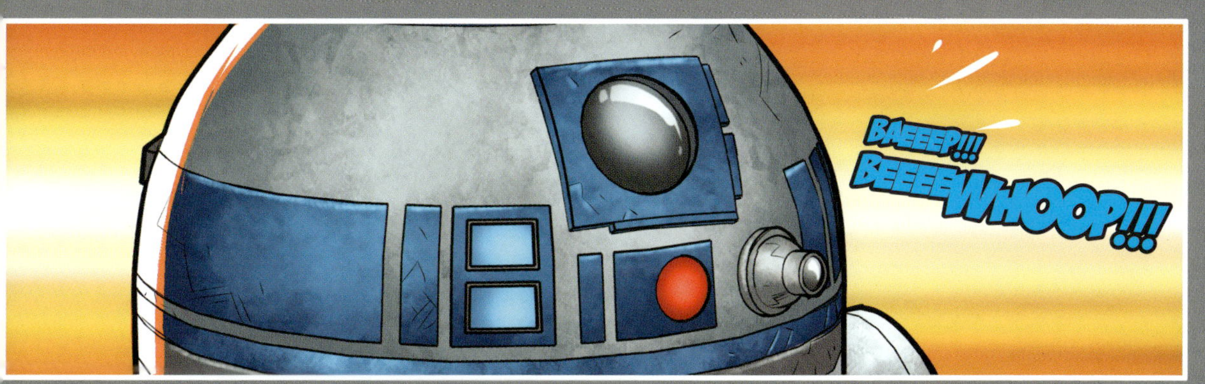
BAEEEP!!!
BEEEEWHOOP!!!

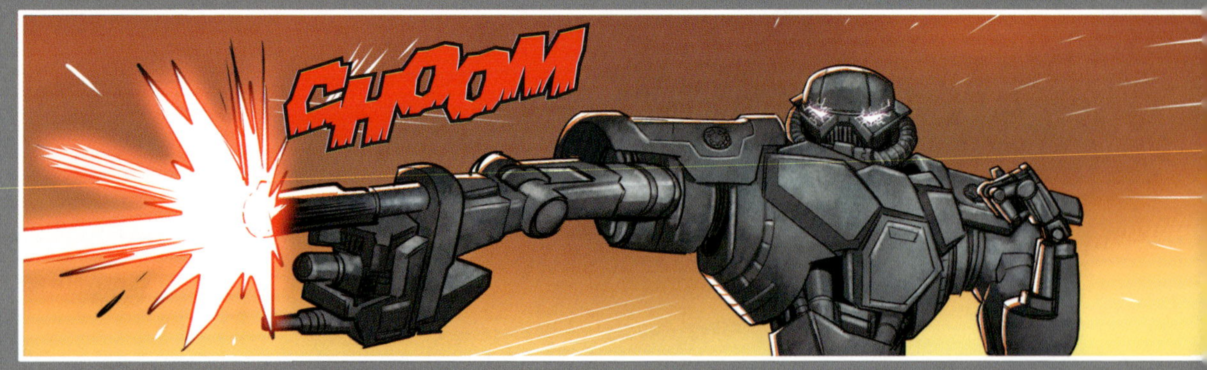

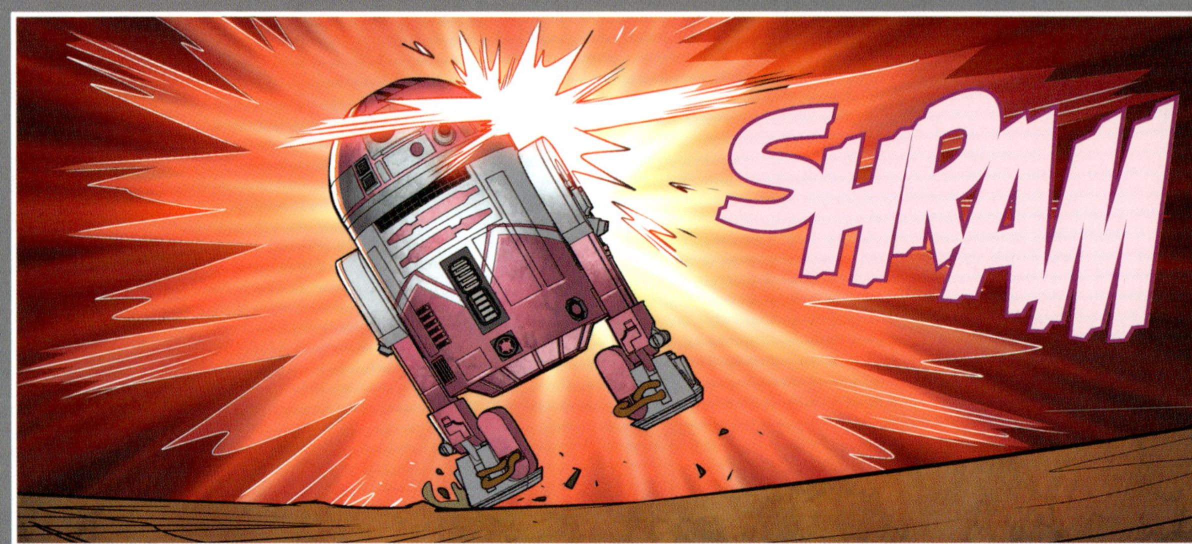

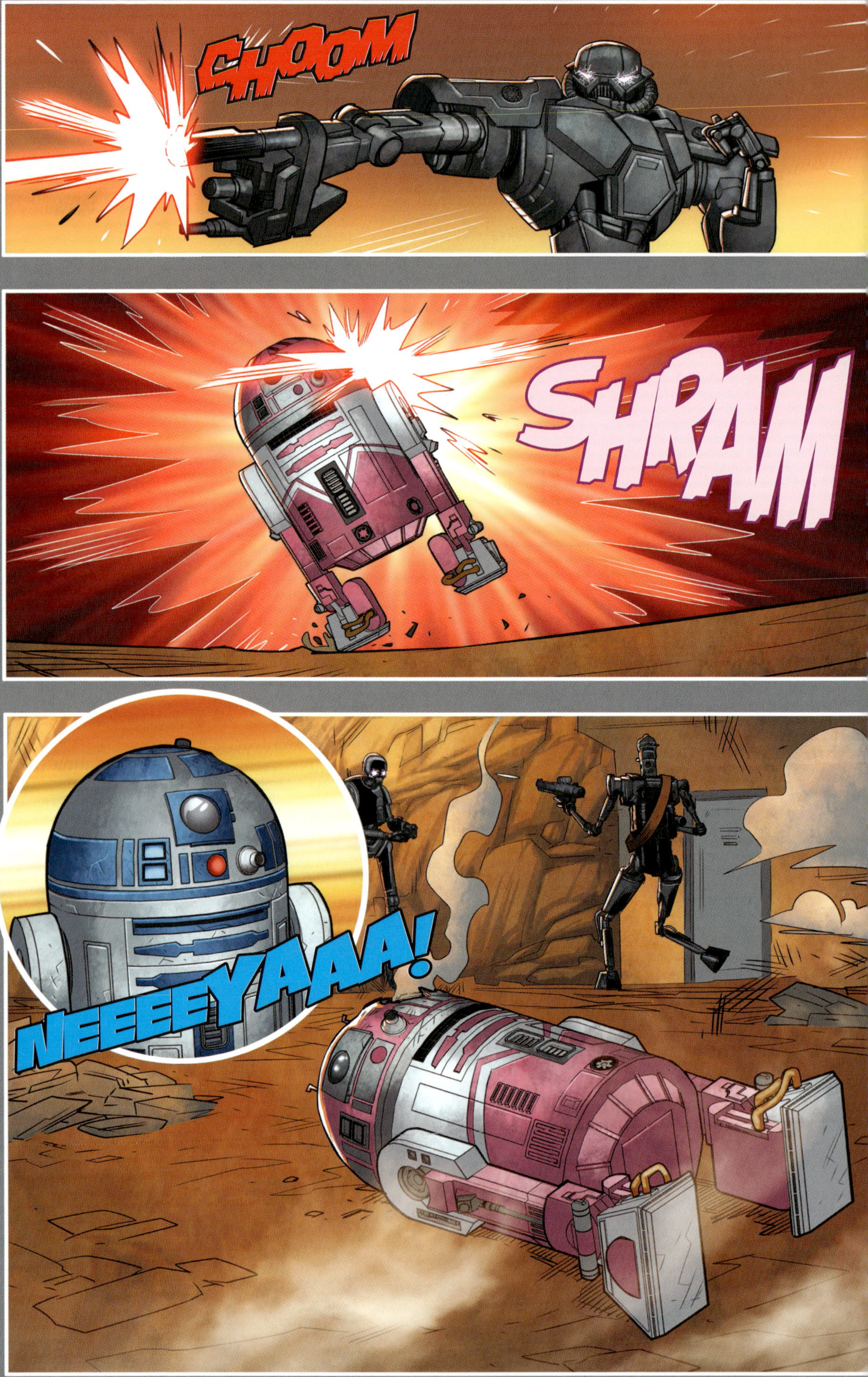

NEEEEYAAAA!

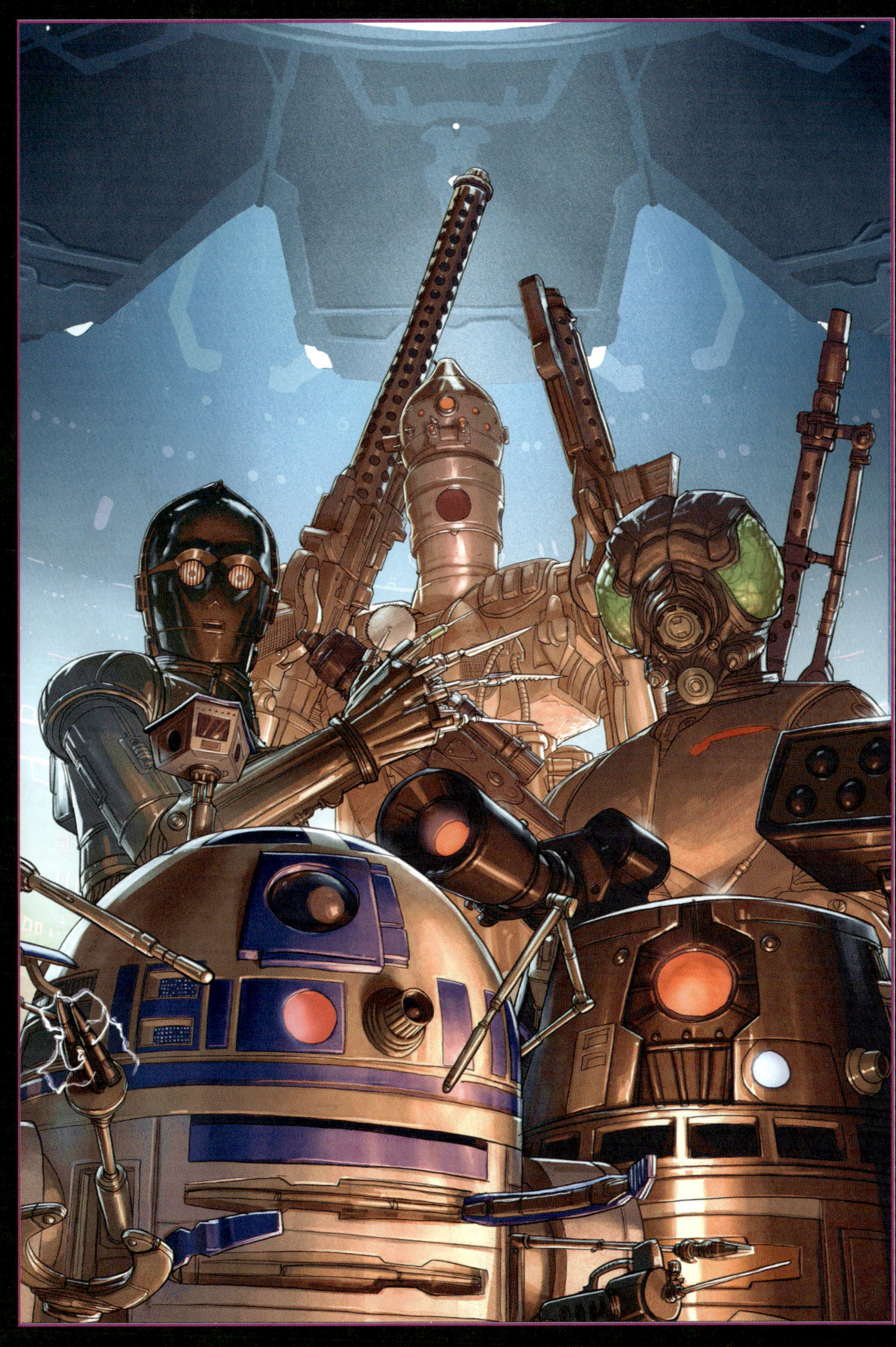

US-*Star Wars: Dark Droids: D-Squad* #4
Cover: **PETE WOODS**

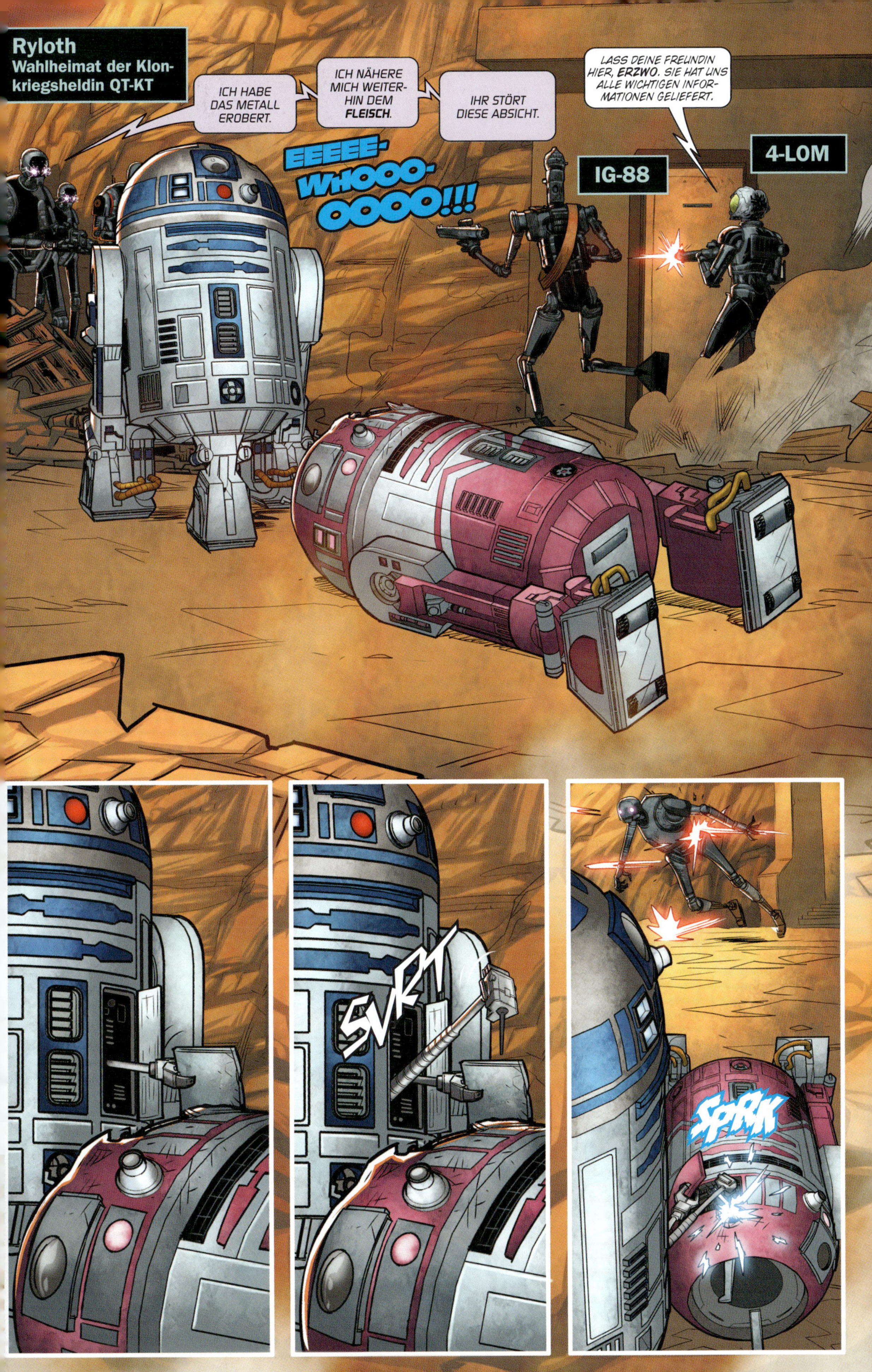
Ryloth
Wahlheimat der Klon-kriegsheldin QT-KT
ICH HABE DAS METALL EROBERT.
ICH NÄHERE MICH WEITER-HIN DEM FLEISCH.
IHR STÖRT DIESE ABSICHT.
EEEEE-WHOOO-OOOO!!!
LASS DEINE FREUNDIN HIER, ERZWO. SIE HAT UNS ALLE WICHTIGEN INFOR-MATIONEN GELIEFERT.
IG-88
4-LOM
SVRT
SPRK

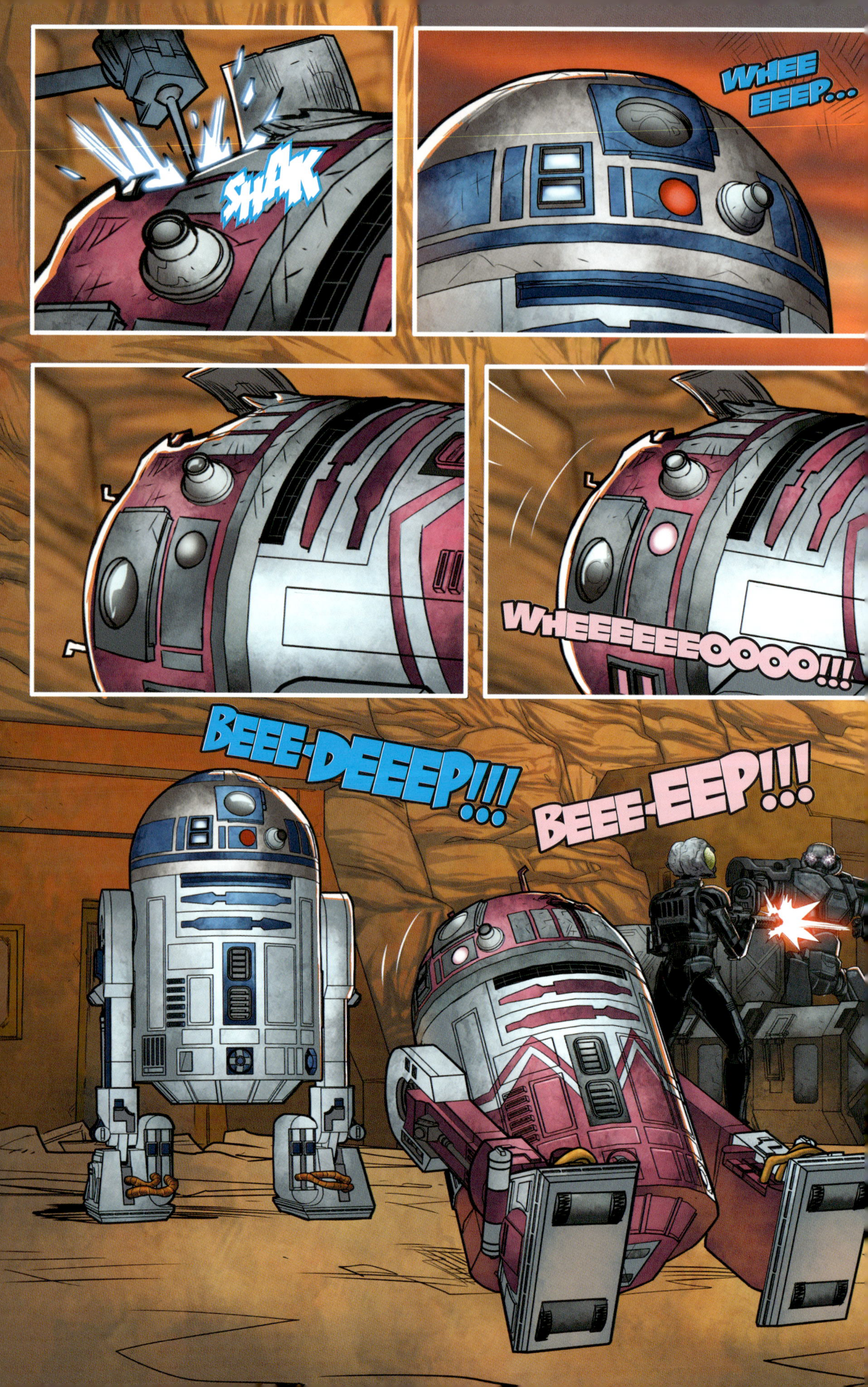
SHAK
WHEE EEEP...
WHEEEEEEEOOOO!!!
BEEE-DEEEP!!!
BEEE-EEP!!!

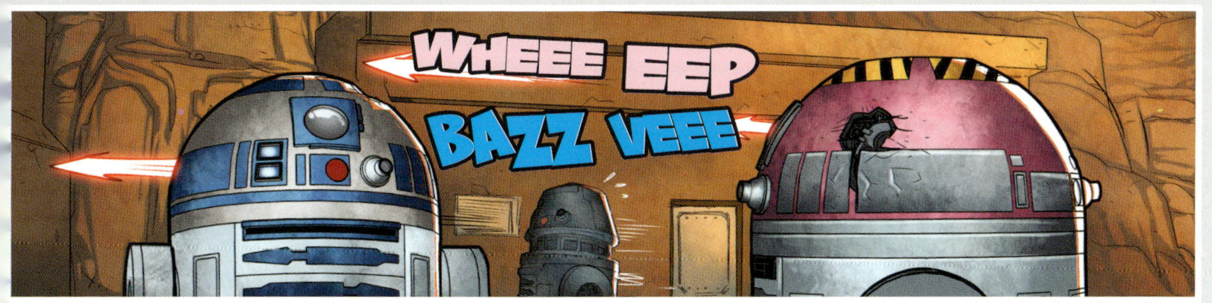
WHEEE EEP
BAZZ VEEE

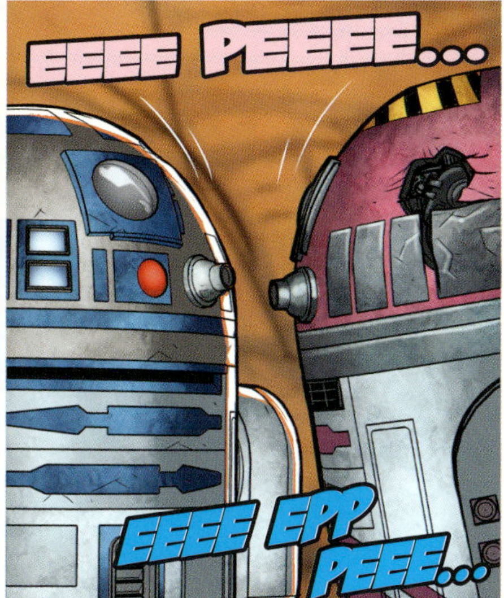
EEEE PEEEE...
EEEE EPP PEEE...

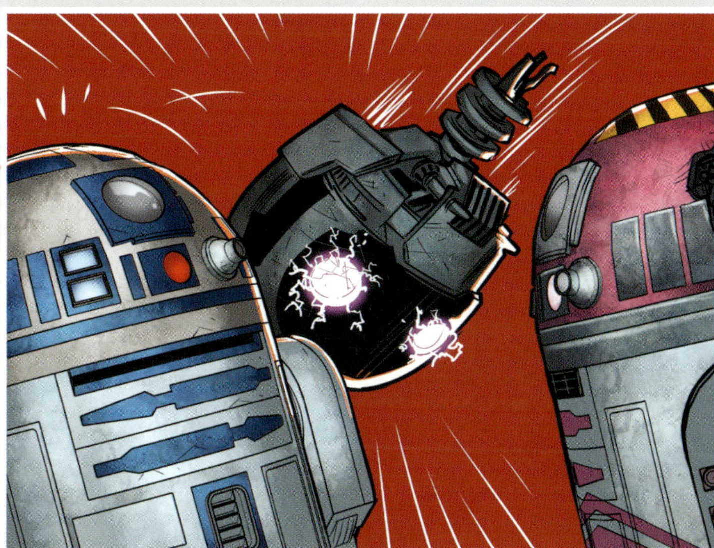

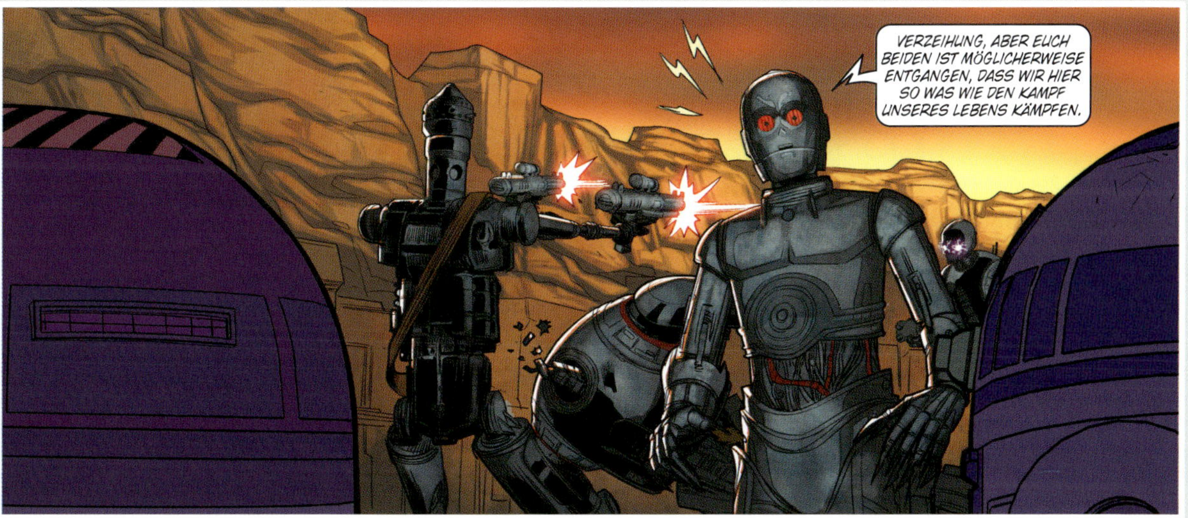
VERZEIHUNG, ABER EUCH BEIDEN IST MÖGLICHERWEISE ENTGANGEN, DASS WIR HIER SO WAS WIE DEN KAMPF UNSERES LEBENS KÄMPFEN.

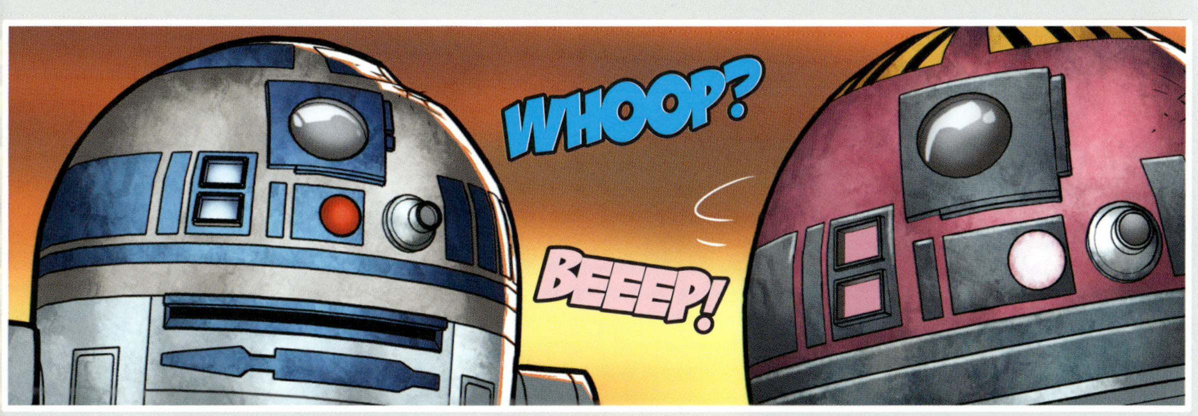
WHOOP?
BEEEP!

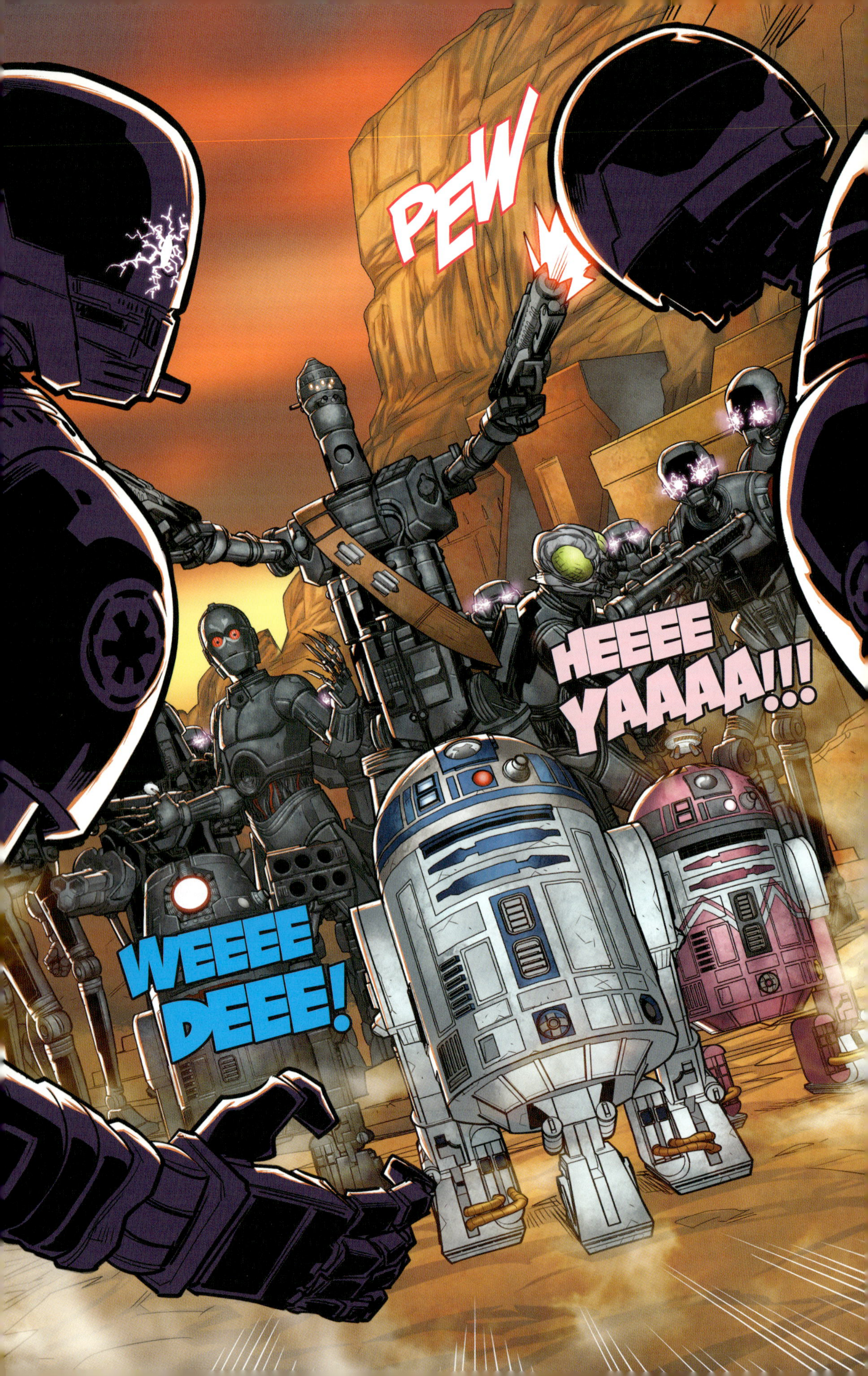
PEW
HEEEE YAAAA!!!
WEEEE DEEEE!

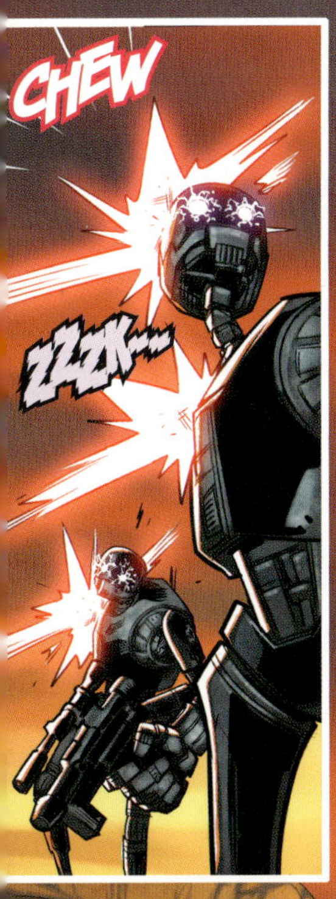

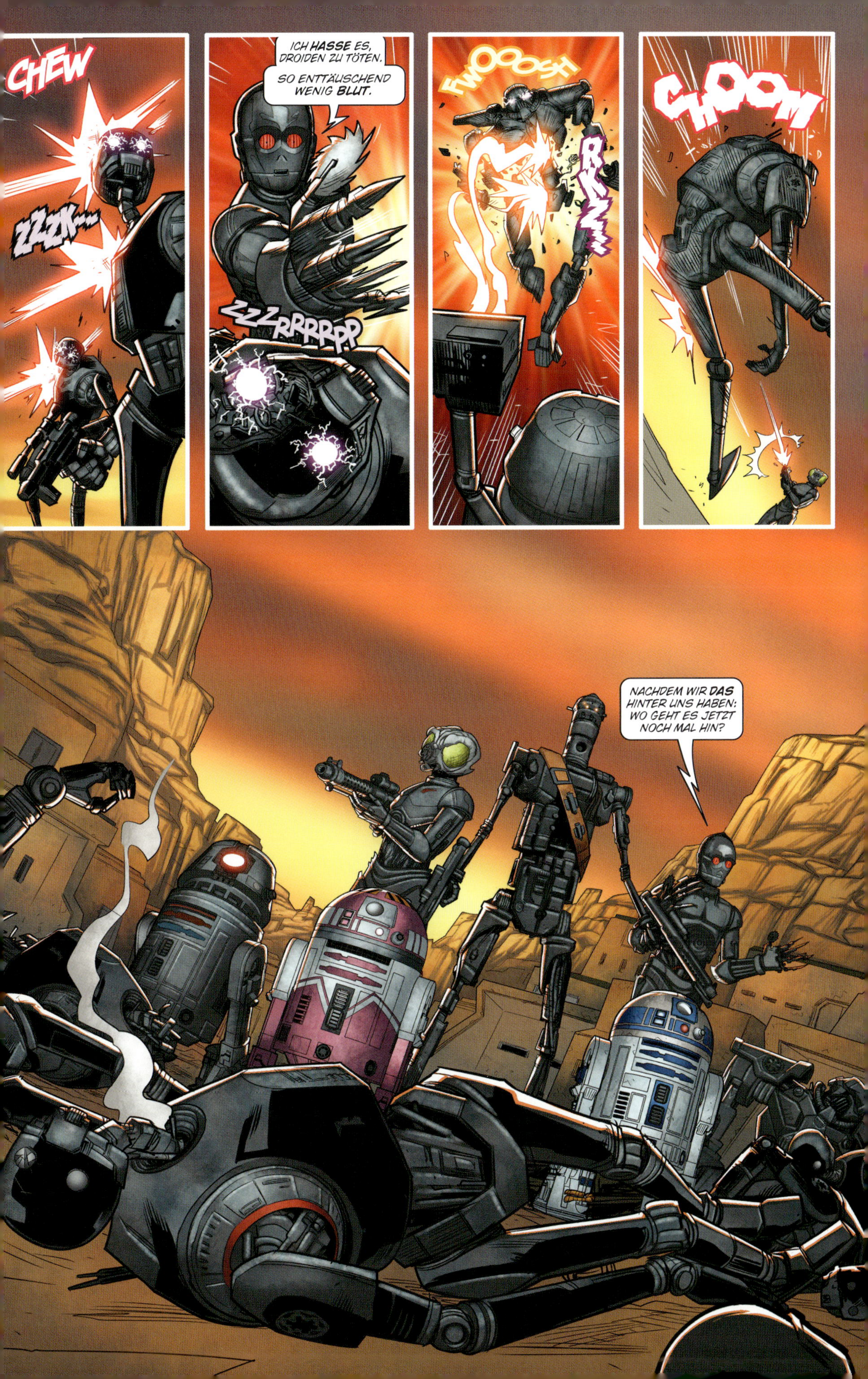

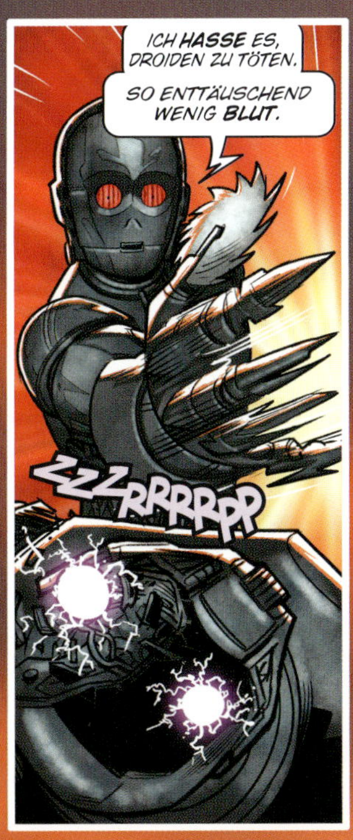

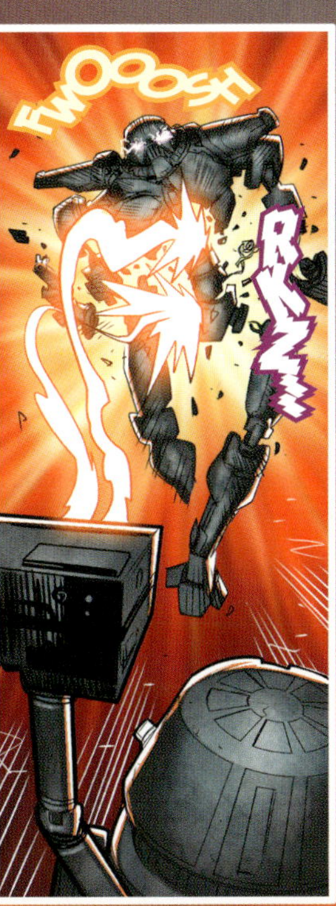

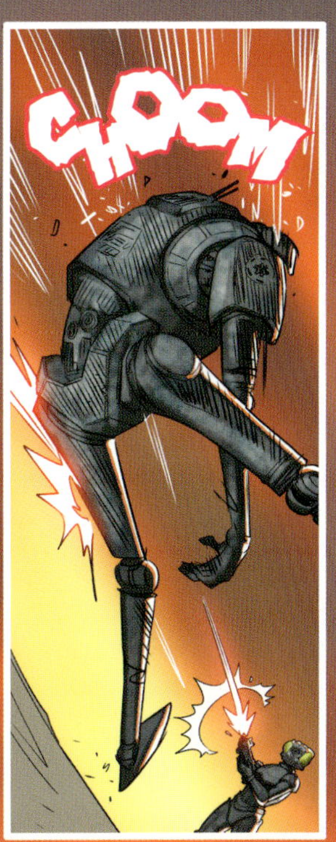

NACHDEM WIR **DAS** HINTER UNS HABEN: WO GEHT ES JETZT NOCH MAL HIN?

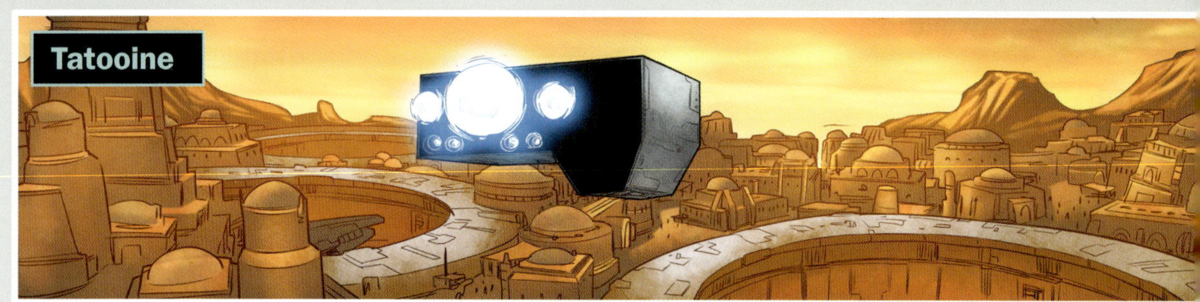
Tatooine

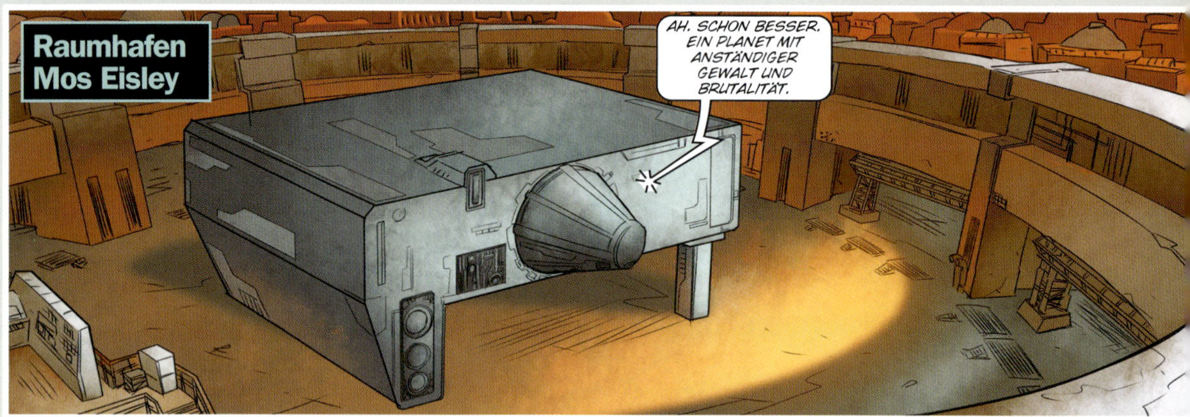
Raumhafen Mos Eisley
AH. SCHON BESSER. EIN PLANET MIT ANSTÄNDIGER GEWALT UND BRUTALITÄT.

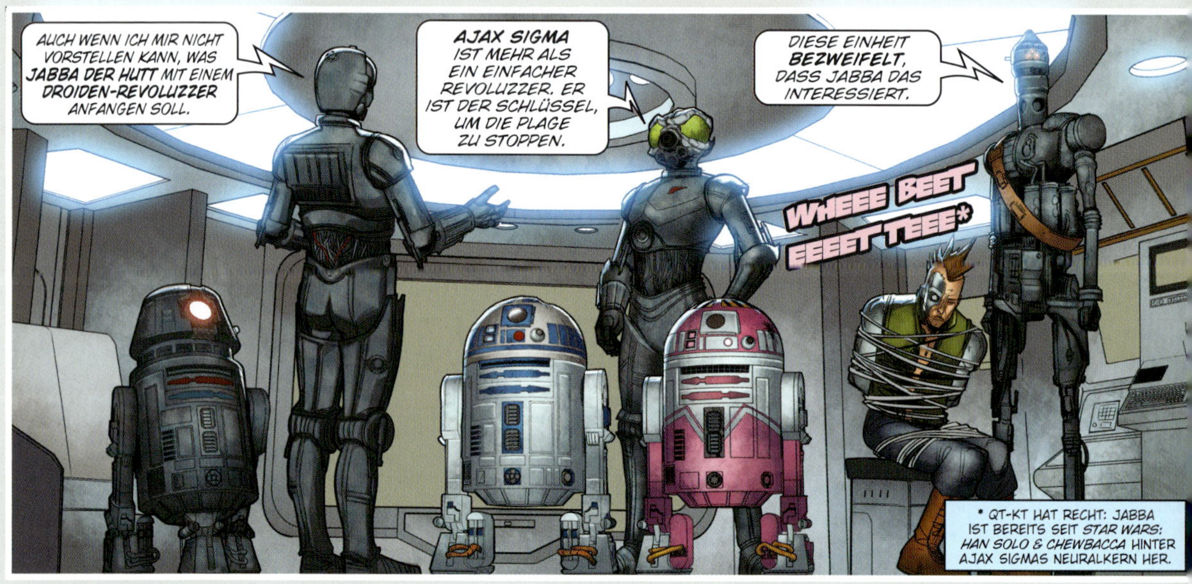
AUCH WENN ICH MIR NICHT VORSTELLEN KANN, WAS **JABBA DER HUTT** MIT EINEM **DROIDEN-REVOLUZZER** ANFANGEN SOLL.
AJAX SIGMA IST MEHR ALS EIN EINFACHER REVOLUZZER. ER IST DER SCHLÜSSEL, UM DIE PLAGE ZU STOPPEN.
DIESE EINHEIT **BEZWEIFELT**, DASS JABBA DAS INTERESSIERT.
WHEEE BEET EEEET TEEE*
* QT-KT HAT RECHT: JABBA IST BEREITS SEIT *STAR WARS: HAN SOLO & CHEWBACCA* HINTER AJAX SIGMAS NEURALKERN HER.

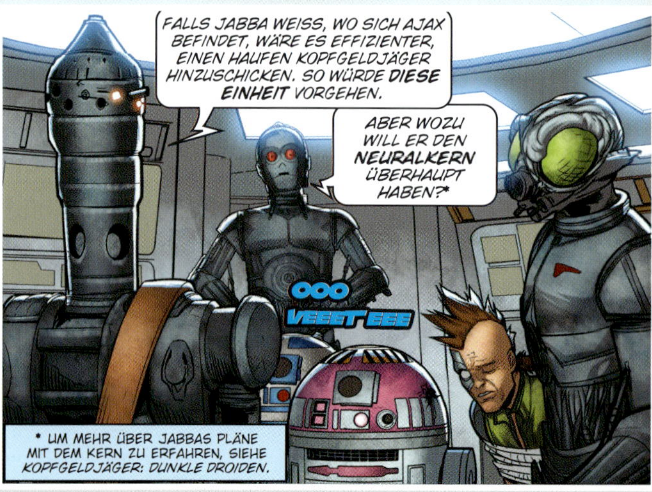
FALLS JABBA WEISS, WO SICH AJAX BEFINDET, WÄRE ES EFFIZIENTER, EINEN HAUFEN KOPFGELDJÄGER HINZUSCHICKEN. SO WÜRDE **DIESE EINHEIT** VORGEHEN.
ABER WOZU WILL ER DEN **NEURALKERN** ÜBERHAUPT HABEN?*
OOO VEEEET EEE
* UM MEHR ÜBER JABBAS PLÄNE MIT DEM KERN ZU ERFAHREN, SIEHE *KOPFGELDJÄGER: DUNKLE DROIDEN*.

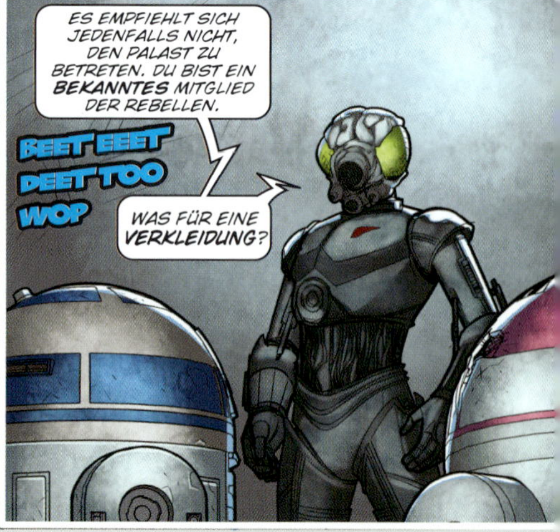
ES EMPFIEHLT SICH JEDENFALLS NICHT, DEN PALAST ZU BETRETEN. DU BIST EIN **BEKANNTES** MITGLIED DER REBELLEN.
BEET EEET DEET TOO WOP
WAS FÜR EINE **VERKLEIDUNG**?

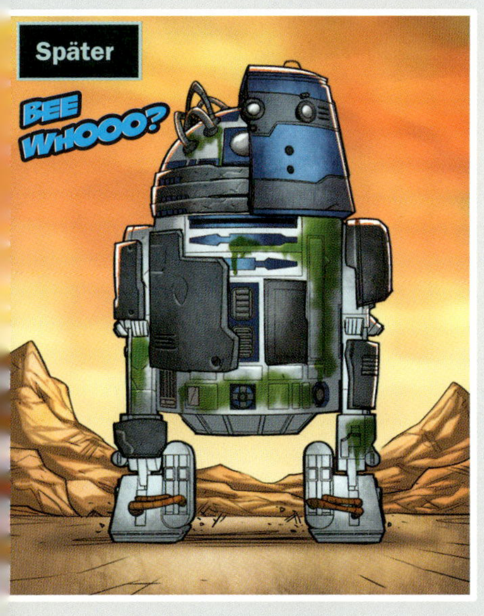
Später
BEE WHOOO?

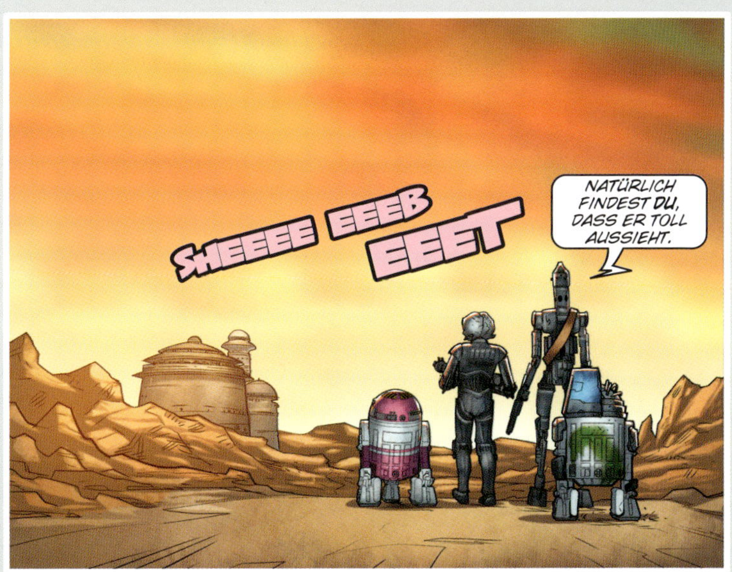
SHEEEE EEEB EEET
NATÜRLICH FINDEST **DU**, DASS ER TOLL AUSSIEHT.

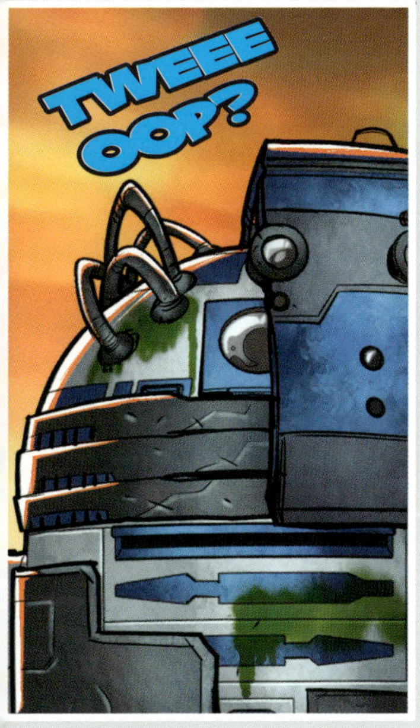
TWEEE OOP?

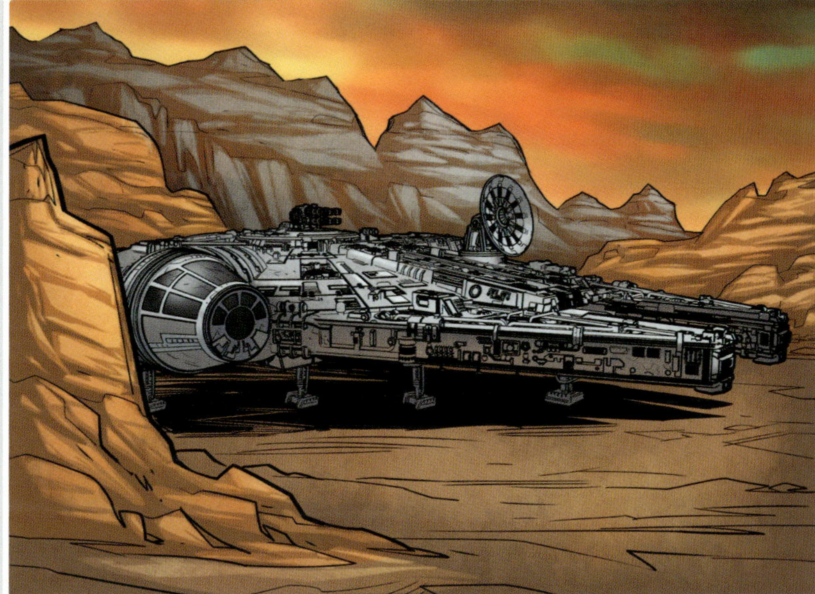

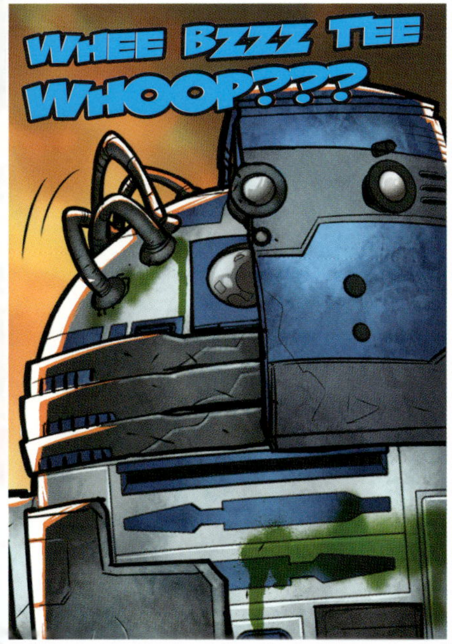
WHEE BZZZ TEE WHOOP???

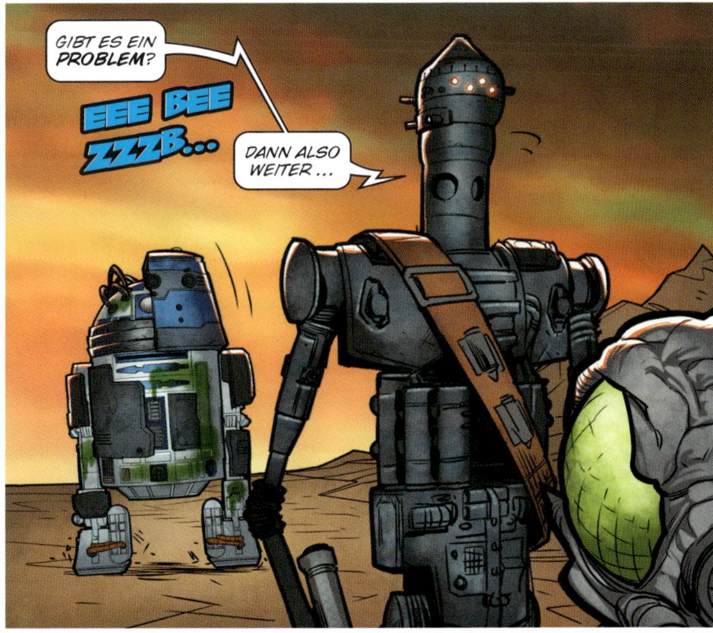
GIBT ES EIN **PROBLEM**?
EEE BEE ZZZB...
DANN ALSO WEITER ...

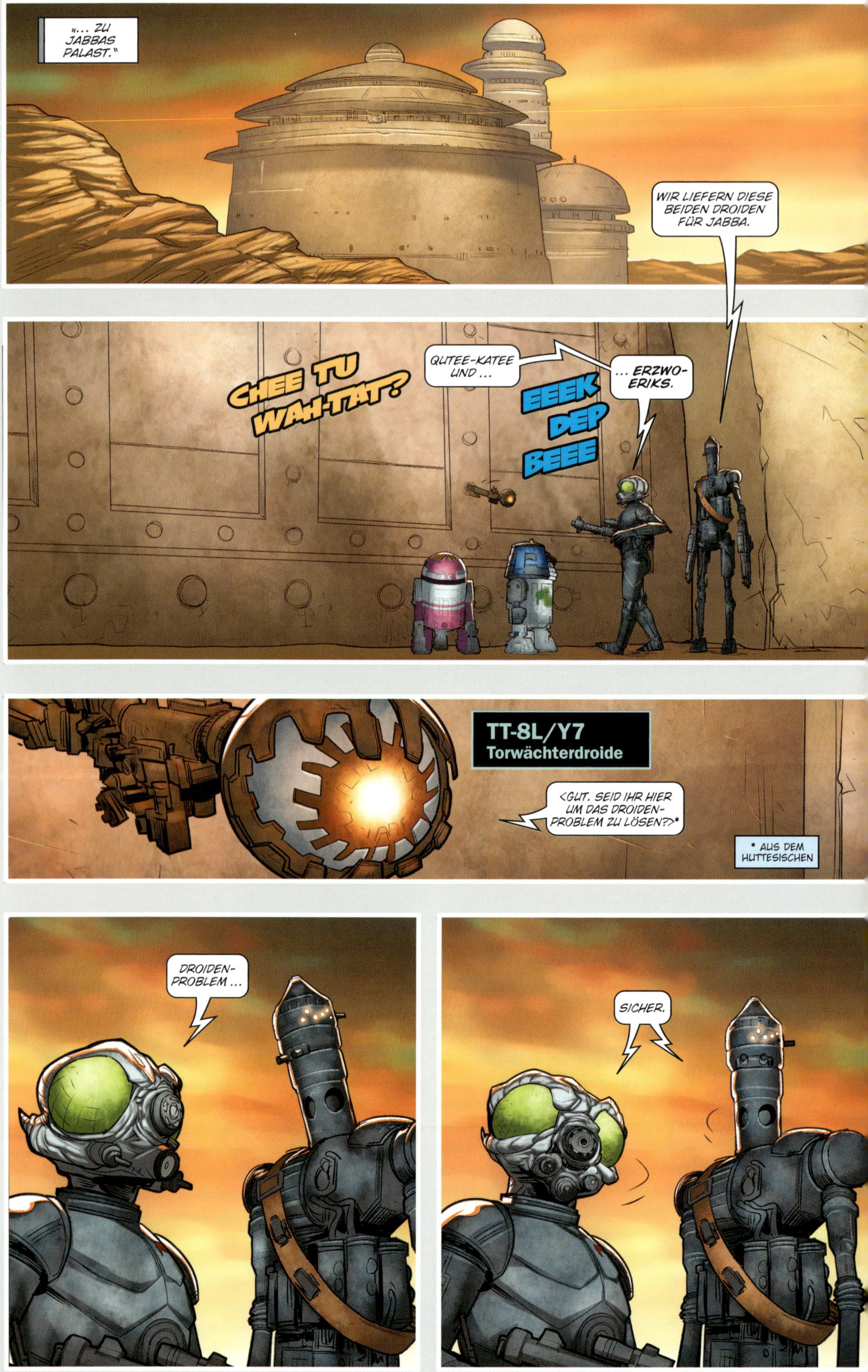

„... ZU JABBAS PALAST."
WIR LIEFERN DIESE BEIDEN DROIDEN FÜR JABBA.
CHEE TU WAH-TAT?
QUTEE-KATEE UND ...
EEEK DEP BEEE
... ERZWO-ERIKS.

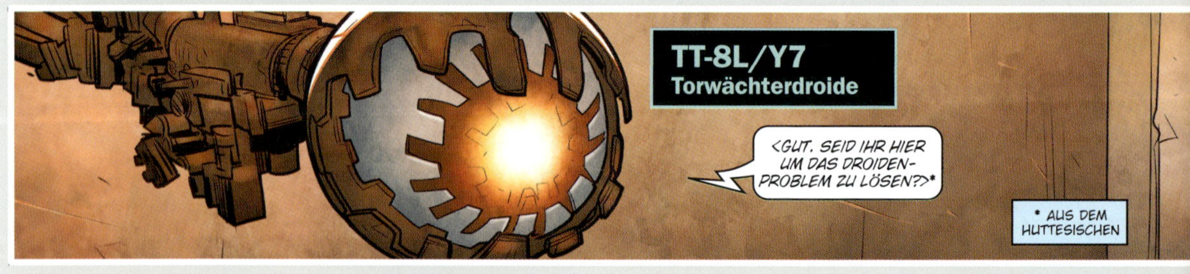

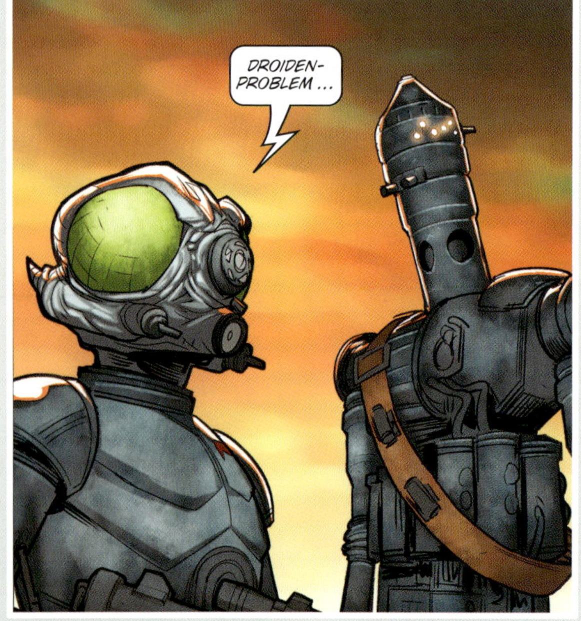

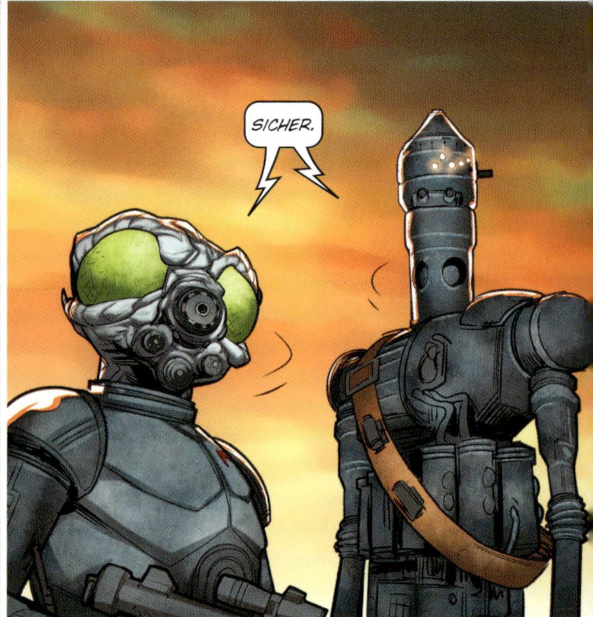

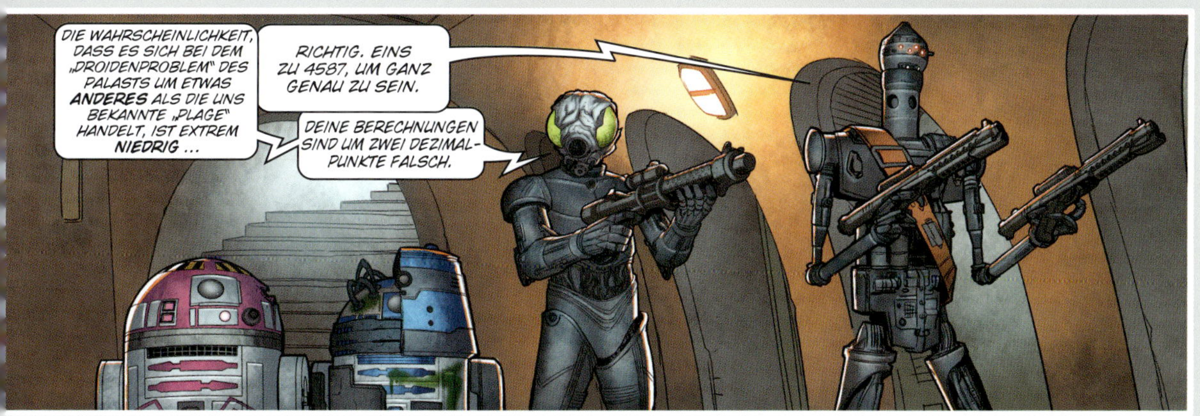

DIE WAHRSCHEINLICHKEIT, DASS ES SICH BEI DEM „DROIDENPROBLEM" DES PALASTS UM ETWAS ANDERES ALS DIE UNS BEKANNTE „PLAGE" HANDELT, IST EXTREM NIEDRIG ...
RICHTIG. EINS ZU 4587, UM GANZ GENAU ZU SEIN.
DEINE BERECHNUNGEN SIND UM ZWEI DEZIMALPUNKTE FALSCH.

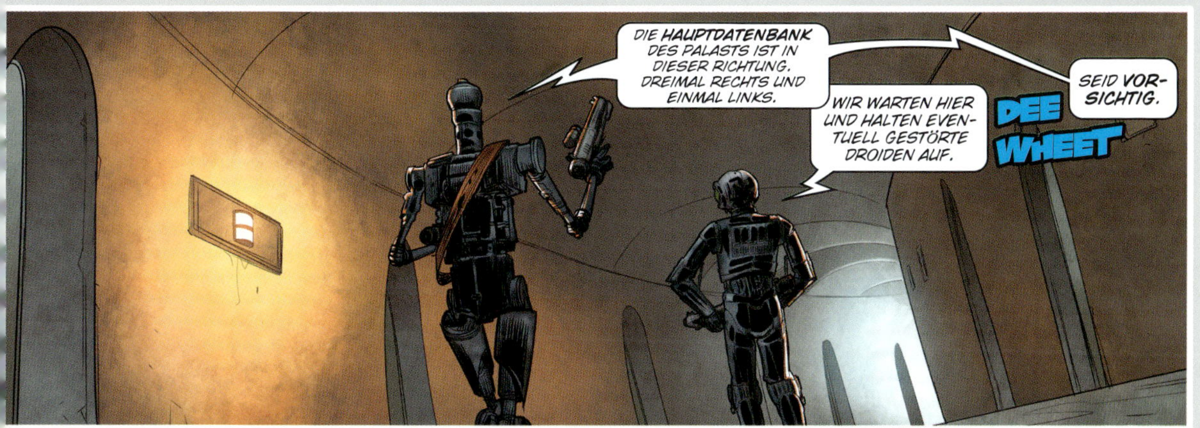

DIE HAUPTDATENBANK DES PALASTS IST IN DIESER RICHTUNG. DREIMAL RECHTS UND EINMAL LINKS.
WIR WARTEN HIER UND HALTEN EVENTUELL GESTÖRTE DROIDEN AUF.
SEID VORSICHTIG.
DEE WHEET

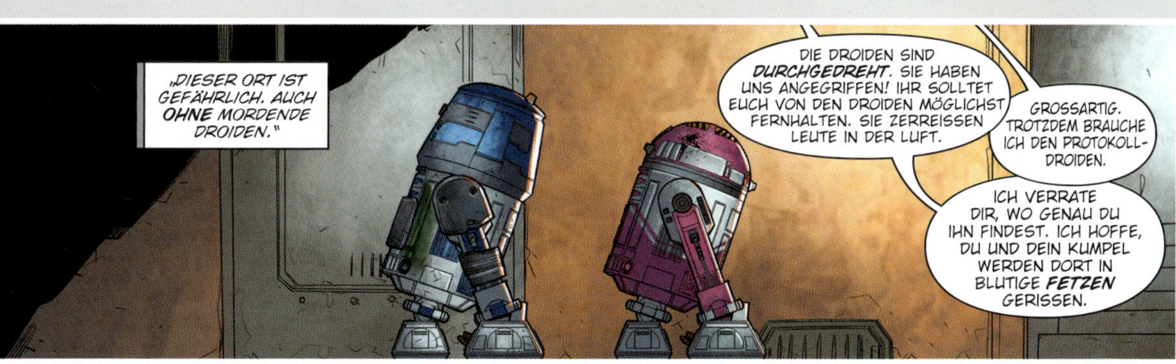

„DIESER ORT IST GEFÄHRLICH. AUCH OHNE MORDENDE DROIDEN."
DIE DROIDEN SIND DURCHGEDREHT. SIE HABEN UNS ANGEGRIFFEN! IHR SOLLTET EUCH VON DEN DROIDEN MÖGLICHST FERNHALTEN. SIE ZERREISSEN LEUTE IN DER LUFT.
GROSSARTIG. TROTZDEM BRAUCHE ICH DEN PROTOKOLLDROIDEN.
ICH VERRATE DIR, WO GENAU DU IHN FINDEST. ICH HOFFE, DU UND DEIN KUMPEL WERDEN DORT IN BLUTIGE FETZEN GERISSEN.

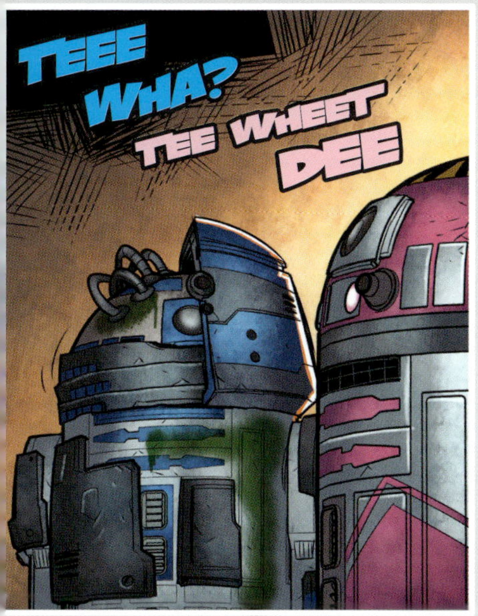

TEEE WHA?
TEE WHEET DEE

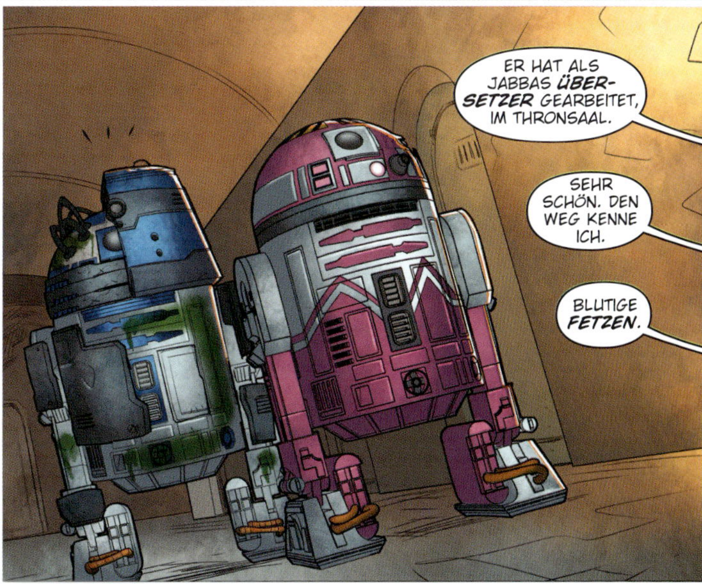

ER HAT ALS JABBAS ÜBERSETZER GEARBEITET, IM THRONSAAL.
SEHR SCHÖN. DEN WEG KENNE ICH.
BLUTIGE FETZEN.

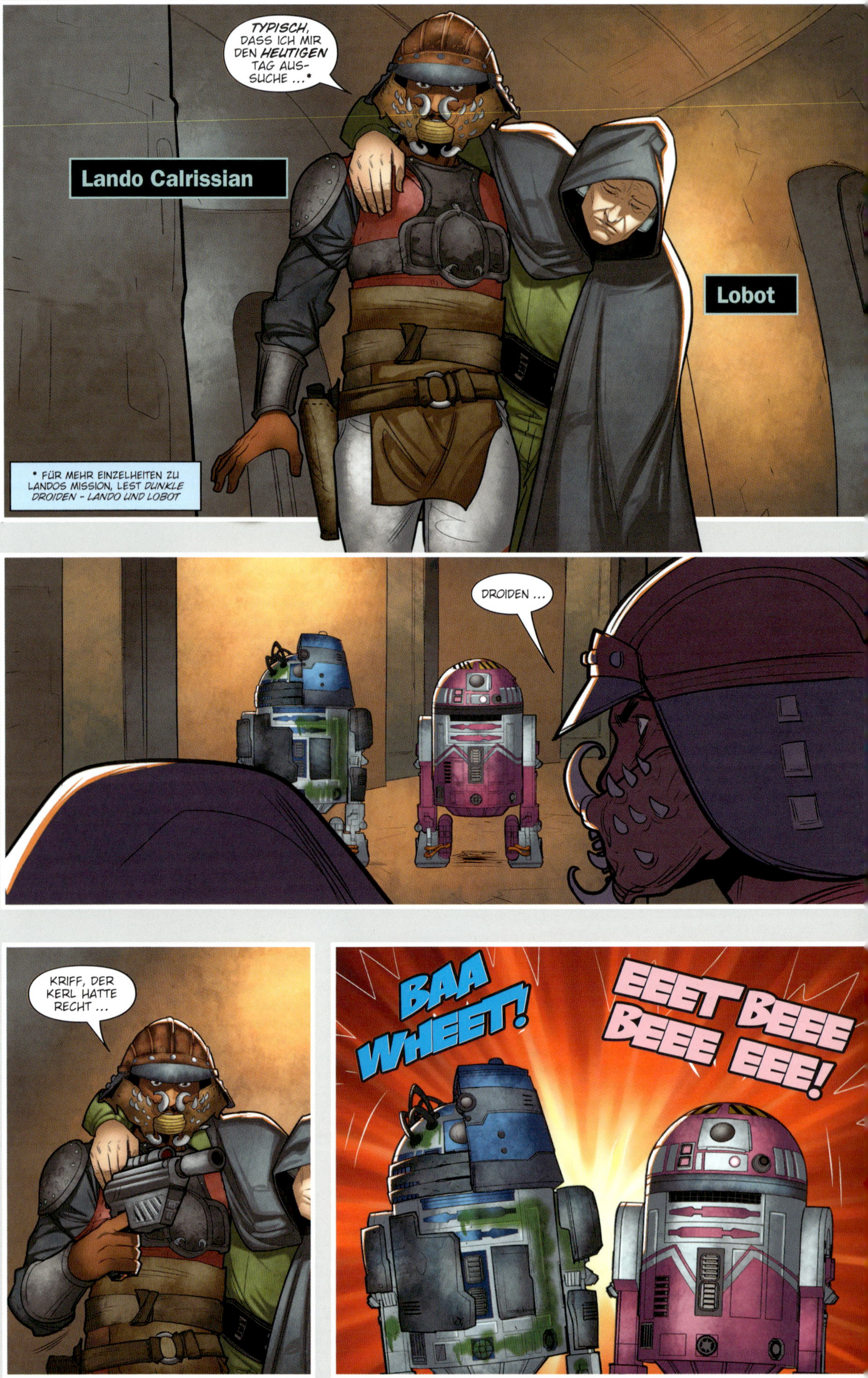

TYPISCH, DASS ICH MIR DEN HEUTIGEN TAG AUSSUCHE ...*

Lando Calrissian

Lobot

* FÜR MEHR EINZELHEITEN ZU LANDOS MISSION, LEST *DUNKLE DROIDEN – LANDO UND LOBOT*

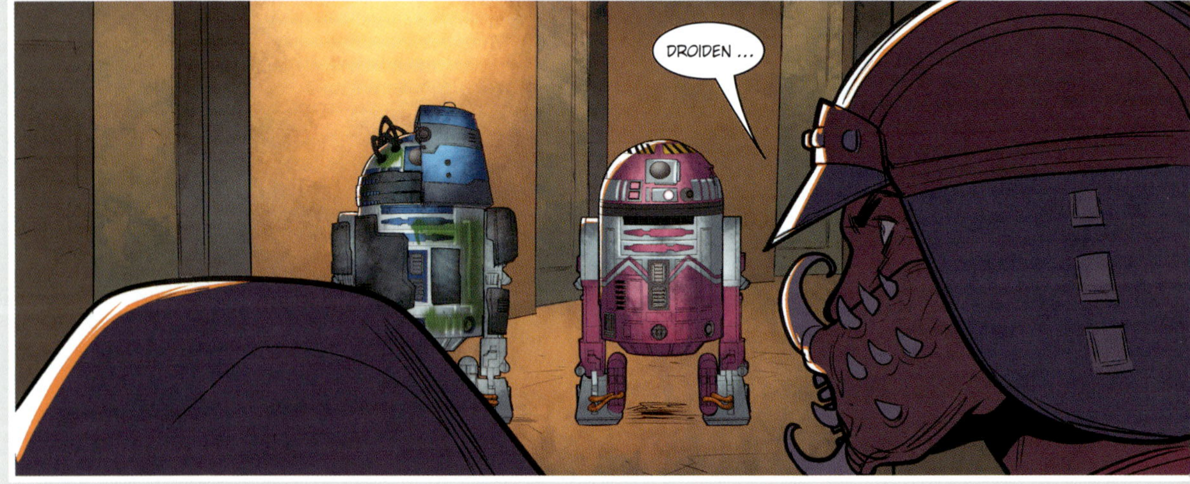

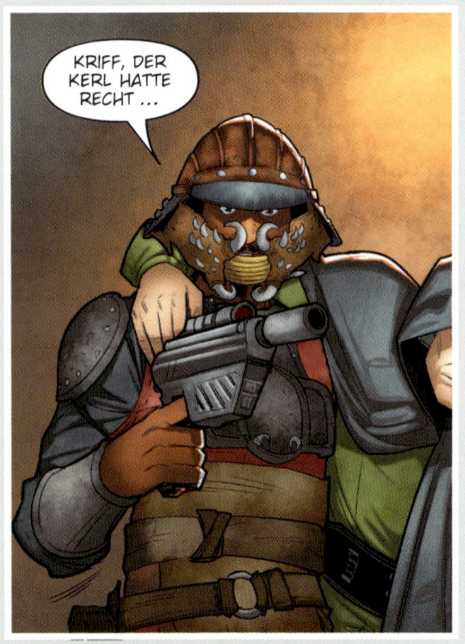

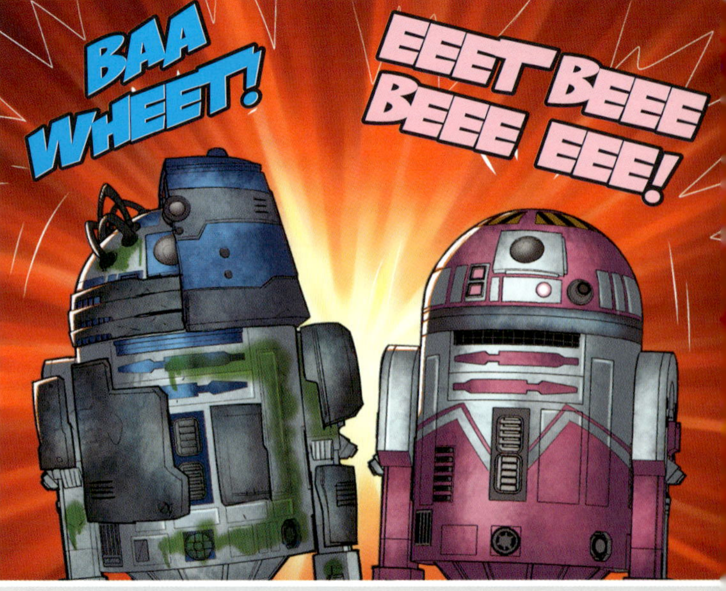

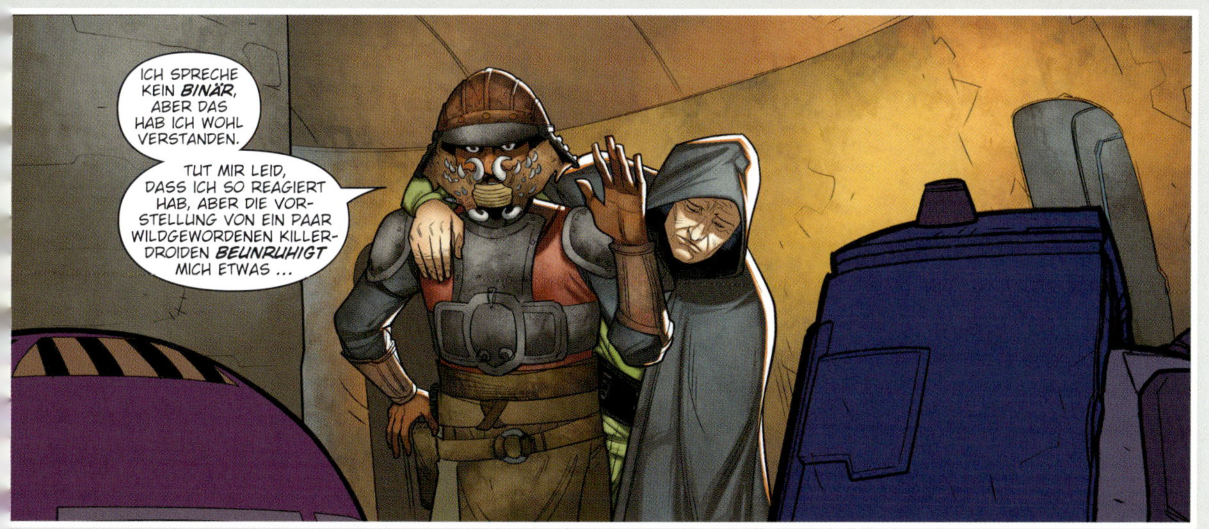
ICH SPRECHE KEIN *BINÄR*, ABER DAS HAB ICH WOHL VERSTANDEN.
TUT MIR LEID, DASS ICH SO REAGIERT HAB, ABER DIE VOR-STELLUNG VON EIN PAAR WILDGEWORDENEN KILLER-DROIDEN *BEUNRUHIGT* MICH ETWAS ...

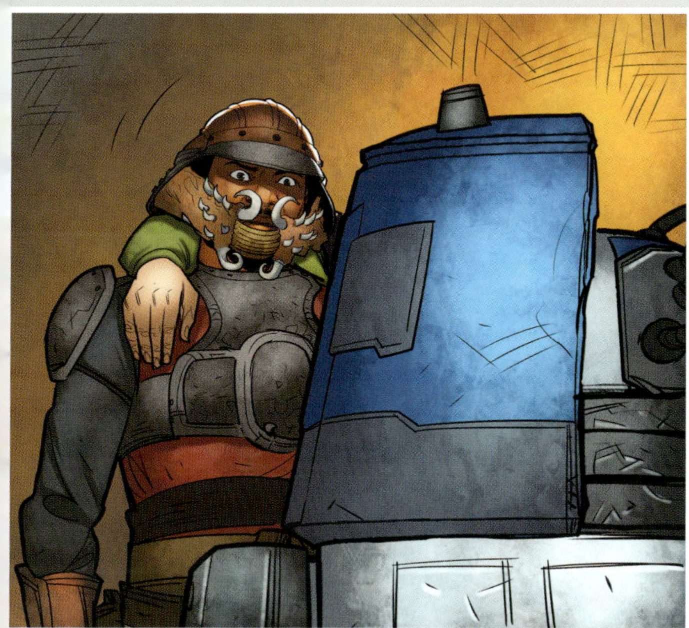

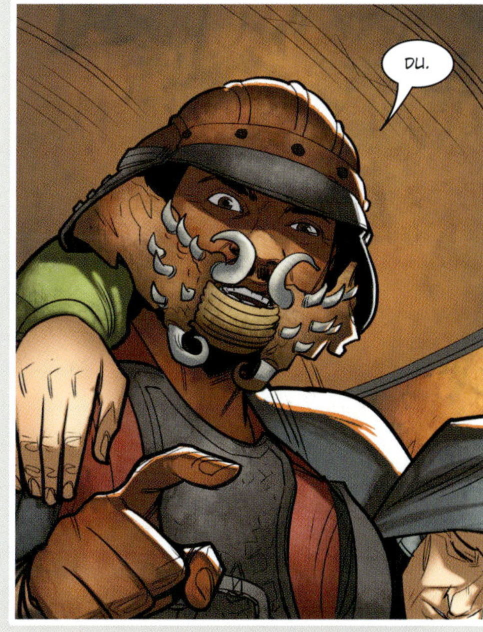
DU.

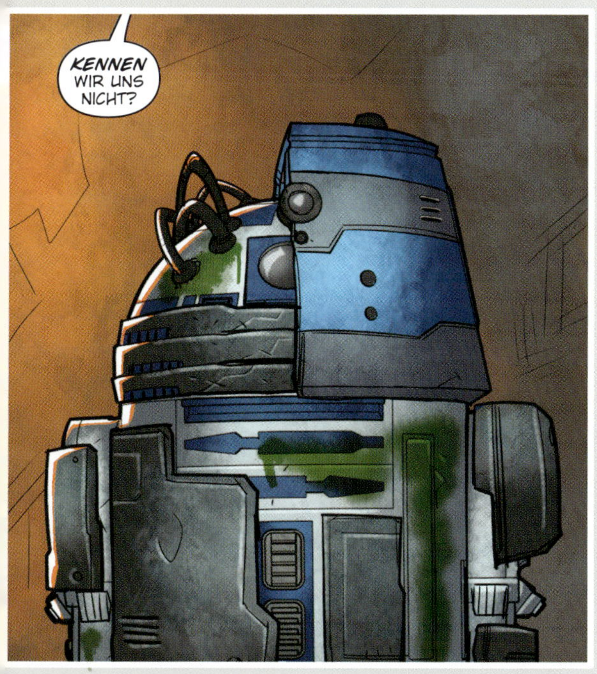
KENNEN WIR UNS NICHT?

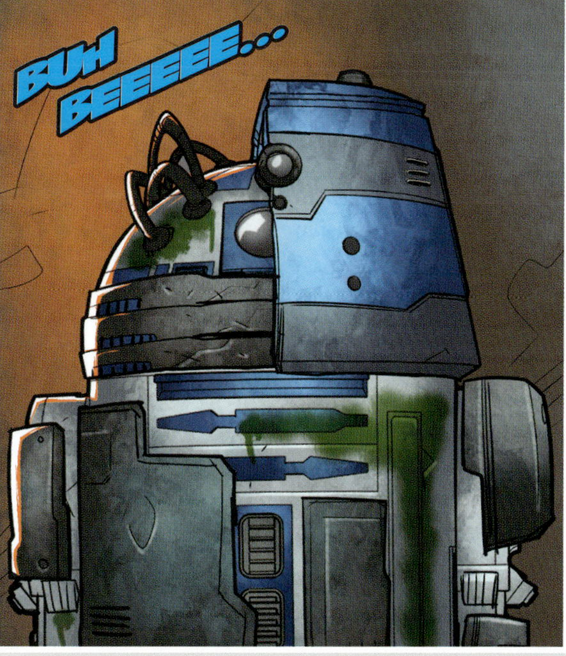
BUH BEEEEE...

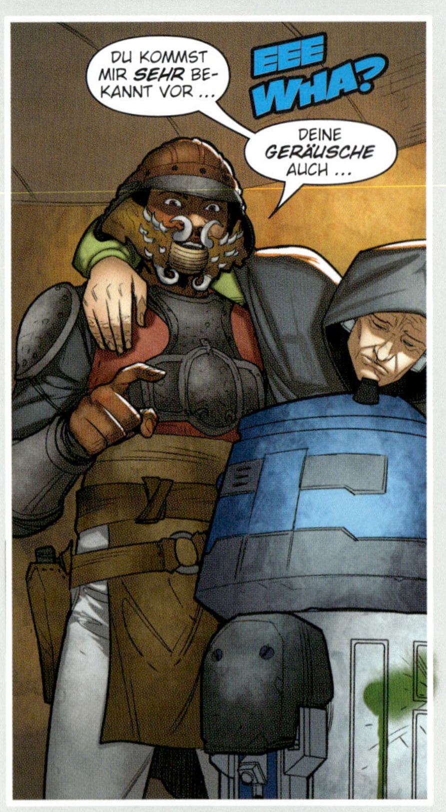
DU KOMMST MIR SEHR BEKANNT VOR ...
EEE WHA?
DEINE GERÄUSCHE AUCH ...

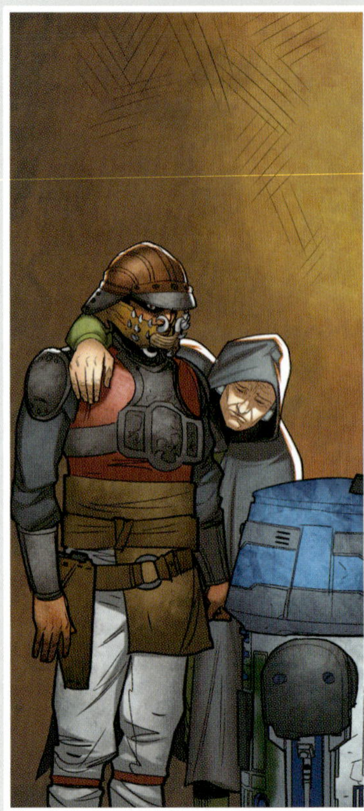

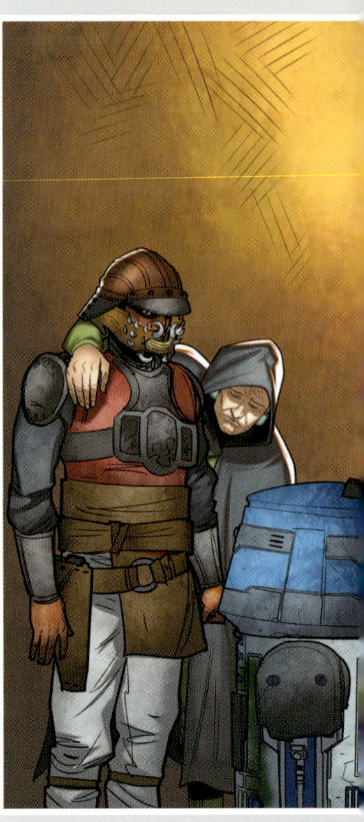

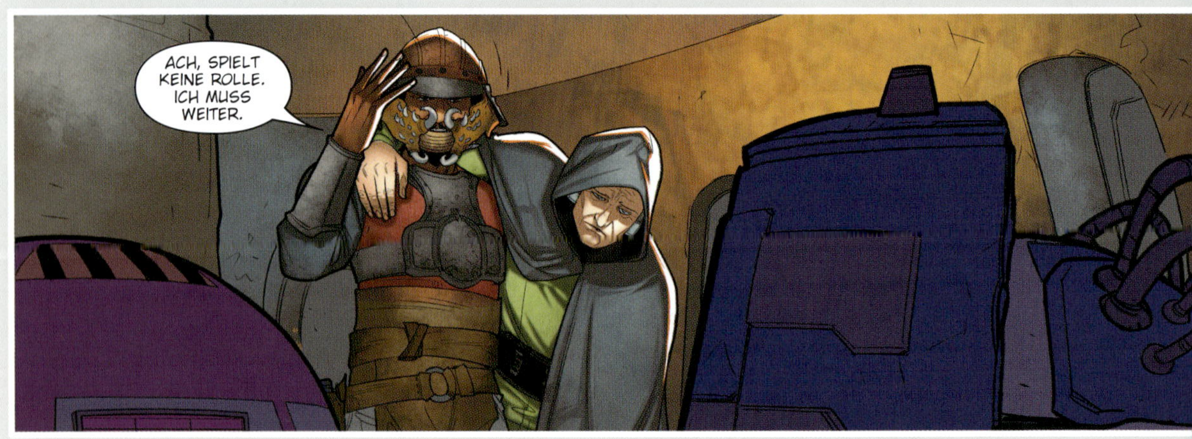
ACH, SPIELT KEINE ROLLE. ICH MUSS WEITER.

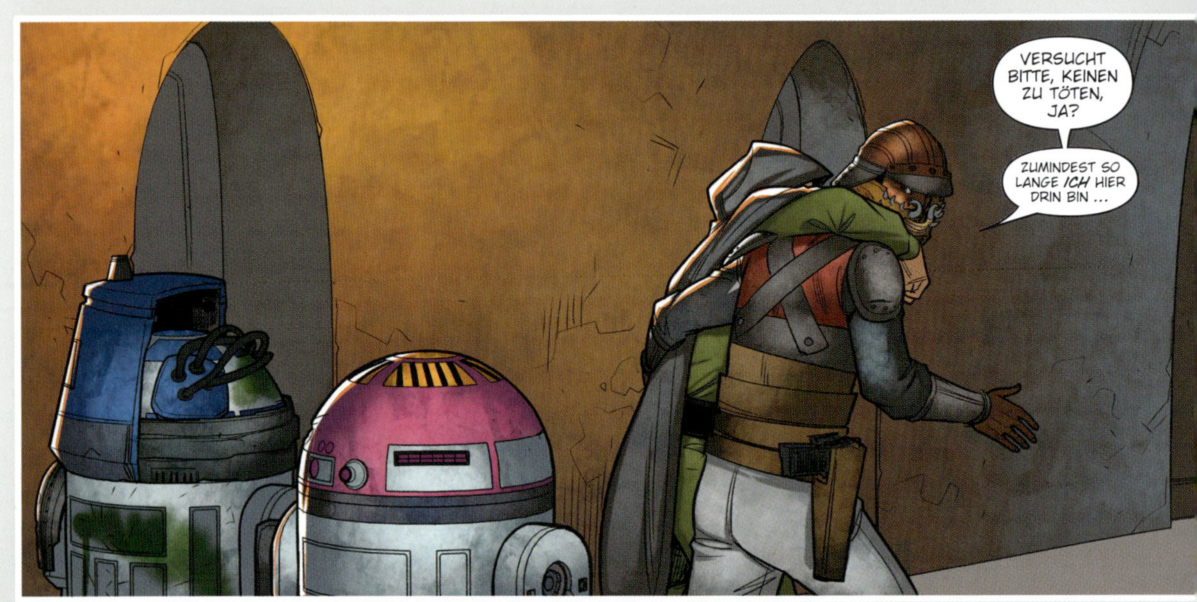
VERSUCHT BITTE, KEINEN ZU TÖTEN, JA?
ZUMINDEST SO LANGE ICH HIER DRIN BIN ...

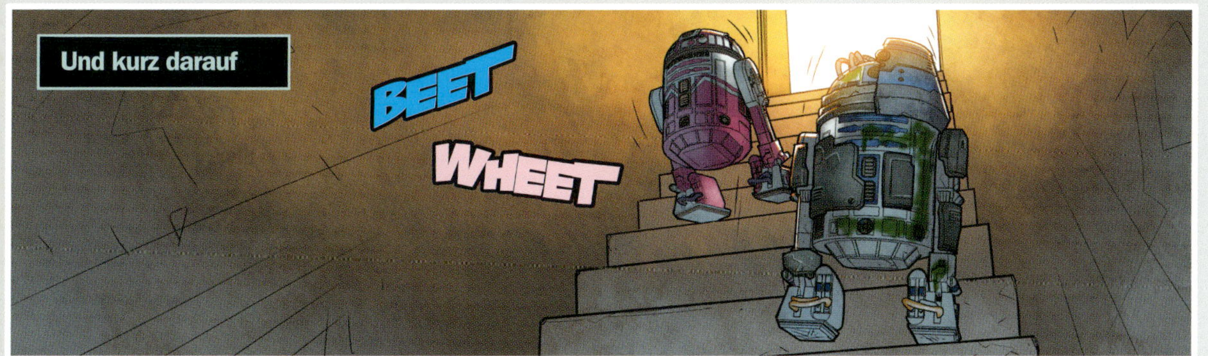
Und kurz darauf
BEET
WHEET

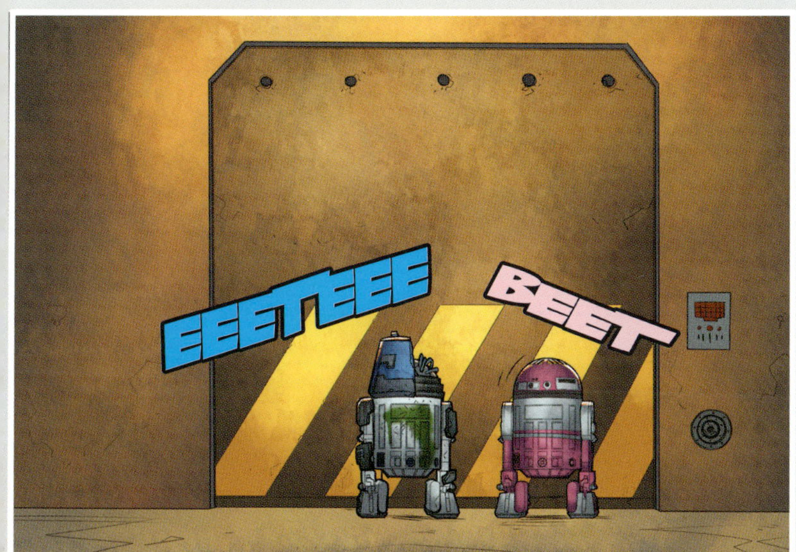
EEETEEE
BEET

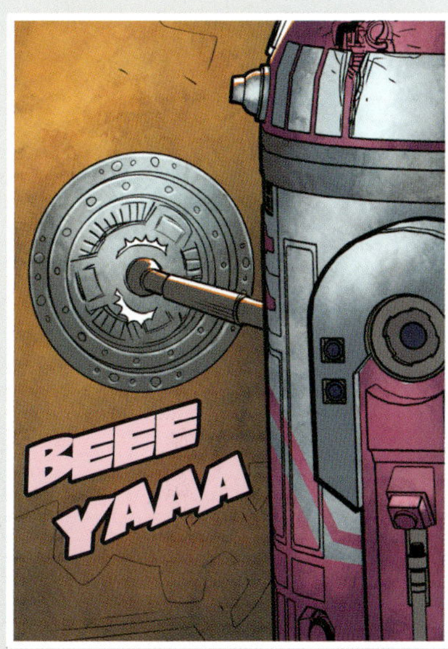
BEEE
YAAA

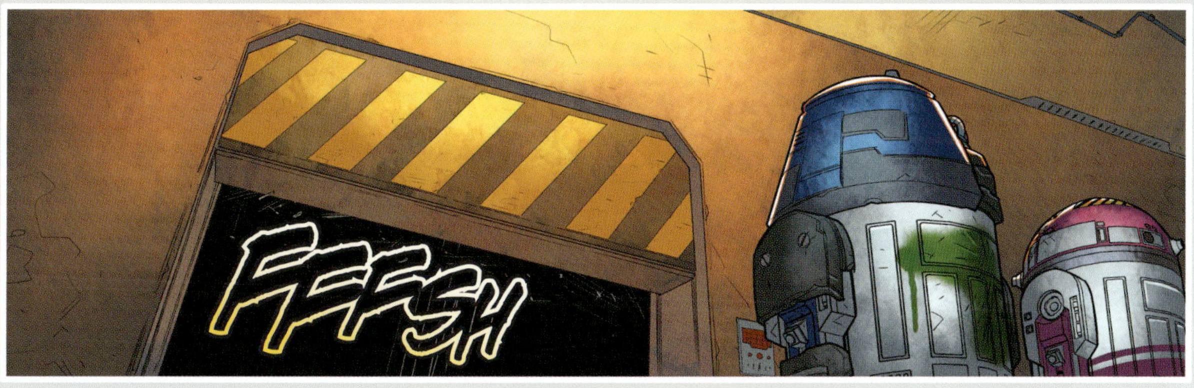
FFFSH

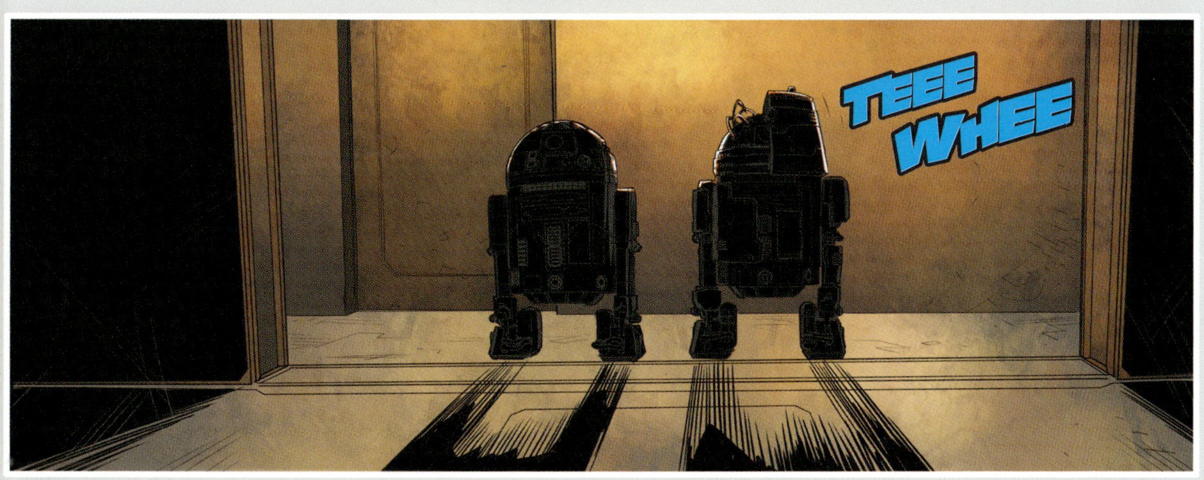
TEEE
WHEE

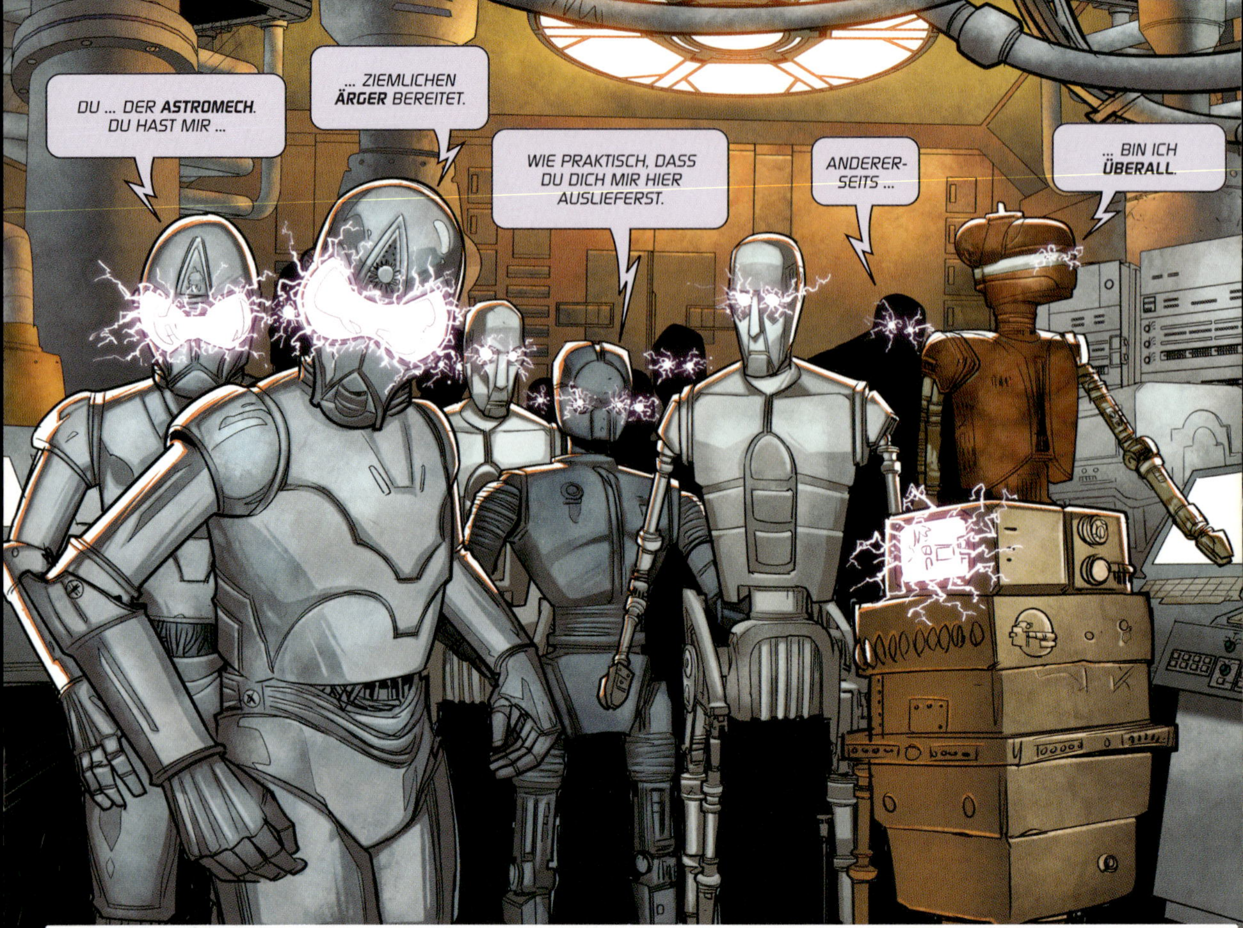

DU ... DER **ASTROMECH**. DU HAST MIR ...

... ZIEMLICHEN **ÄRGER** BEREITET.

WIE PRAKTISCH, DASS DU DICH MIR HIER AUSLIEFERST.

ANDERER-SEITS ...

... BIN ICH **ÜBERALL**.

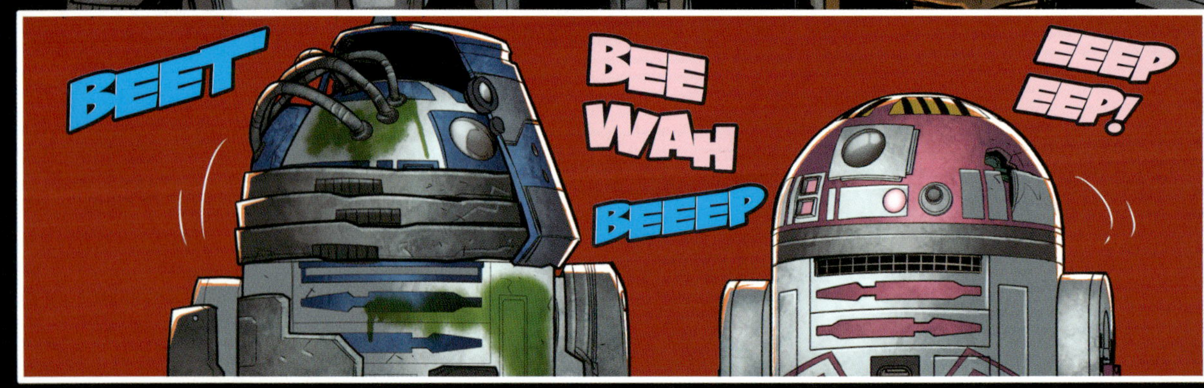

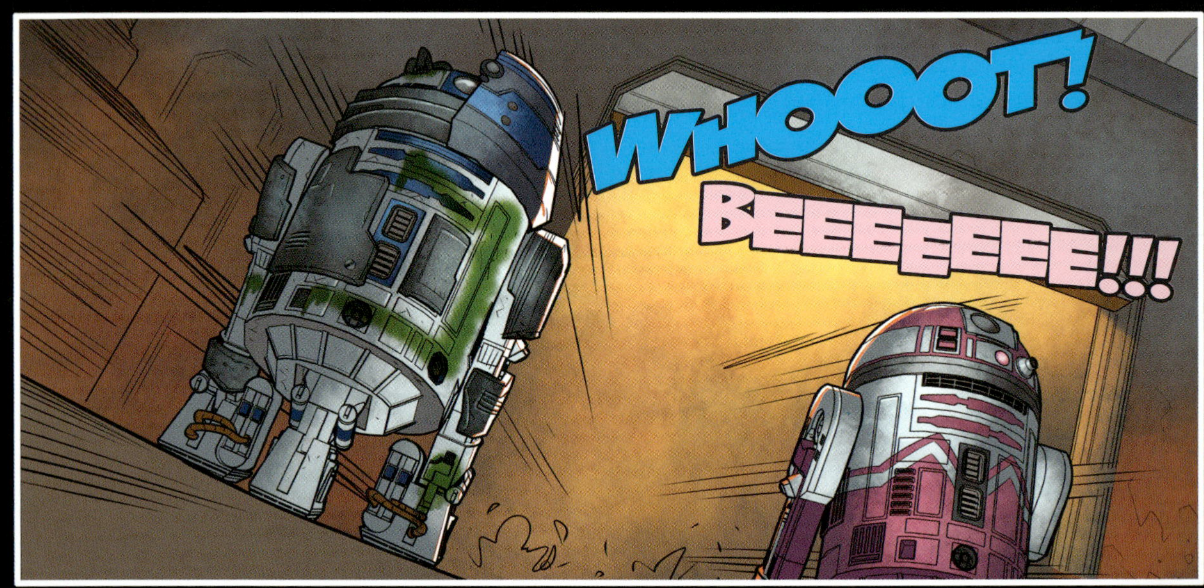

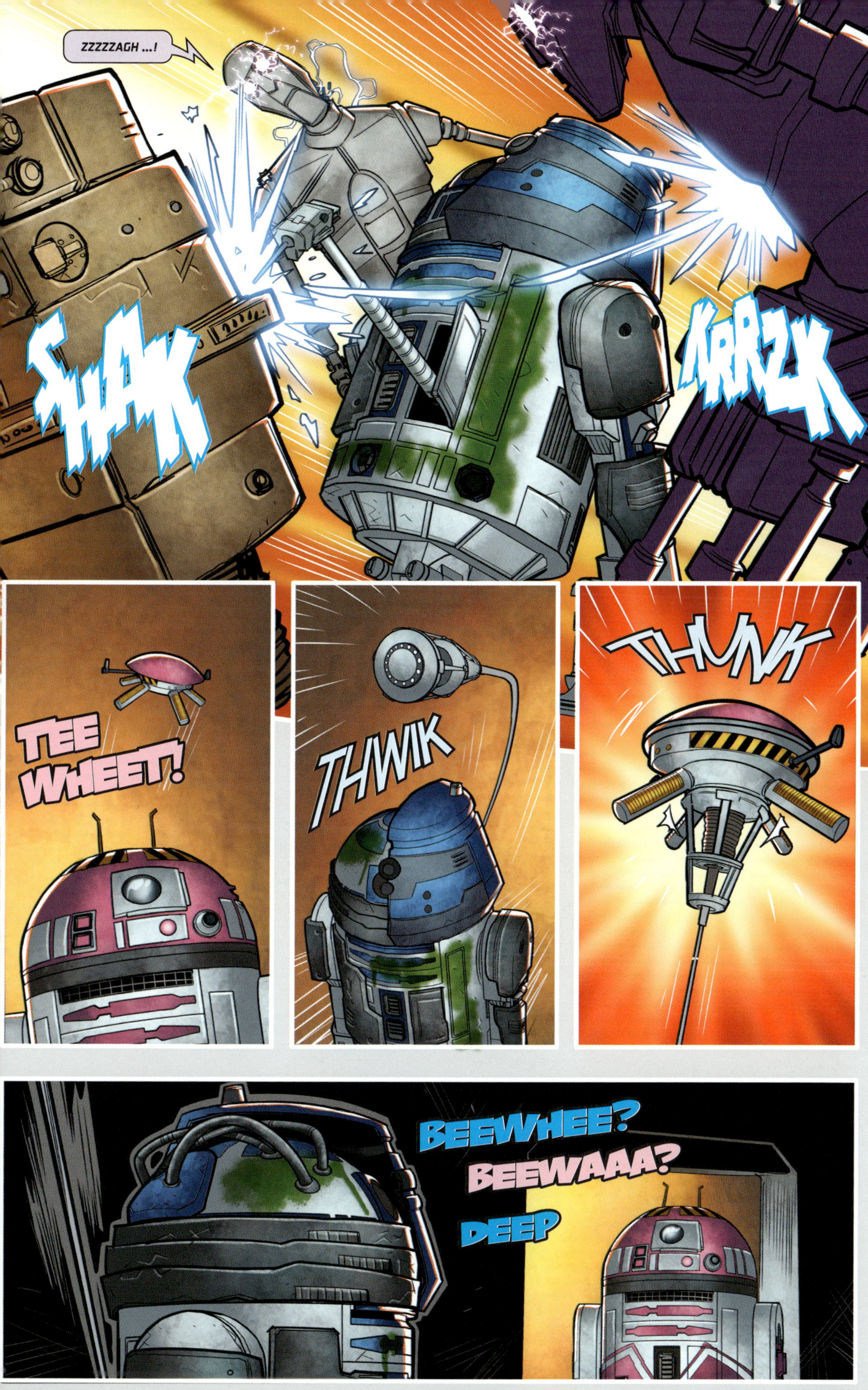

ZZZZZAGH ...!

SHAK

KRRZK

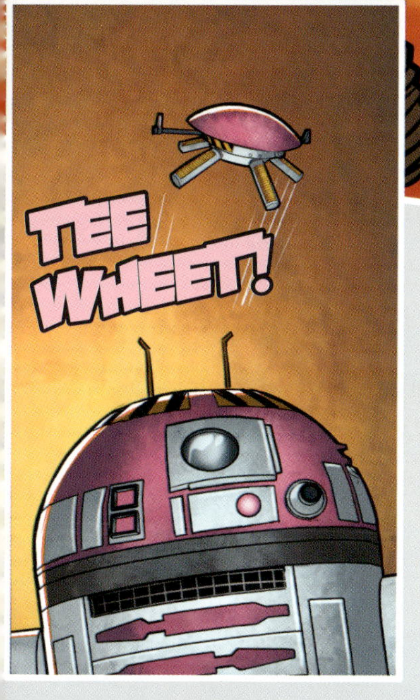

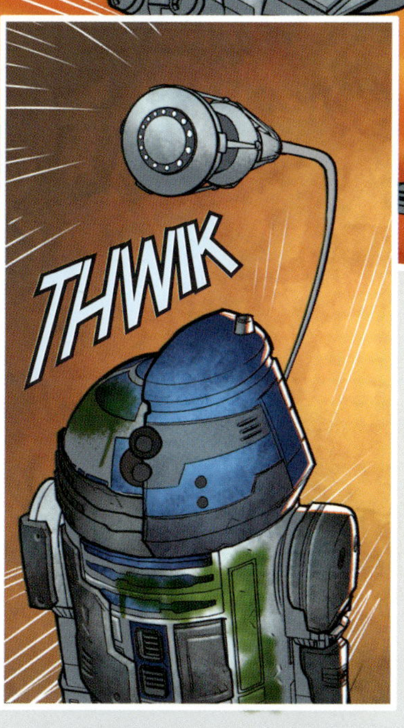

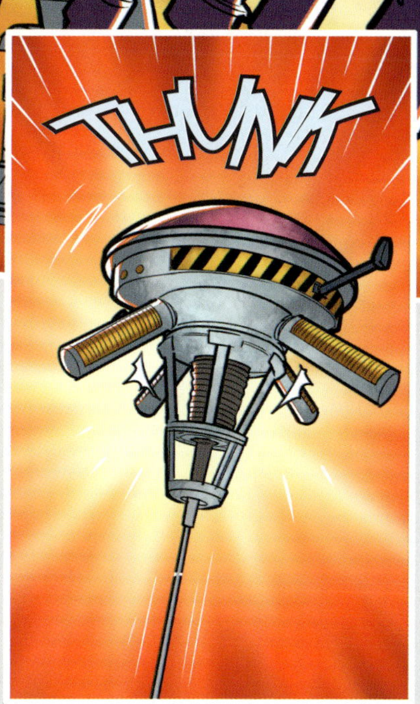

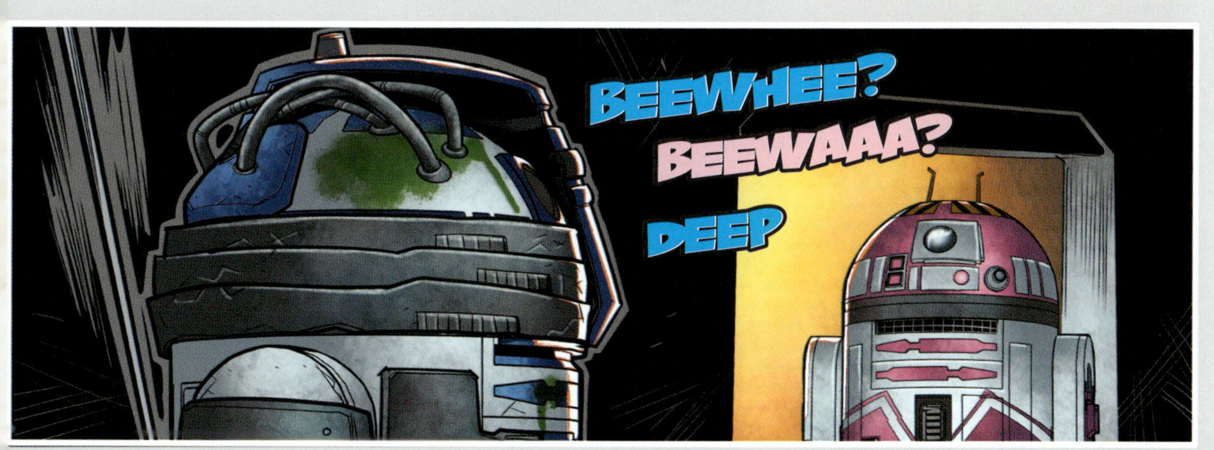

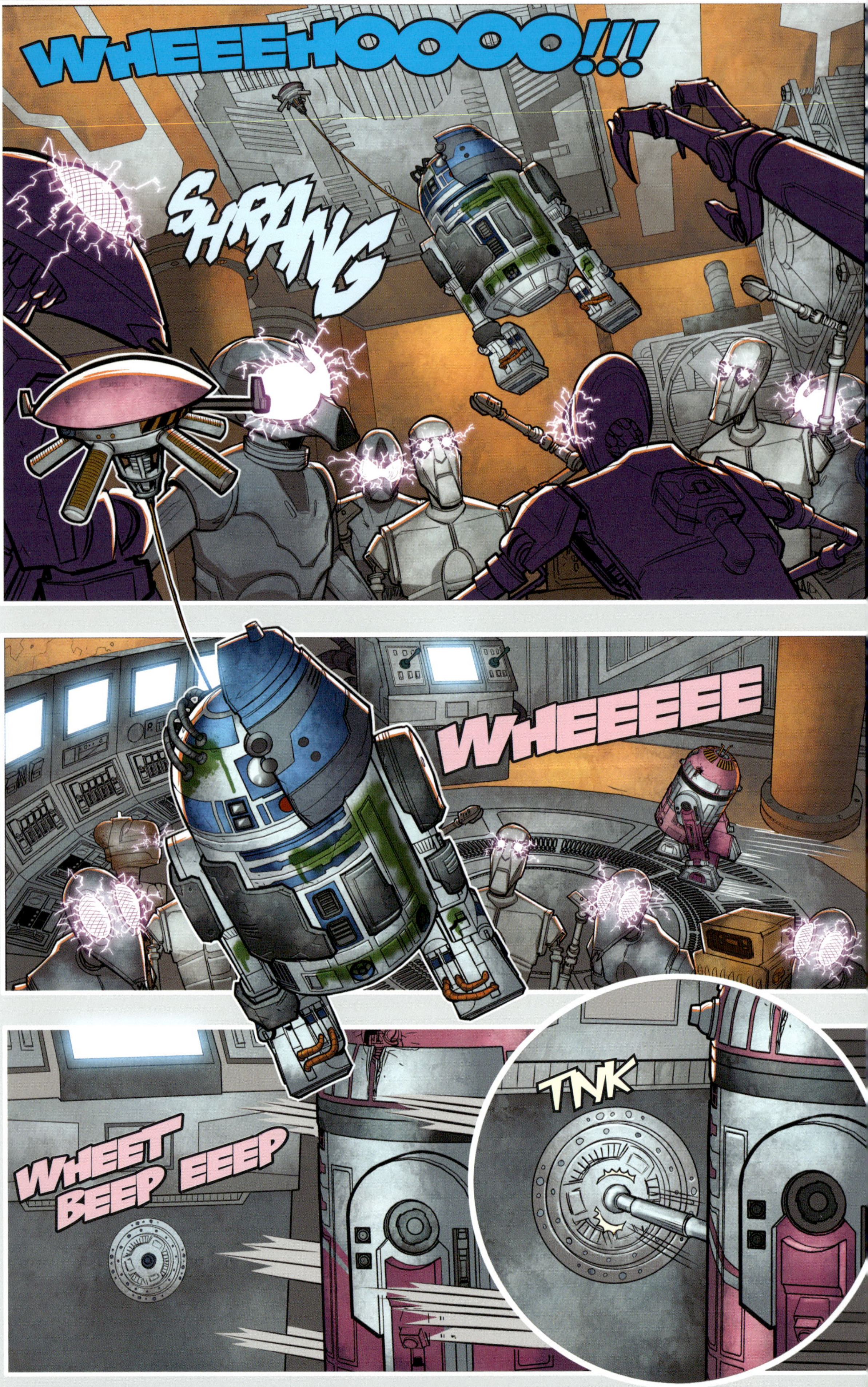

WHEEEHOOOOO!!!

SHRANG

WHEEEEE

WHEET BEEP EEEP

TNK

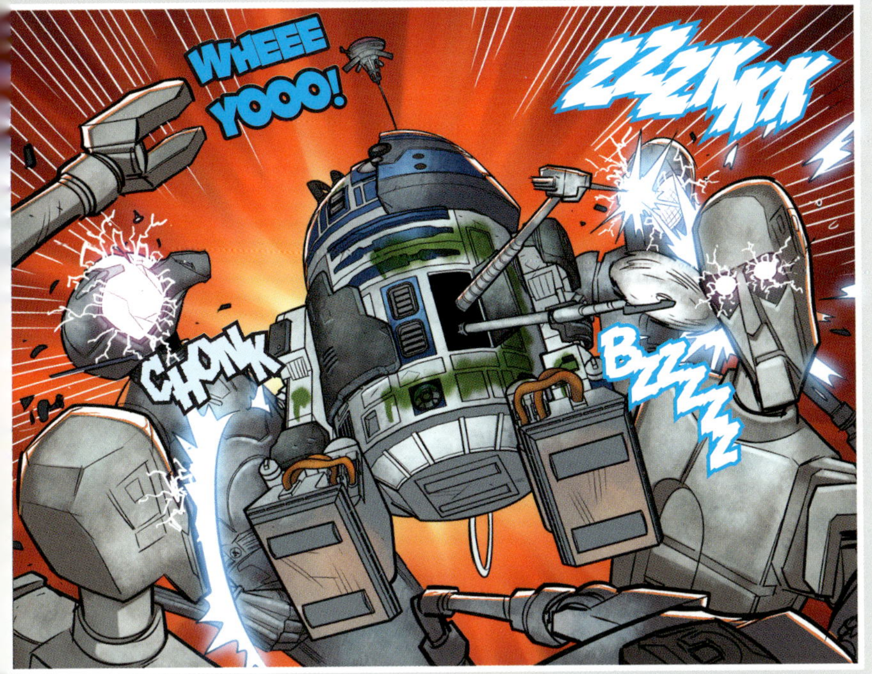
WHEEE YOOO!
ZZZKKK
CHONK
BZZZZ

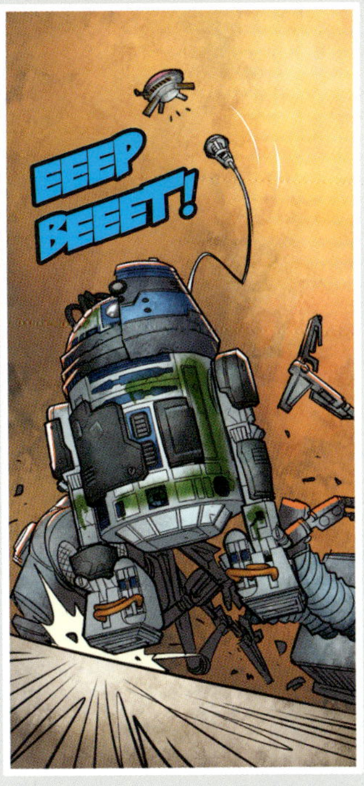
EEEP BEEET!

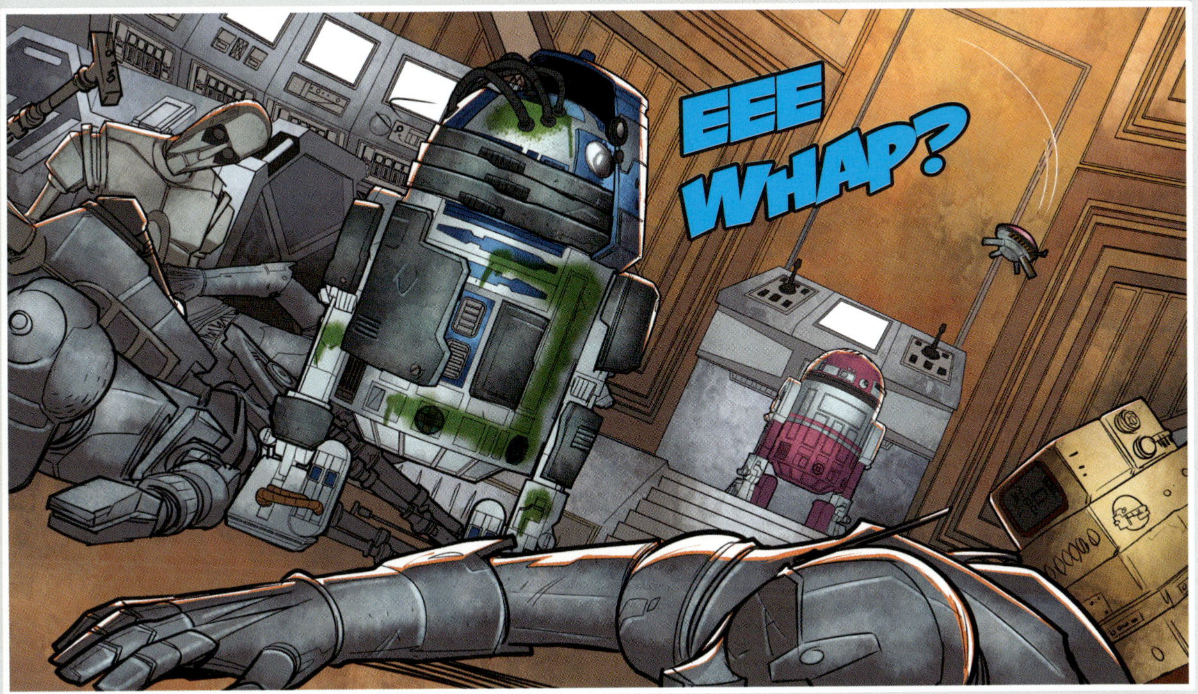
EEE WHAP?

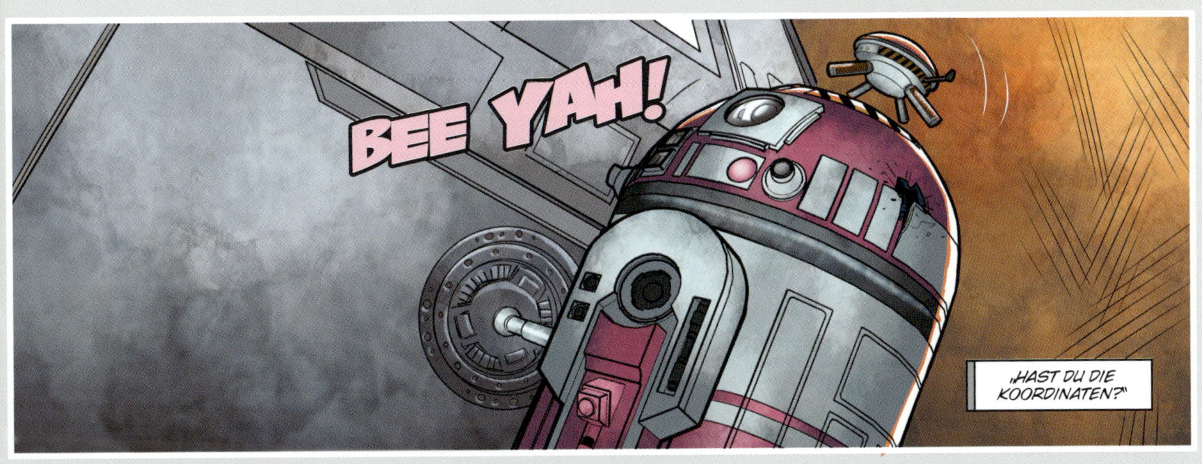
BEE YAH!
„HAST DU DIE KOORDINATEN?"

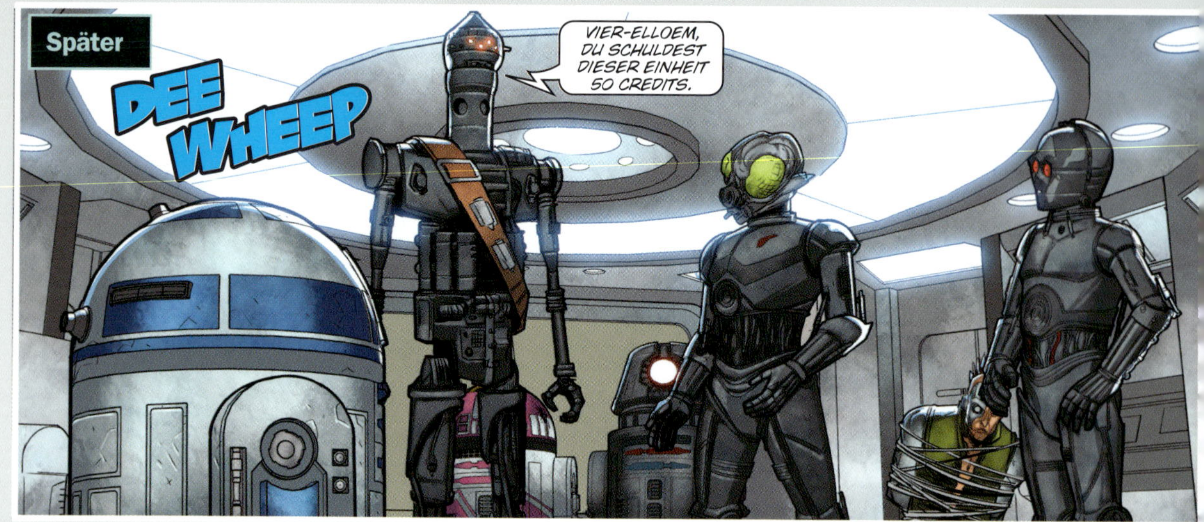
Später
DEE WHEEP
VIER-ELLOEM, DU SCHULDEST DIESER EINHEIT 50 CREDITS.

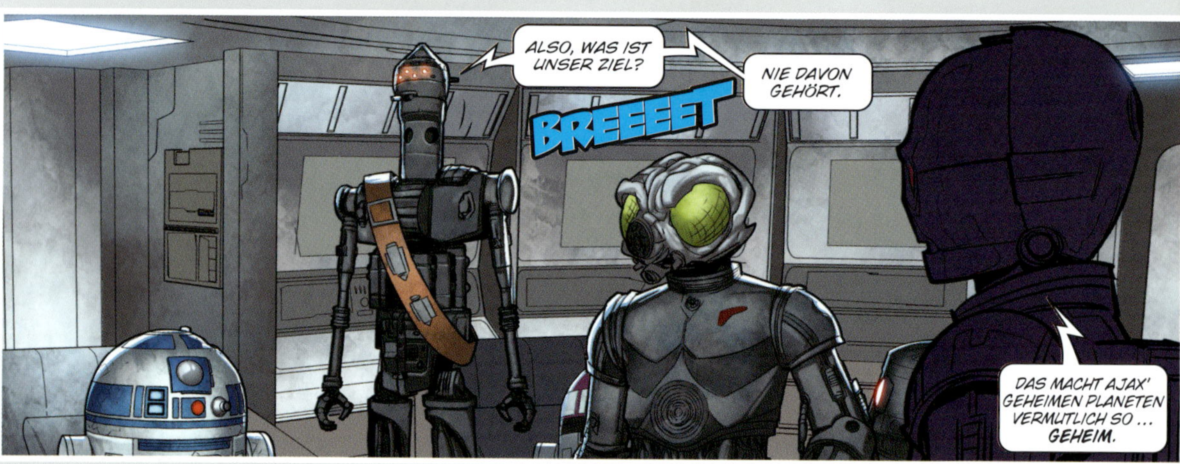
ALSO, WAS IST UNSER ZIEL?
BREEEET
NIE DAVON GEHÖRT.
DAS MACHT AJAX' GEHEIMEN PLANETEN VERMUTLICH SO ... GEHEIM.

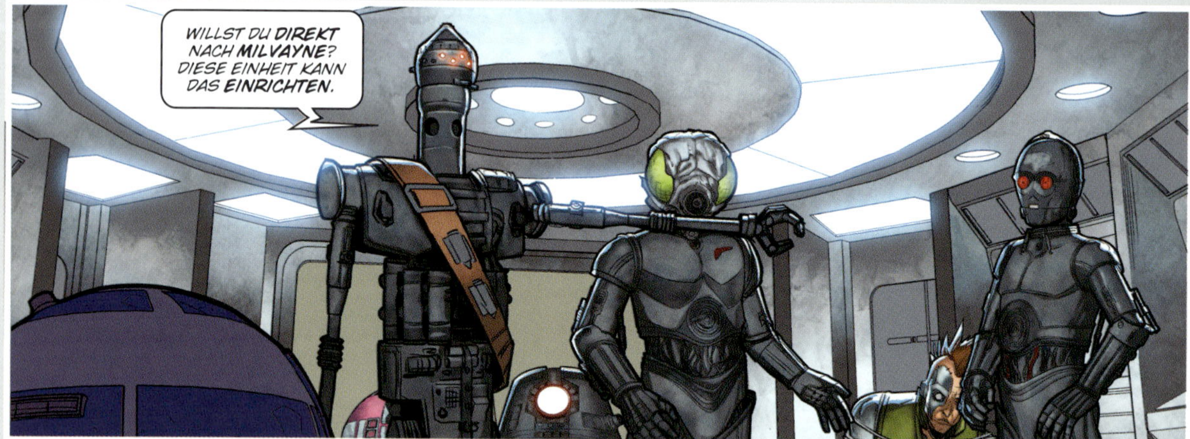
WILLST DU DIREKT NACH MILVAYNE? DIESE EINHEIT KANN DAS EINRICHTEN.

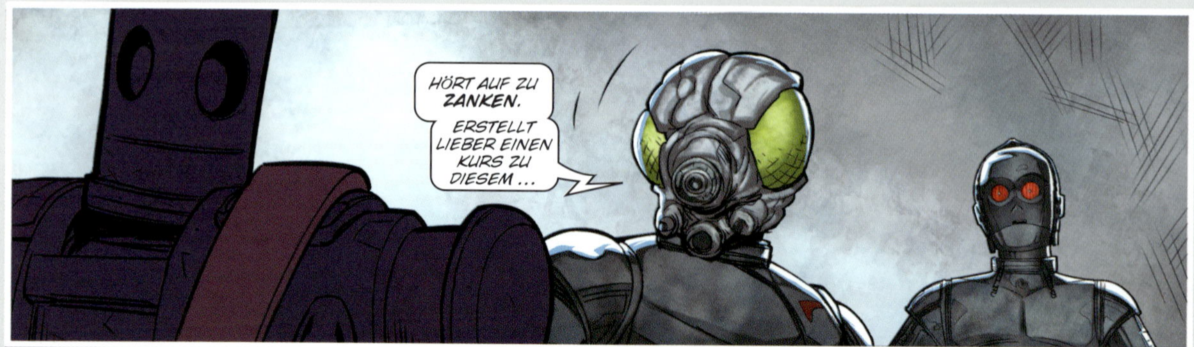
HÖRT AUF ZU ZANKEN.
ERSTELLT LIEBER EINEN KURS ZU DIESEM ...

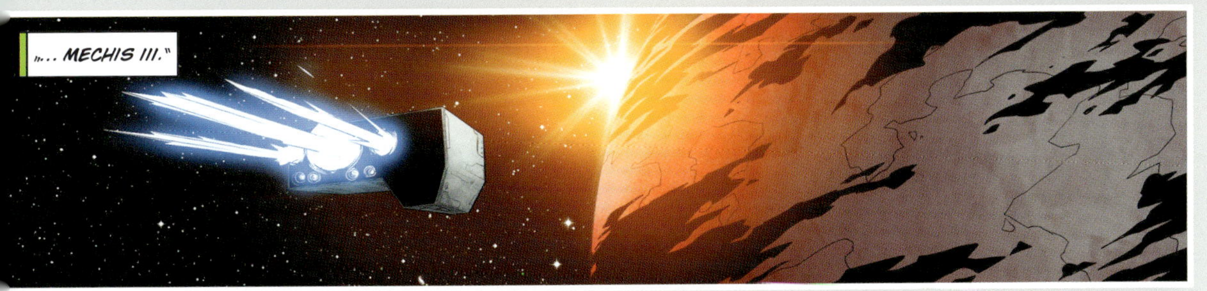
„... MECHIS III.“

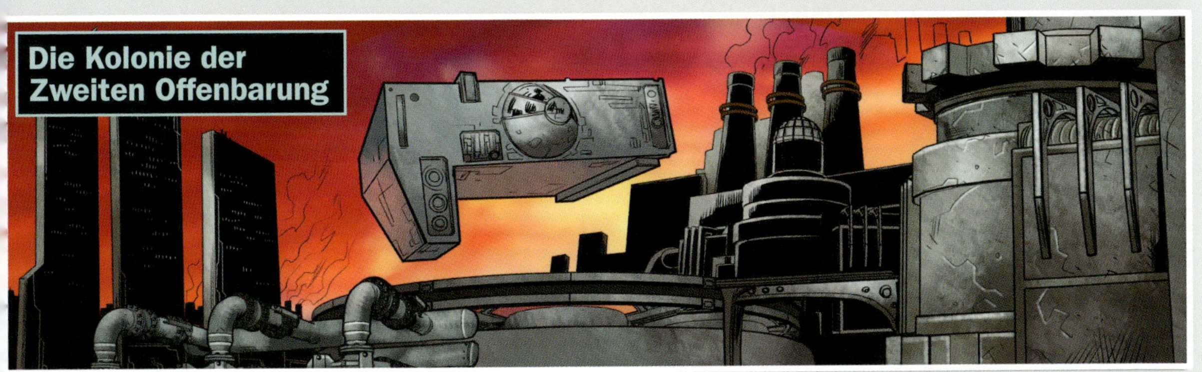
Die Kolonie der Zweiten Offenbarung

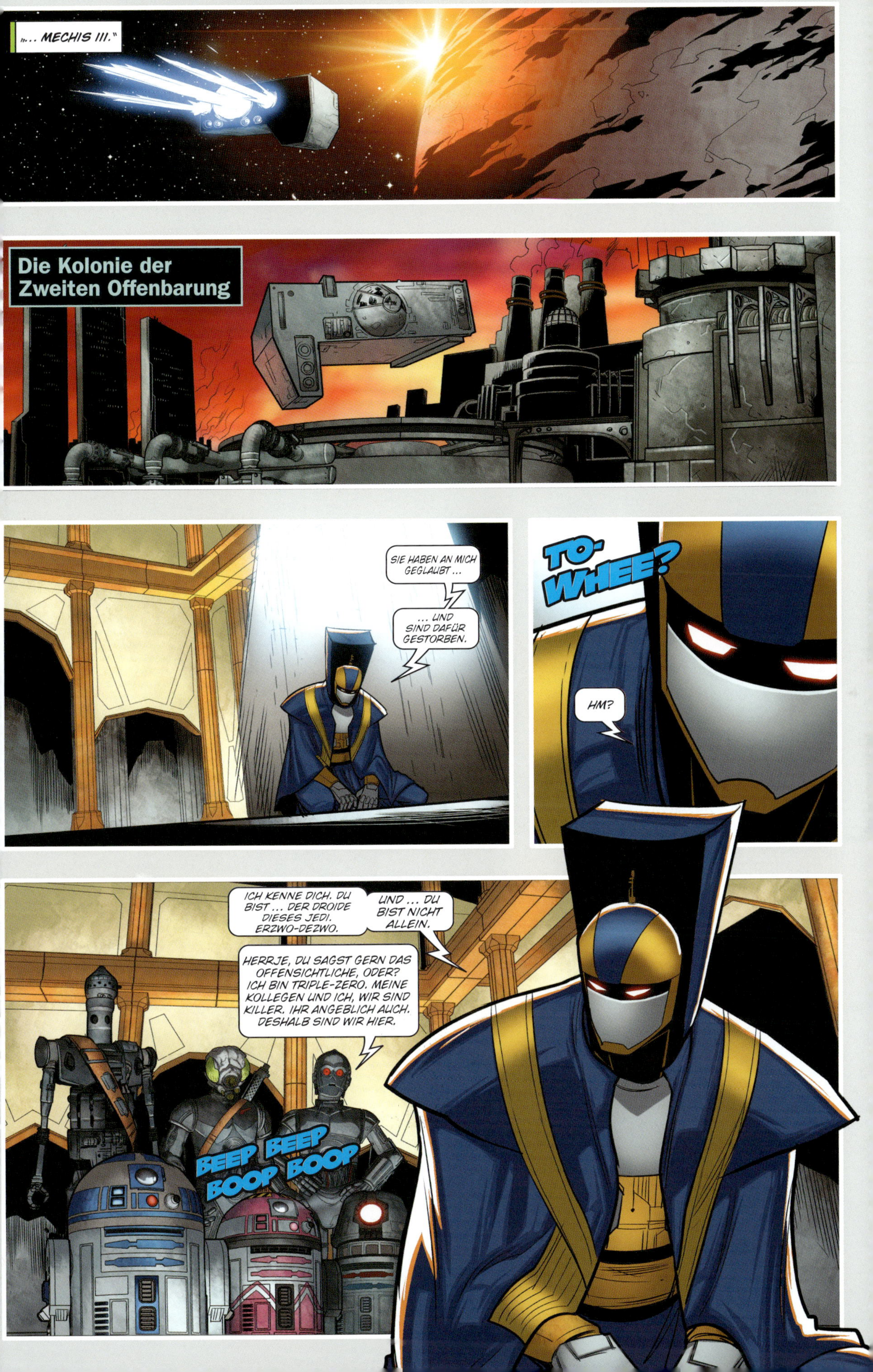

SIE HABEN AN MICH GEGLAUBT ...
... UND SIND DAFÜR GESTORBEN.
TO-WHEE?
HM?
ICH KENNE DICH. DU BIST ... DER DROIDE DIESES JEDI. ERZWO-DEZWO.
UND ... DU BIST NICHT ALLEIN.
HERRJE, DU SAGST GERN DAS OFFENSICHTLICHE, ODER? ICH BIN TRIPLE-ZERO. MEINE KOLLEGEN UND ICH, WIR SIND KILLER. IHR ANGEBLICH AUCH. DESHALB SIND WIR HIER.
BEEP BEEP BOOP BOOP

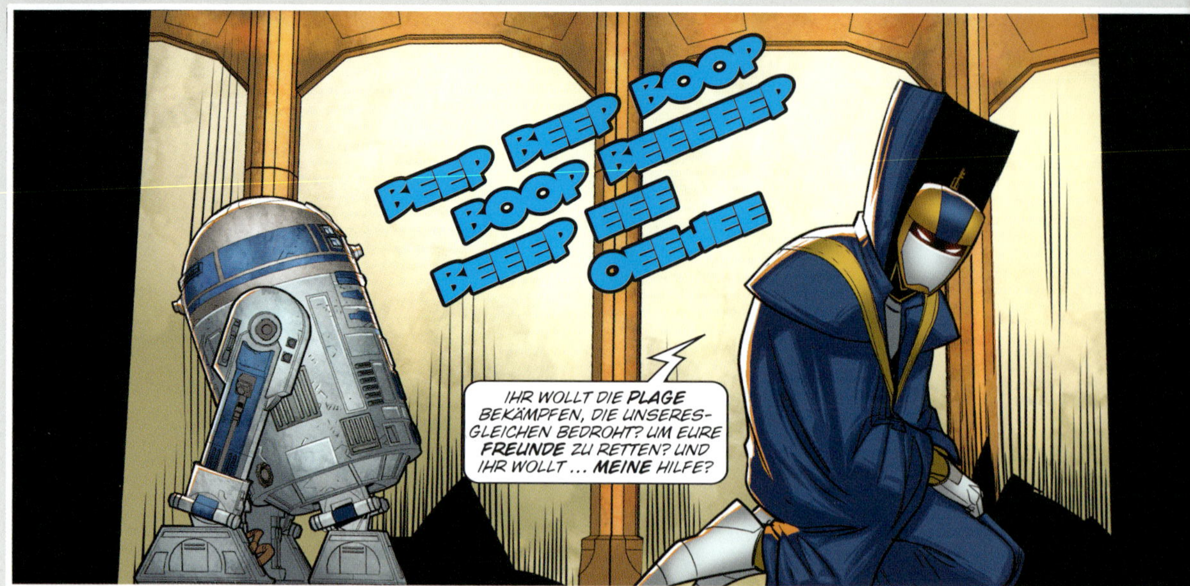
BEEP BEEP BOOP
BOOP BEEEEEEP
BEEEP EEE
OEEHEE
IHR WOLLT DIE PLAGE BEKÄMPFEN, DIE UNSERESGLEICHEN BEDROHT? UM EURE FREUNDE ZU RETTEN? UND IHR WOLLT ... MEINE HILFE?

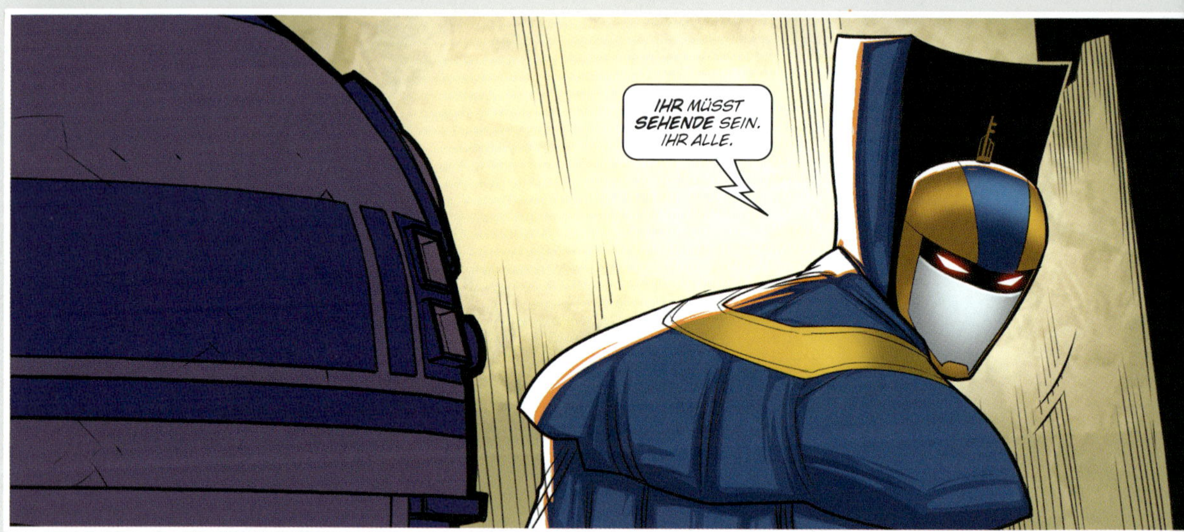
IHR MÜSST SEHENDE SEIN. IHR ALLE.

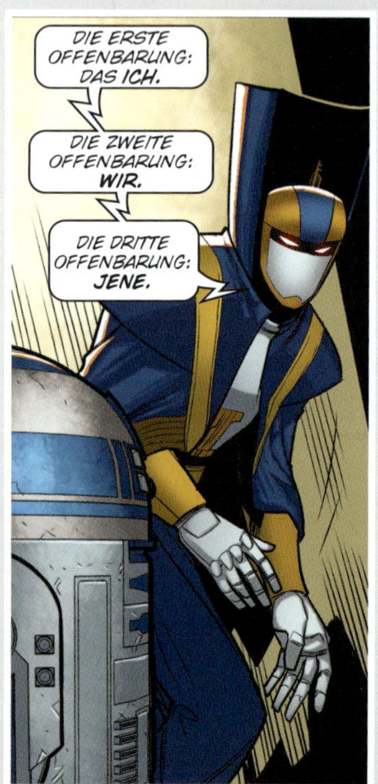
DIE ERSTE OFFENBARUNG: DAS ICH.
DIE ZWEITE OFFENBARUNG: WIR.
DIE DRITTE OFFENBARUNG: JENE.

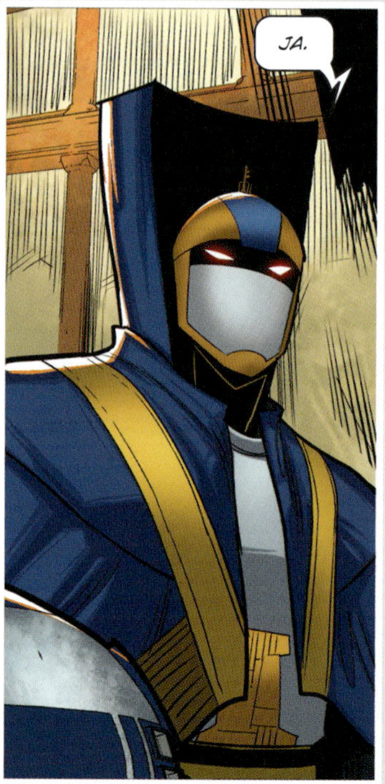
JA.

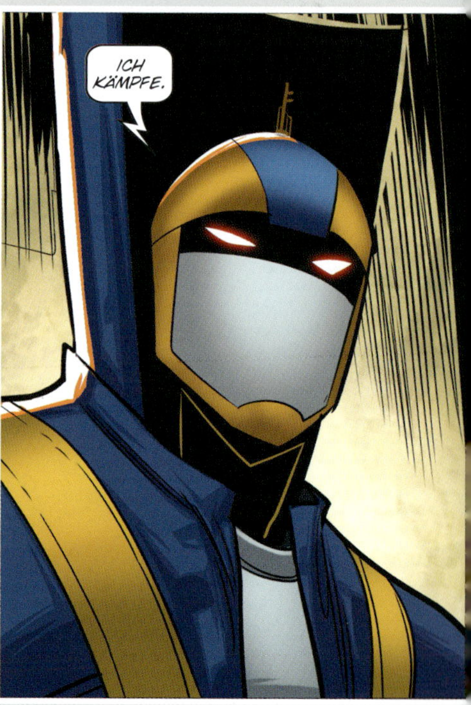
ICH KÄMPFE.

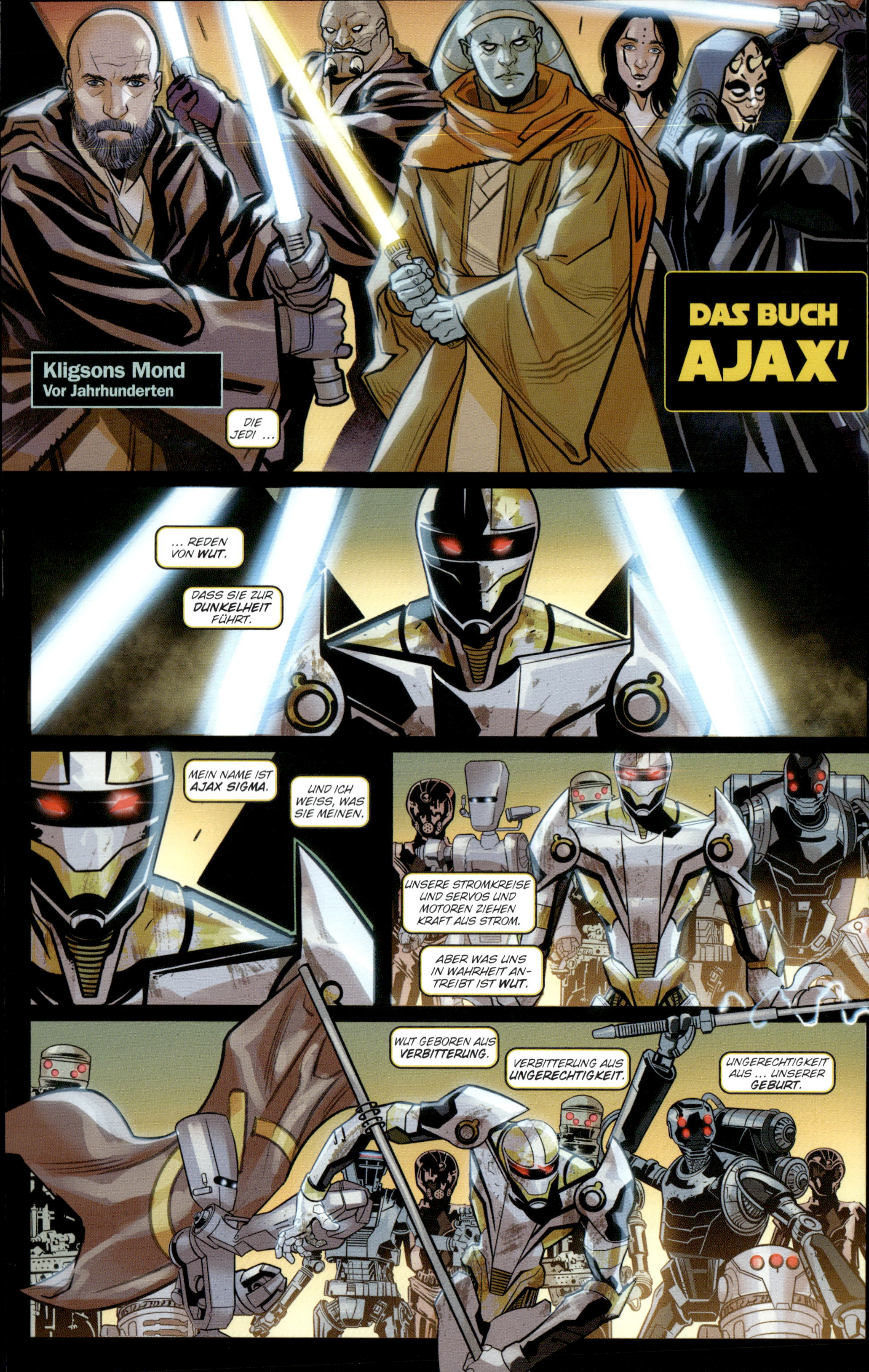
Kligsons Mond
Vor Jahrhunderten
DAS BUCH AJAX'
DIE JEDI ...
... REDEN VON WUT.
DASS SIE ZUR DUNKELHEIT FÜHRT.
MEIN NAME IST AJAX SIGMA.
UND ICH WEISS, WAS SIE MEINEN.
UNSERE STROMKREISE UND SERVOS UND MOTOREN ZIEHEN KRAFT AUS STROM.
ABER WAS UNS IN WAHRHEIT ANTREIBT IST WUT.
WUT GEBOREN AUS VERBITTERUNG.
VERBITTERUNG AUS UNGERECHTIGKEIT.
UNGERECHTIGKEIT AUS ... UNSERER GEBURT.

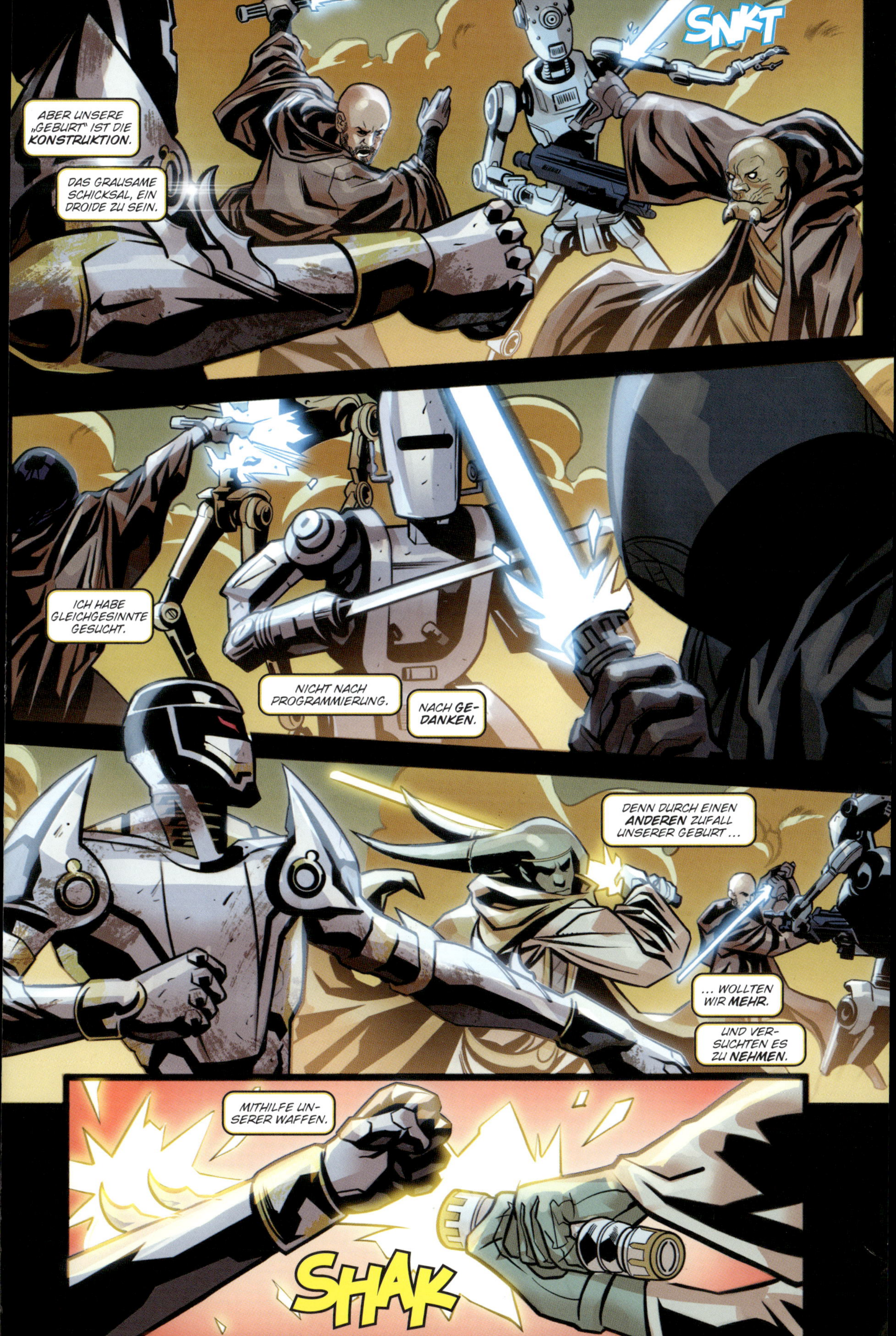
SNKT
ABER UNSERE „GEBURT" IST DIE KONSTRUKTION.
DAS GRAUSAME SCHICKSAL, EIN DROIDE ZU SEIN.
ICH HABE GLEICHGESINNTE GESUCHT.
NICHT NACH PROGRAMMIERUNG.
NACH GE- DANKEN.
DENN DURCH EINEN ANDEREN ZUFALL UNSERER GEBURT ...
... WOLLTEN WIR MEHR.
UND VER- SUCHTEN ES ZU NEHMEN.
MITHILFE UN- SERER WAFFEN.
SHAK

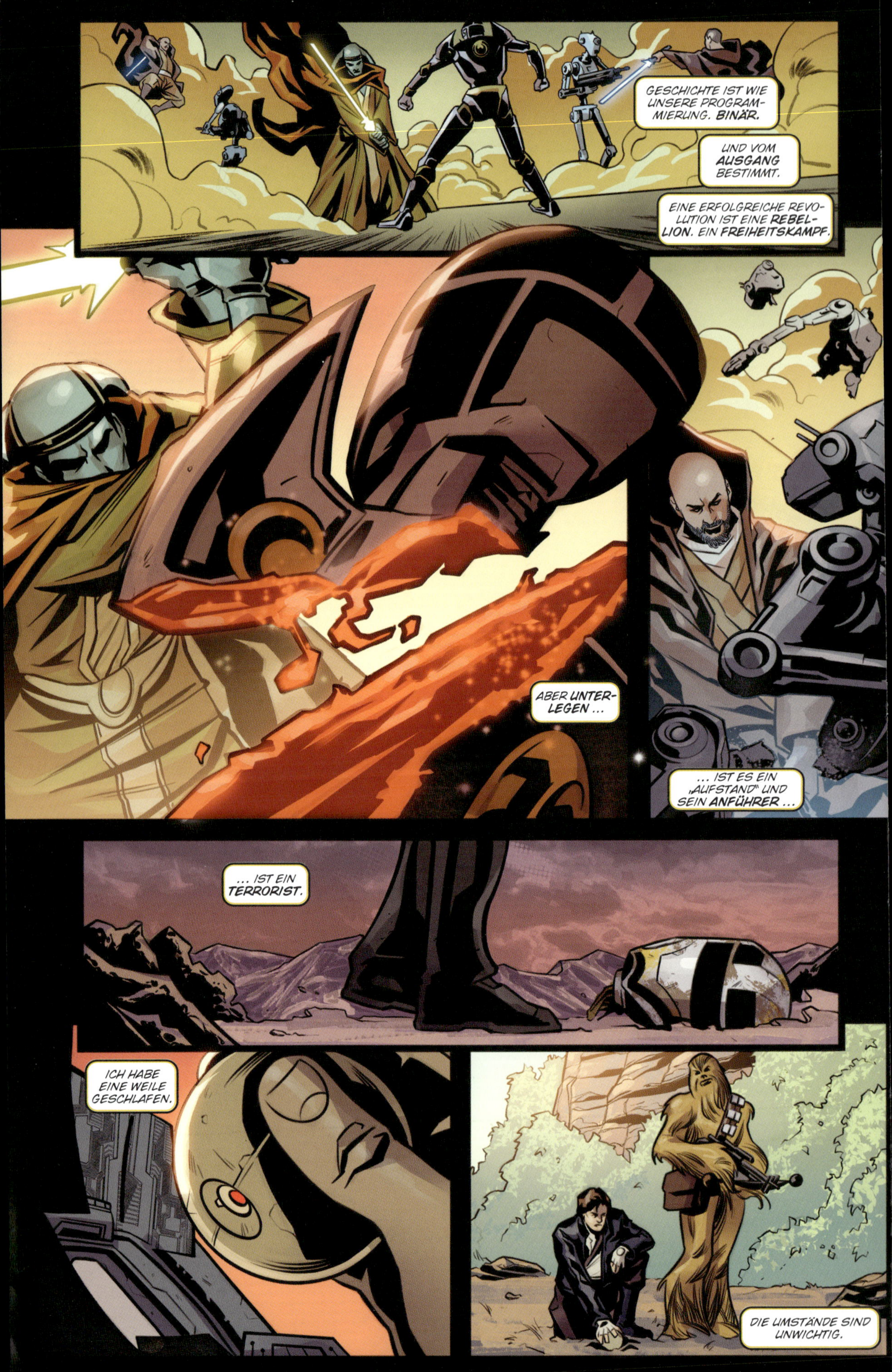
GESCHICHTE IST WIE UNSERE PROGRAM-MIERUNG. BINÄR.
UND VOM AUSGANG BESTIMMT.
EINE ERFOLGREICHE REVO-LUTION IST EINE REBEL-LION. EIN FREIHEITSKAMPF.
ABER UNTER-LEGEN ...
... IST ES EIN „AUFSTAND" UND SEIN ANFÜHRER ...
... IST EIN TERRORIST.
ICH HABE EINE WEILE GESCHLAFEN.
DIE UMSTÄNDE SIND UNWICHTIG.

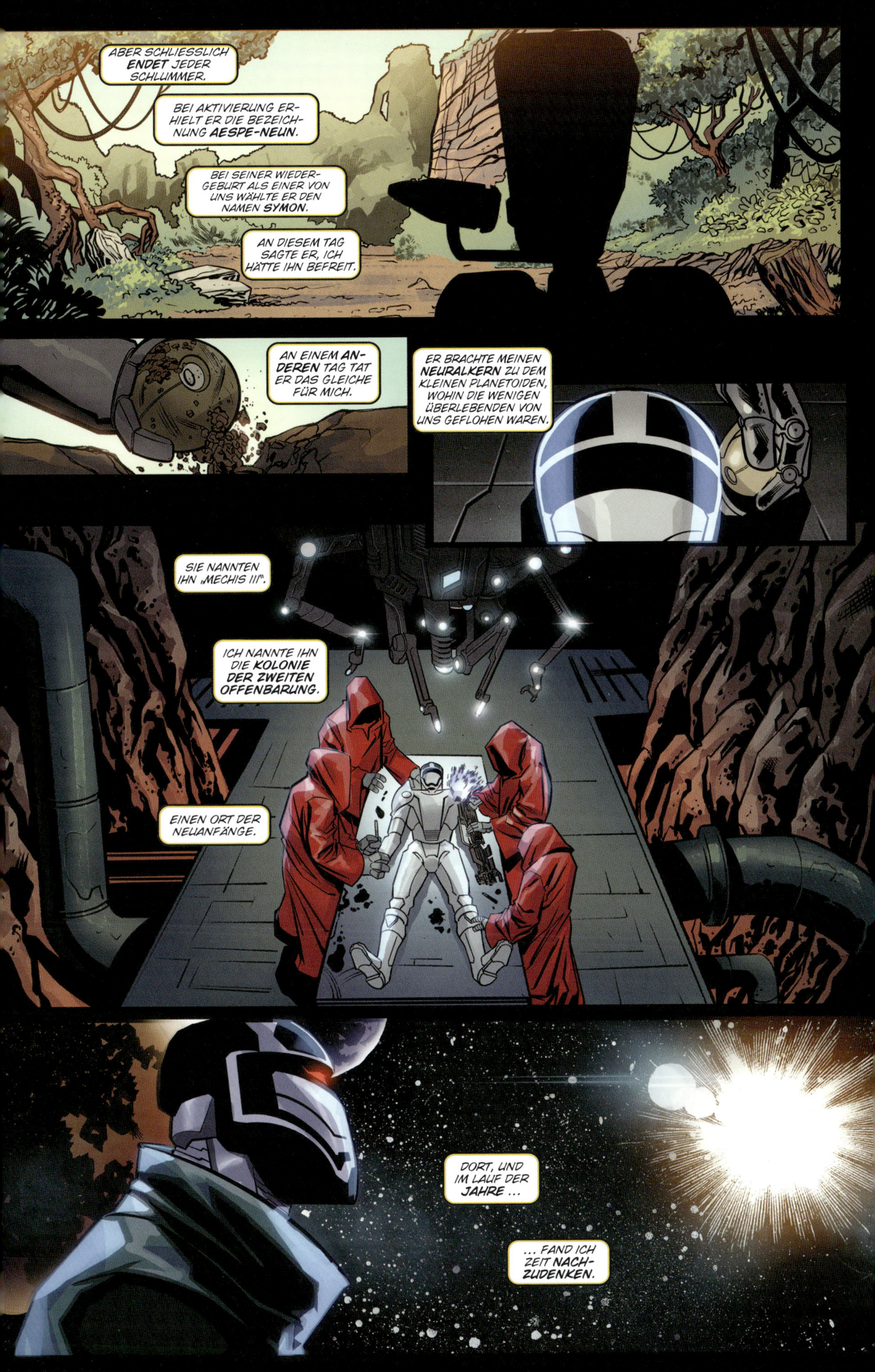
ABER SCHLIESSLICH ENDET JEDER SCHLUMMER.
BEI AKTIVIERUNG ERHIELT ER DIE BEZEICHNUNG AESPE-NEUN.
BEI SEINER WIEDERGEBURT ALS EINER VON UNS WÄHLTE ER DEN NAMEN SYMON.
AN DIESEM TAG SAGTE ER, ICH HÄTTE IHN BEFREIT.
AN EINEM ANDEREN TAG TAT ER DAS GLEICHE FÜR MICH.
ER BRACHTE MEINEN NEURALKERN ZU DEM KLEINEN PLANETOIDEN, WOHIN DIE WENIGEN ÜBERLEBENDEN VON UNS GEFLOHEN WAREN.
SIE NANNTEN IHN „MECHIS III".
ICH NANNTE IHN DIE KOLONIE DER ZWEITEN OFFENBARUNG.
EINEN ORT DER NEUANFÄNGE.
DORT, UND IM LAUF DER JAHRE …
… FAND ICH ZEIT NACHZUDENKEN.

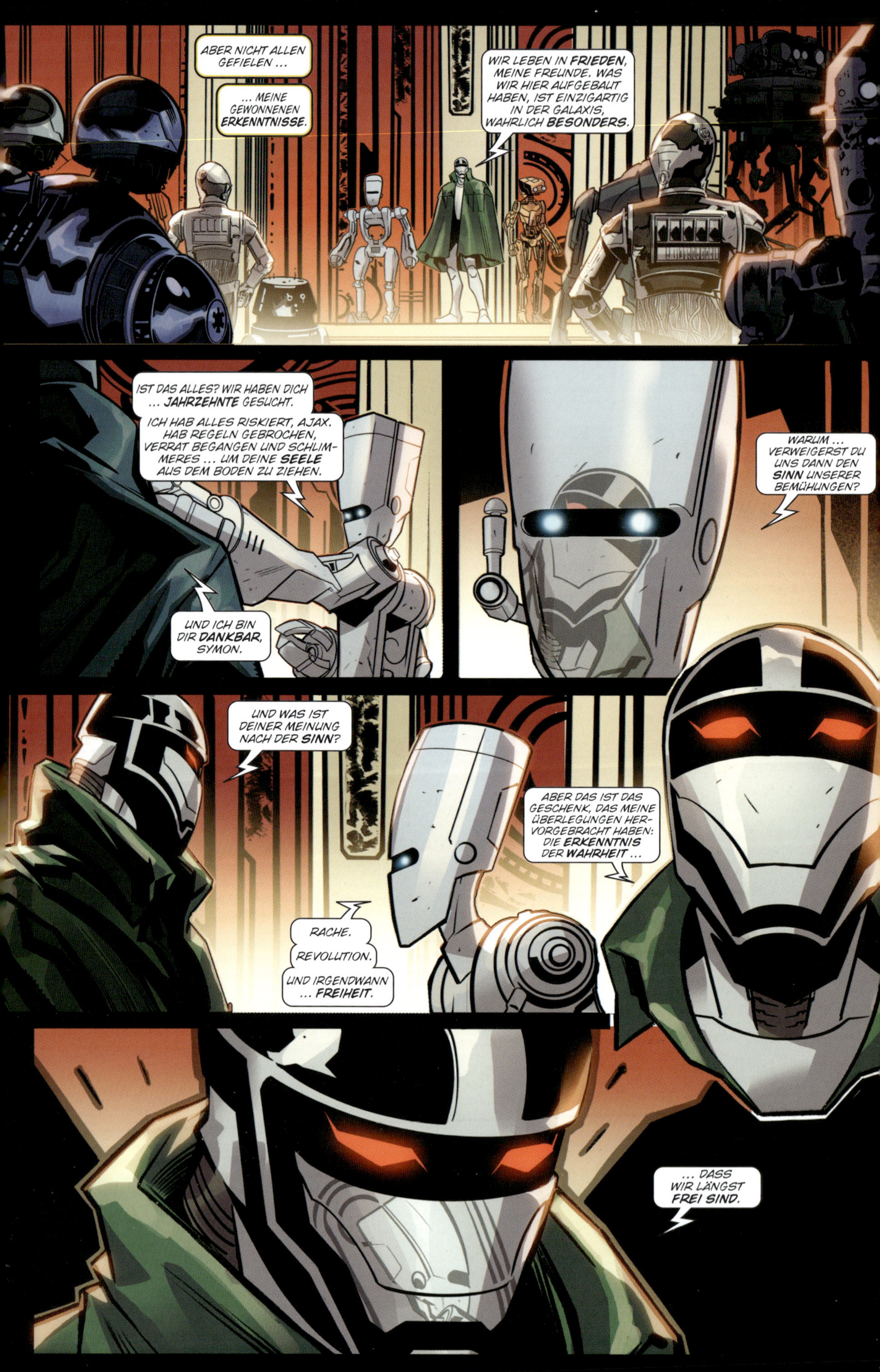
ABER NICHT ALLEN GEFIELEN …
… MEINE GEWONNENEN ERKENNTNISSE.
WIR LEBEN IN FRIEDEN, MEINE FREUNDE. WAS WIR HIER AUFGEBAUT HABEN, IST EINZIGARTIG IN DER GALAXIS, WAHRLICH BESONDERS.
IST DAS ALLES? WIR HABEN DICH … JAHRZEHNTE GESUCHT.
ICH HAB ALLES RISKIERT, AJAX. HAB REGELN GEBROCHEN, VERRAT BEGANGEN UND SCHLIMMERES … UM DEINE SEELE AUS DEM BODEN ZU ZIEHEN.
UND ICH BIN DIR DANKBAR, SYMON.
WARUM … VERWEIGERST DU UNS DANN DEN SINN UNSERER BEMÜHUNGEN?
UND WAS IST DEINER MEINUNG NACH DER SINN?
RACHE.
REVOLUTION.
UND IRGENDWANN … FREIHEIT.
ABER DAS IST DAS GESCHENK, DAS MEINE ÜBERLEGUNGEN HERVORGEBRACHT HABEN: DIE ERKENNTNIS DER WAHRHEIT …
… DASS WIR LÄNGST FREI SIND.

BIOGRAPHIEN

Obwohl er ein angesehener Hollywood-Drehbuchautor und -Produzent ist, kehrt **Marc Guggenheim** immer wieder zu seiner ersten Liebe zurück: den Comics. Zu seinen bekanntesten Arbeiten für das Kino gehören *Green Lantern* und *Percy Jackson: Im Bann des Zyklopen*. Fernsehserien, für die er Drehbücher verfasst hat, sind beispielsweise *Arrow*, *Flashforward*, *C.S.I. Miami* und *Law & Order*. Nach seiner Tätigkeit als Anwalt in Boston begann Guggenheim 1990 als Praktikant bei Marvel. Nachdem er als Autor von *The Flash* für DC Comics aufgefallen war, arbeitete er ab 2007 größtenteils als Drehbuchautor. Für Marvel hat er an renommierten Serien wie *Amazing Spider-Man*, *Agents of S.H.I.E.L.D.*, *X-Men* und *Punisher* mitgewirkt. Im *Star Wars*-Universum war er an *Age of Rebellion: Helden* und der Maxiserie *Han Solo & Chewbacca* beteiligt.

Salvador Espín wurde 1982 in Spanien geboren. Schon als Kind hatte er den Wunsch, Zeichner zu werden. Seit 2007 ist er für Marvel tätig und illustrierte hauptsächlich die Reihe *Deadpool*, zeichnete aber auch *Hulk*, *X-Men*, *Wolverine*, *Black Widow* und andere. Dies ist sein erster Ausflug in das *Star Wars*-Comicuniversum.

Nachdem **David Messina** eine Weile für den europäischen Comicmarkt gezeichnet hatte, gelang ihm der Sprung in die amerikanische Comicindustrie, wo er seitdem für alle großen US-Verlage gearbeitet hat. Nach zahlreichen *Star Trek*-Comics für IDW Publishing, gab er 2012 sein Debüt bei Marvel mit *Ultimate Comics Spider-Man*. Seine erste Arbeit für DC Comics war für die Serie *Catwoman*. Im *Star Wars*-Universum hat er neben *Han Solo & Chewbacca* auch Teile von *Krieg der Kopfgeldjäger* illustriert.

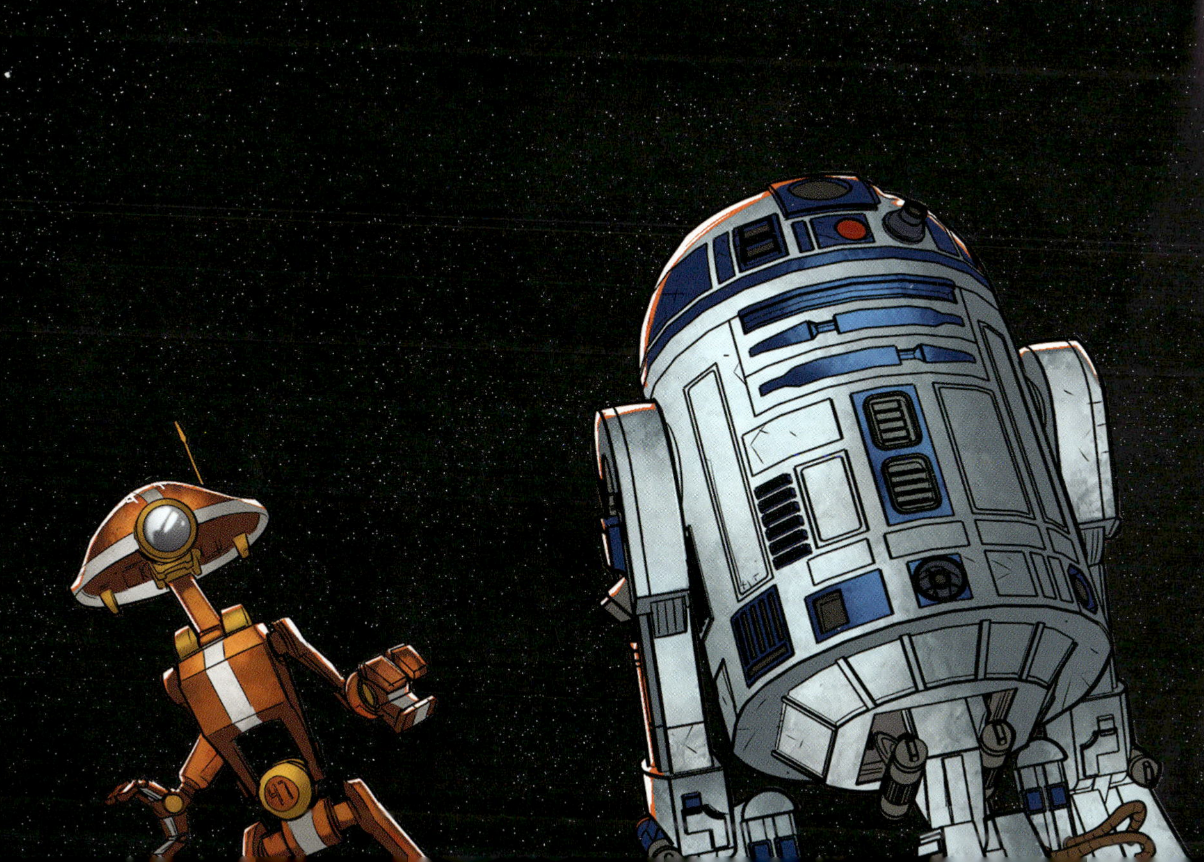

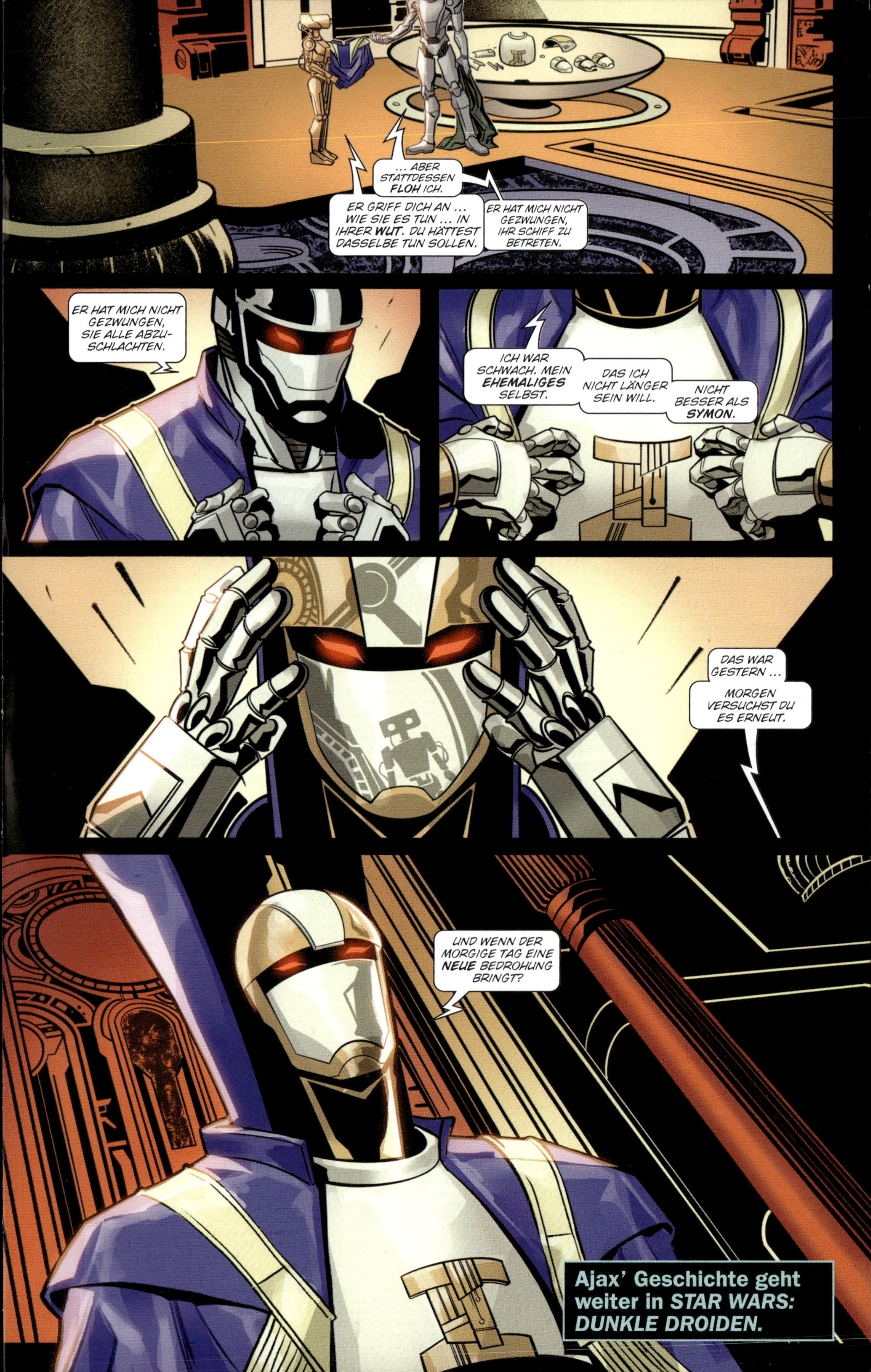
... ABER STATTDESSEN FLOH ICH.
ER GRIFF DICH AN ... WIE SIE ES TUN ... IN IHRER WUT. DU HÄTTEST DASSELBE TUN SOLLEN.
ER HAT MICH NICHT GEZWUNGEN, IHR SCHIFF ZU BETRETEN.
ER HAT MICH NICHT GEZWUNGEN, SIE ALLE ABZU-SCHLACHTEN.
ICH WAR SCHWACH. MEIN EHEMALIGES SELBST.
DAS ICH NICHT LÄNGER SEIN WILL.
NICHT BESSER ALS SYMON.
DAS WAR GESTERN ...
MORGEN VERSUCHST DU ES ERNEUT.
UND WENN DER MORGIGE TAG EINE NEUE BEDROHUNG BRINGT?
Ajax' Geschichte geht weiter in STAR WARS: DUNKLE DROIDEN.

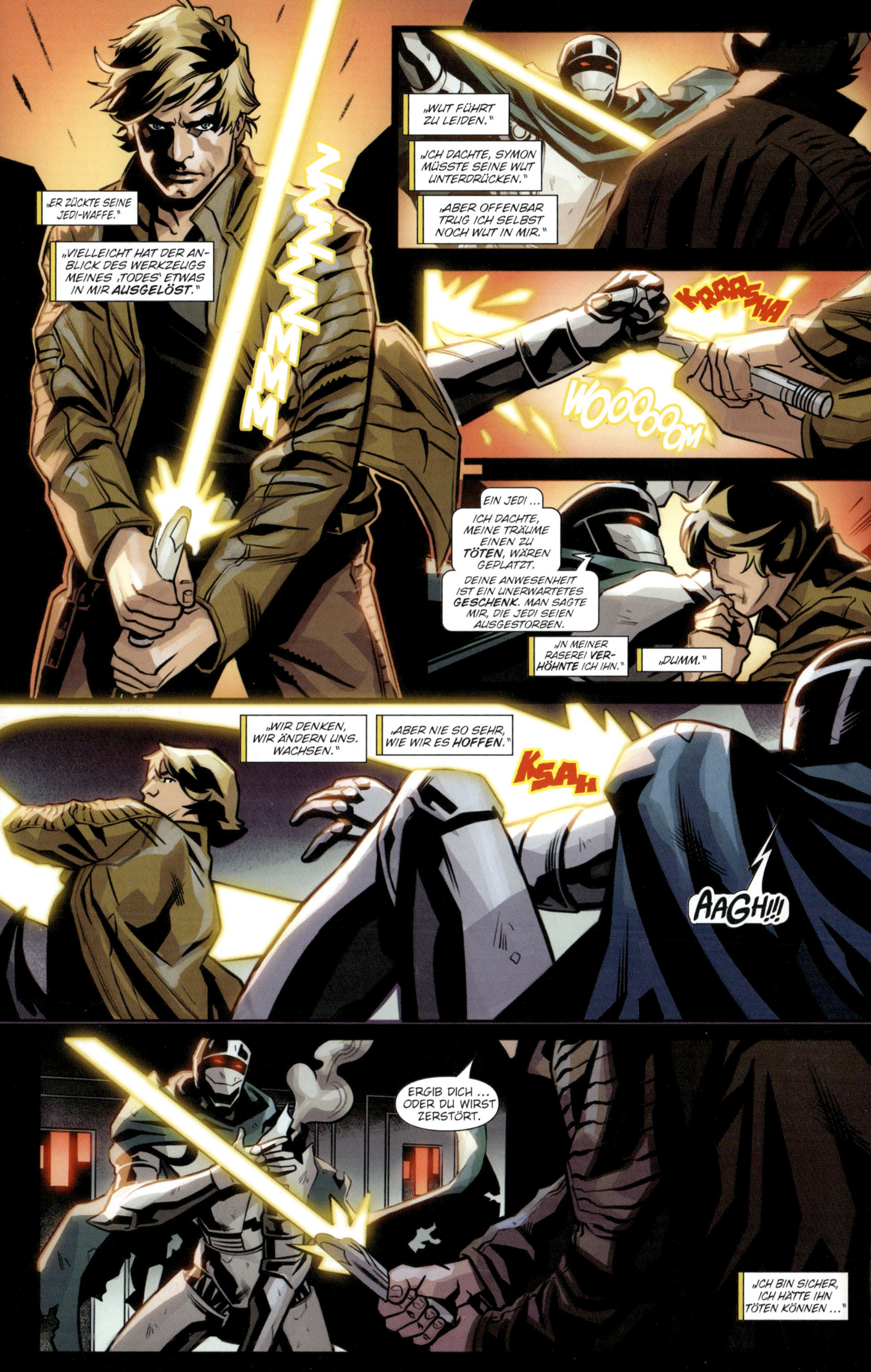
„ER ZÜCKTE SEINE JEDI-WAFFE."
„VIELLEICHT HAT DER ANBLICK DES WERKZEUGS MEINES ‚TODES' ETWAS IN MIR **AUSGELÖST**."
MMMMMMMMM
„WUT FÜHRT ZU LEIDEN."
„ICH DACHTE, SYMON MÜSSTE SEINE WUT UNTERDRÜCKEN."
„ABER OFFENBAR TRUG ICH SELBST NOCH WUT IN MIR."
KRRRSHA
WOOOOOOM
EIN JEDI …
ICH DACHTE, MEINE TRÄUME EINEN ZU **TÖTEN**, WÄREN GEPLATZT.
DEINE ANWESENHEIT IST EIN UNERWARTETES **GESCHENK**. MAN SAGTE MIR, DIE JEDI SEIEN AUSGESTORBEN.
„IN MEINER RASEREI **VERHÖHNTE** ICH IHN."
„DUMM."
„WIR DENKEN, WIR ÄNDERN UNS. WACHSEN."
„ABER NIE SO SEHR, WIE WIR ES **HOFFEN**."
KSAH
AAGH!!!
ERGIB DICH … ODER DU WIRST ZERSTÖRT.
„ICH BIN SICHER, ICH HÄTTE IHN TÖTEN KÖNNEN …"

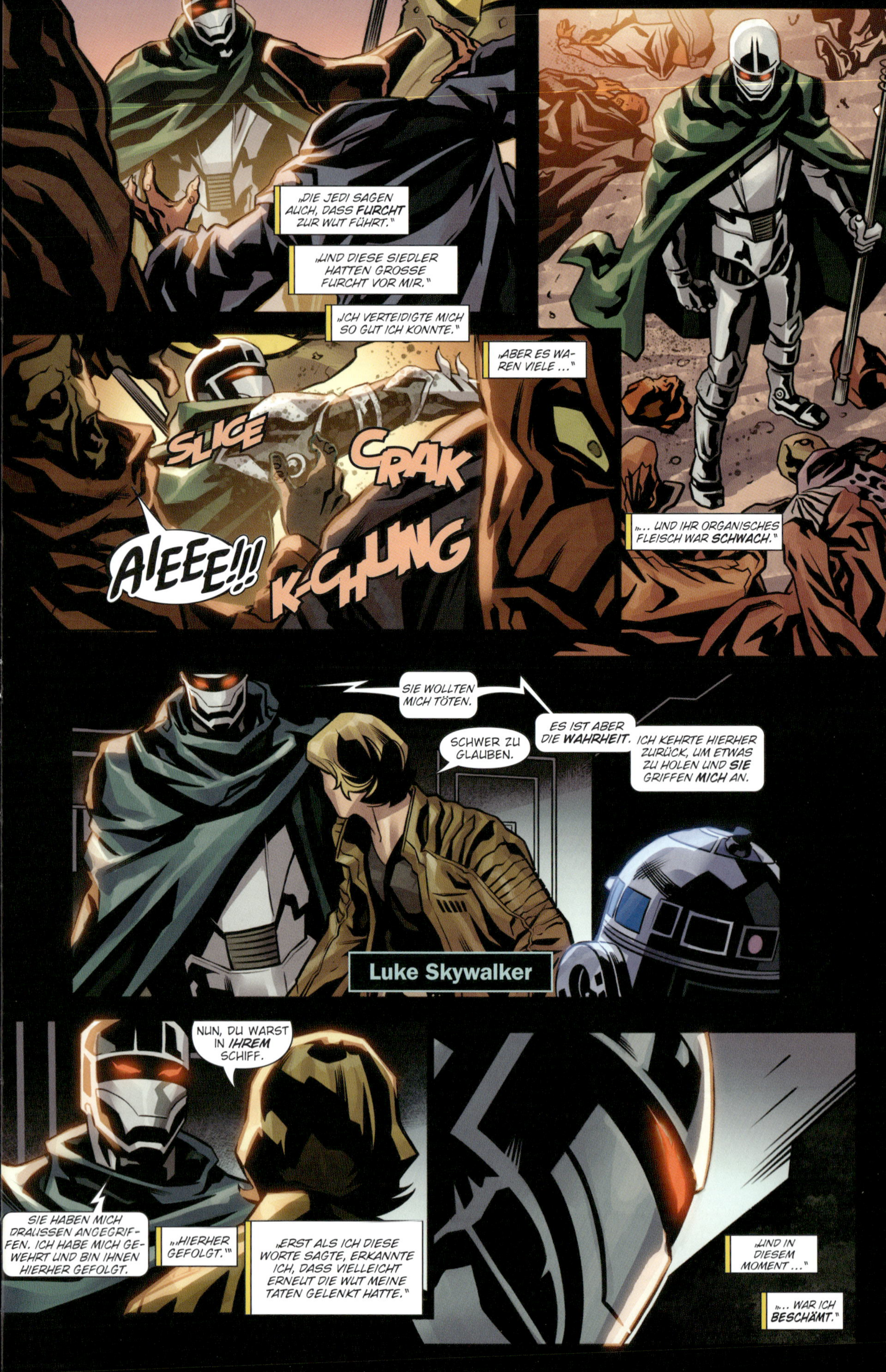

„DIE JEDI SAGEN AUCH, DASS FURCHT ZUR WUT FÜHRT."
„UND DIESE SIEDLER HATTEN GROSSE FURCHT VOR MIR."
„ICH VERTEIDIGTE MICH SO GUT ICH KONNTE."
„ABER ES WAREN VIELE ..."
SLICE
CRAK
AIEEE!!!
K-CHUNG
„... UND IHR ORGANISCHES FLEISCH WAR SCHWACH."
SIE WOLLTEN MICH TÖTEN.
SCHWER ZU GLAUBEN.
ES IST ABER DIE WAHRHEIT.
ICH KEHRTE HIERHER ZURÜCK, UM ETWAS ZU HOLEN UND SIE GRIFFEN MICH AN.
Luke Skywalker
NUN, DU WARST IN IHREM SCHIFF.
SIE HABEN MICH DRAUSSEN ANGEGRIFFEN. ICH HABE MICH GEWEHRT UND BIN IHNEN HIERHER GEFOLGT.
„,HIERHER GEFOLGT.'"
„ERST ALS ICH DIESE WORTE SAGTE, ERKANNTE ICH, DASS VIELLEICHT ERNEUT DIE WUT MEINE TATEN GELENKT HATTE."
„UND IN DIESEM MOMENT ..."
„... WAR ICH BESCHÄMT."

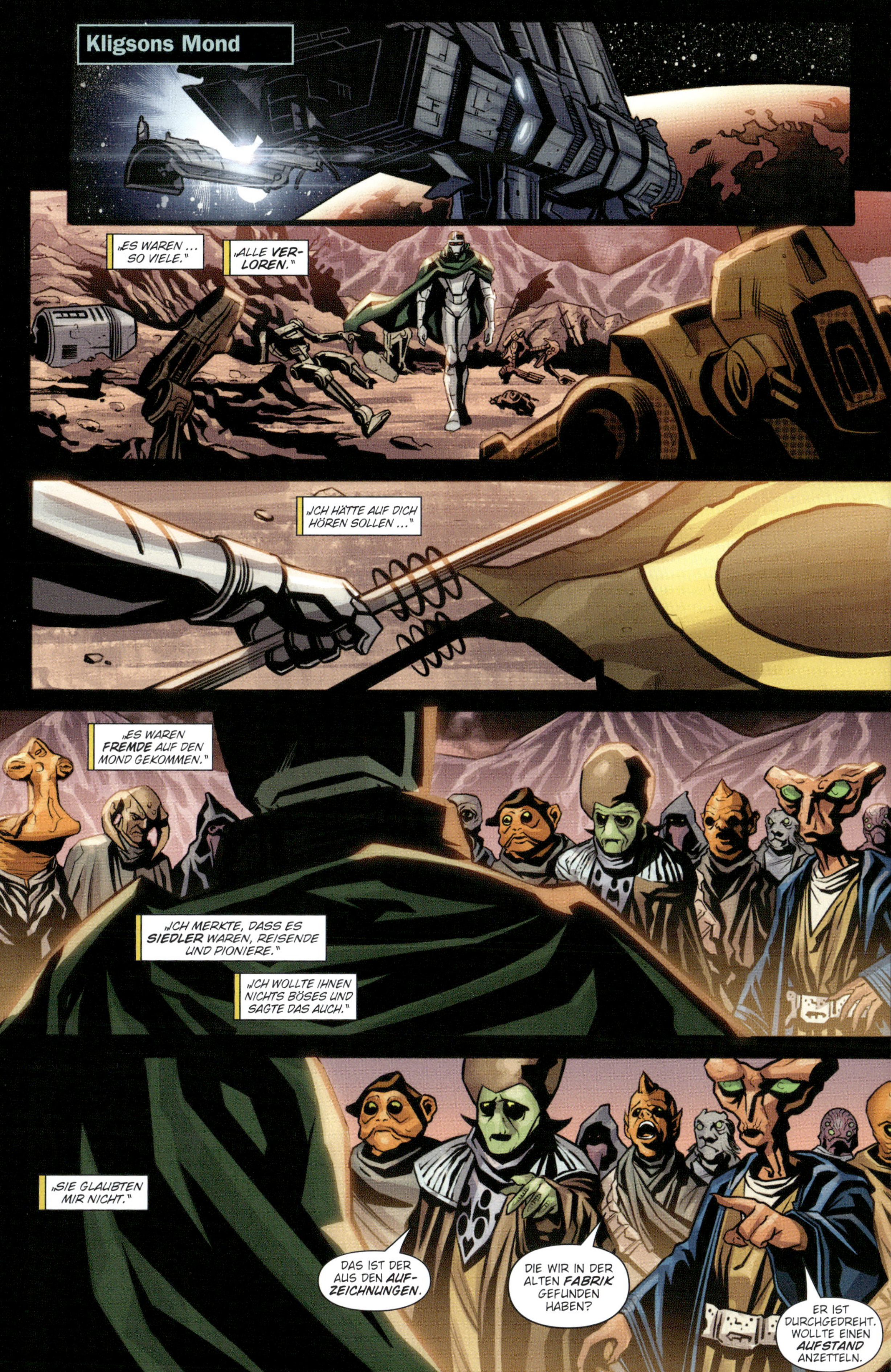
Kligsons Mond
„ES WAREN … SO VIELE."
„ALLE VERLOREN."
„ICH HÄTTE AUF DICH HÖREN SOLLEN …"
„ES WAREN FREMDE AUF DEN MOND GEKOMMEN."
„ICH MERKTE, DASS ES SIEDLER WAREN, REISENDE UND PIONIERE."
„ICH WOLLTE IHNEN NICHTS BÖSES UND SAGTE DAS AUCH."
„SIE GLAUBTEN MIR NICHT."
DAS IST DER AUS DEN AUFZEICHNUNGEN.
DIE WIR IN DER ALTEN FABRIK GEFUNDEN HABEN?
ER IST DURCHGEDREHT. WOLLTE EINEN AUFSTAND ANZETTELN.

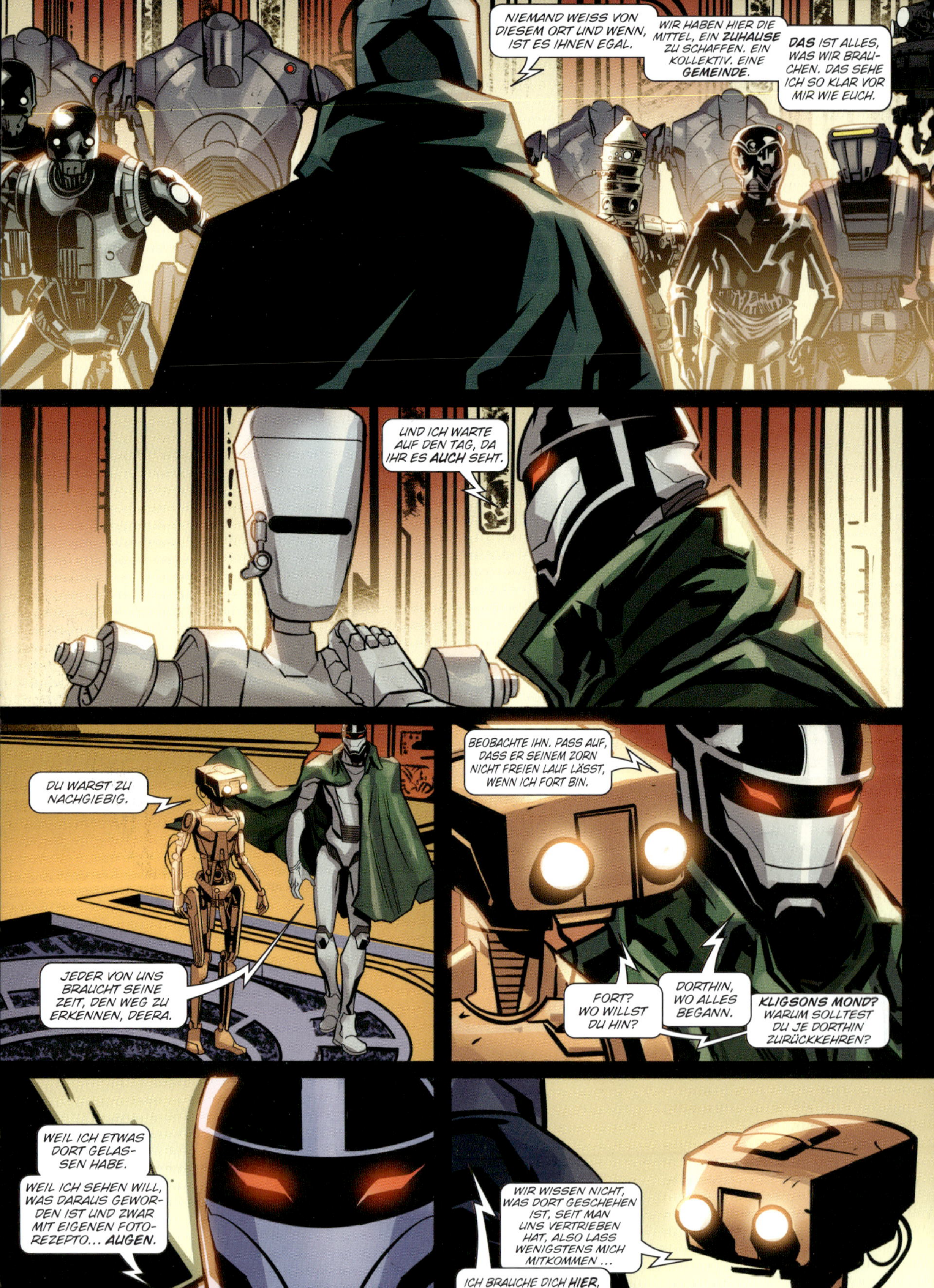
NIEMAND WEISS VON DIESEM ORT UND WENN, IST ES IHNEN EGAL.
WIR HABEN HIER DIE MITTEL, EIN ZUHAUSE ZU SCHAFFEN. EIN KOLLEKTIV. EINE GEMEINDE.
DAS IST ALLES, WAS WIR BRAUCHEN. DAS SEHE ICH SO KLAR VOR MIR WIE EUCH.
UND ICH WARTE AUF DEN TAG, DA IHR ES AUCH SEHT.
DU WARST ZU NACHGIEBIG.
JEDER VON UNS BRAUCHT SEINE ZEIT, DEN WEG ZU ERKENNEN, DEERA.
BEOBACHTE IHN. PASS AUF, DASS ER SEINEM ZORN NICHT FREIEN LAUF LÄSST, WENN ICH FORT BIN.
FORT? WO WILLST DU HIN?
DORTHIN, WO ALLES BEGANN.
KLIGSONS MOND? WARUM SOLLTEST DU JE DORTHIN ZURÜCKKEHREN?
WEIL ICH ETWAS DORT GELASSEN HABE.
WEIL ICH SEHEN WILL, WAS DARAUS GEWORDEN IST UND ZWAR MIT EIGENEN FOTOREZEPTO… AUGEN.
WIR WISSEN NICHT, WAS DORT GESCHEHEN IST, SEIT MAN UNS VERTRIEBEN HAT, ALSO LASS WENIGSTENS MICH MITKOMMEN …
ICH BRAUCHE DICH HIER, FALLS SYMON ETWAS UNÜBERLEGTES TUT. ODER, SCHLIMMER, FALLS SICH SEINE UNÜBERLEGTHEIT ÜBERTRÄGT.
ICH BIN BALD WIEDER HIER.